滇越跨境人民币
债券市场培育路径研究

刘凤君◎著

中国金融出版社

责任编辑：黄海清
责任校对：孙　蕊
责任印制：陈晓川

图书在版编目（CIP）数据

滇越跨境人民币债券市场培育路径研究／刘凤君著. -- 北京：中国金融出版社，2024. 8. -- ISBN 978-7-5220-2530-8

Ⅰ. F832.51

中国国家版本馆 CIP 数据核字第 20249M8X18 号

滇越跨境人民币债券市场培育路径研究
DIAN YUE KUAJING RENMINBI ZHAIQUAN SHICHANG PEIYU LUJING YANJIU

出版发行　中国金融出版社
社址　北京市丰台区益泽路 2 号
市场开发部　(010)66024766，63805472，63439533（传真）
网 上 书 店　www.cfph.cn
(010)66024766，63372837（传真）
读者服务部　(010)66070833，62568380
邮编　100071
经销　新华书店
印刷　涿州市般润文化传播有限公司
尺寸　169 毫米×239 毫米
印张　17
字数　235 千
版次　2024 年 8 月第 1 版
印次　2024 年 8 月第 1 次印刷
定价　80.00 元
ISBN 978-7-5220-2530-8
如出现印装错误本社负责调换　联系电话（010）63263947

本书为云南省哲学社会科学研究基地项目
“滇越跨境人民币债券市场培育路径研究”
（批准号：JD2019YB22）的研究成果

本书得到云南财经大学博士学术基金资助出版

前　言

进入2010年后的十多年，中国经济呈现出从高速增长向高质量发展转变的新常态。在以往，经济增长主要依赖投资和外贸驱动，经济发展的能源消耗大且利用率不够高。在2010年之后的十多年里，投资增长对经济增长的驱动作用在减弱；中国也已取代美国成为世界上最大的贸易国，进出口大幅度增长的空间在减少；环境问题的日益突出和人们环保意识的增强使得资源高消耗与低利用率的发展模式难以为继；居民人均收入的高速增长使得劳动力成本的绝对优势和相对优势在减弱，继续发展劳动密集型产业已不再具有优势。这样的现实迫切需要中国经济寻找新的增长引擎，急需向绿色和创新驱动转型，发展“新经济”。然而，“新经济”在国民经济中的占比还相对较低，急需从资金上予以扶持。此外，云南省还具有财政收入严重依赖中央补贴等问题。因此，在更广阔范围以债券等形式拓宽融资渠道已成为获取国民经济发展所需资金的重要手段。与此同时，与中国云南省接壤的越南，经过多年的经济发展积累了一定规模的美元等外汇储备，由过度依赖美元引发的担忧促使越南货币当局“去美元化”，减少对美元依赖，多元化外汇储备构成。中越经贸的巨大发展和稳定的人民币汇率增加了越南国内各类主体在国际贸易结算中使用人民币的意愿。发展滇越跨境人民币债券市场将有助于越南货币当局和其国内其他各类主体手中人民币外汇保值增值，进而有助于推动其提高将人民币纳入外汇储备的意愿和持有规模。这对深化人民币在越南等东盟区域的国际化具有重要现实意义。此外，滇越跨境人民币债券市场的发展还将有助于越南各类主体拓宽外汇融资渠道，为云南省各类主体手中富余人民币资金在越南寻找新的投资机会，以及为人民币在其他东盟经济体的国际化提供重要经验借鉴。

中国云南省与越南接壤，陆地边境线长，拥有多个重要航空、公路和铁路口岸，商贸活跃，人员来往频繁。越南从制度层面开放了中越边境地区人民币跨境结算，非边境地区人民币结算也有零星尝试。中国主要头部金融机构已在越南设立分支机构或代表处，国泰君安已在越南布局。人民币汇率稳定，相对于越南国内的利率，中国的基准利率不高，来华融资极具吸引力。从整个市场看，越南本土已有商业银行和交易所提供外汇即期、远期、期货、期权，利率互换、外币利率互换、国债期货等外汇衍生品和利率衍生品，初步具备了在越南发展离岸人民币债券市场的条件。为此，本书构建了如下发展滇越跨境人民币债券市场的路径：(1) 在中国境内债券市场完成来自中国云南省与越南的各类投融资主体的债券发行与投资；(2) 在越南国内债券市场完成来自中国云南省与越南的各类投融资主体的债券发行与投资；(3) 在中国香港债券市场完成来自中国云南省与越南的各类投融资主体的债券发行与投资。就上述三大类路径的现实可行性而言，本书认为：第一类路径，即在中国境内债券市场完成来自中国云南省与越南的各类投融资主体的债券发行与投资具有现实可操作性。不论是从市场准入，还是从外汇管制，抑或是从衍生品丰富程度看，在中国境内债券市场进行的债券发行与投资具有最大优势。在该类路径下，越南各类投资主体可通过取得合格境外机构投资者或人民币合格境外机构投资者资格，在银行间市场直接开户，借助债券通“北向通”，或者在中国境内直接设立外资金融机构等方式参与境内银行间市场和交易所市场债券投资。越南各类融资主体可在中国银行间市场或交易所市场发行熊猫债融资。除无法有效管理满足越南国内用途融资时面临的人民币兑越南盾汇率风险外，在投融资过程中面临的其他汇率风险、利率风险和违约风险的管理都可以在中国境内完成。至于第二类路径，在越南国内发行外币计价债券的制度不完善且缺乏相关经验，人民币兑越南盾汇率衍生品供给不充分，不便于利率风险管理，应对违约风险的信用衍生品缺乏。因此，在越南国内债券市场完成来自中国云南省与越南的各类投融资主体的债券发行与投资目前暂时还不具备现实可行性，需要取得行政许可和进行一系列配套制度改革。第三类路径，在中国香港债券市场完成来自中国云南省与越南的各类投融资主体的债券发行与投资具有一定的现实可行性，但在满足越南国内用途融资时面临的人民币兑越南盾汇率风险，以及利率风险和违约风险管理方面还需要一些配套改进措施。因此，本书在推进滇越跨境人民币债券市场建设策略上首先推荐第一类路径，其次努力消除借助第三类路径存在的障碍，并积极培育第二类路径。

鉴于越南国内人民币存量不够高，人民币兑越南盾外汇衍生品品种不全或交易规模不足以支持市场需求，信用衍生品以及外币计价债券的发行和管理制度与经验缺乏等现实，为了使滇越跨境人民币债券市场更好发展，本书建议在以下方面作出更多改进：加快人民币兑越南盾直接汇率形成机制的研究与试点；推动云南本土债券登记与托管中心建设和云南本土金融机构在越南布局，以便为滇越跨境人民币债券市场发展构建可靠的金融基础设施；加快与债券投资相关汇率、利率和信用衍生品改进及研发；积极发挥中国（云南）自由贸易试验区在跨境人民币计价债券融资主体培养中的主体作用；加快培养云南本土专业技能和越南语语言技能兼具人才；进一步改革中越跨境结算模式和扩大自越进口规模；发挥越南中国商会云南企业联合会和中国越南商会在推动中越经贸合作，特别是金融合作中的关键作用。

目 录

—— 表目录 ——

图目录

第一章　引　言

第一节　研究背景

境内外人民币债券市场是境外货币当局、各类金融机构法人和非金融机构企业法人实现其人民币外汇保值增值的重要途径。跨境人民币债券市场的发展扩大了投融资途径，不仅有助于境外主体人民币外汇的投资和借助债券实现人民币外汇的融资，还有助于各国将更多人民币作为储备货币，将极大地促进人民币国际化进程。

越南是中国的一个重要邻邦，与中国云南省接壤的陆地边界占中越全部陆地边界的一半以上，在连接中国与东盟各国的泛亚铁路网中就有一条铁路线路从越南经过。中越两国经贸来往密切，边贸活动频繁。两国在 2018 年全年实现了 1479 亿美元的进出口额，其中，中国向越南出口 839 亿美元，中国从越南进口 640 亿美元，如用人民币计价，相当于 9774 亿元人民币的进出口贸易总额。中国已成为越南第一大贸易伙伴国，越南也成为中国在东盟的第一大贸易伙伴和全球第六大贸易伙伴。然而，两国货币皆不属于可自由兑换货币，不能直接兑换；除芒街、谅山和老街等边境地区外，中越两国以往的经贸往来主要借助美元结算。2018 年 8 月 29 日，越南国家银行宣布：从 10 月 12 日开始，进行跨境贸易的商人、居民以及相关银行和机构将被授权在谅山、广宁、河江、莱州、老街、高平和奠边这 7 个与中国接壤的省份内使用人民币或越南盾进行交易①。这一决定不但认可了中越边境地区普遍使用人民币进行结算的事实，还意味着人民币结算范围在未来可能进一步扩大。2019 年 2 月，第一笔非边境地区跨境人民币业务由中银香港胡志明市分行完成②，这标志着人民币结算在越南全国范围实施的启动。

随着人民币更多地充当中越贸易结算货币，越南货币当局、金融机构，甚至企业或居民也将会持有更多人民币，如何使手中人民币资产保值增值也将会被逐步提上议事日程。因此，如何为越南境内人民币提供相对安全的投资标的和顺畅的投资渠道就变得日益重要。

第二节　研究意义

发展滇越跨境人民币债券市场具有以下重要意义：

第一，有助于增强越南货币当局、金融机构法人、非金融机构企业法人和普通居民在对外经贸交往中，特别是在中越经贸交往中更多使用人民币进行结算的意愿。人民币汇率的稳定和顺畅的人民币外汇投资渠道会增强境外投资者持有人民币的信心，进而促使其在对外贸易结算中，特别是在出口结算中愿意更多用人民币作为结算货币。

第二，有助于拓宽越南货币当局、金融机构法人和非金融机构企业法人的融资渠道，提高中越经济一体化、双向依赖或融合程度，进一步促进人民币的区域国际化。越南正处于高速发展时期，资金需求旺盛，顺畅的人民币融资渠道会缓解越南货币当局、金融机构法人和非金融机构企业法人外汇资金不足问题，减少对美元融资的过度依赖，有助于推动人民币在东盟范围内进一步国际化。

第三，有助于为云南省富余资金提供更多保值增值选项。越南的高速增长将为这部分资金的保值增值提供更多选项，也有助于云南资本

---

① 中华人民共和国商务部．越南允许越中边境地区使用人民币结算［EB/OL］.（2018－08－31）［2024－08－06］. https：//www. yidaiyilu. gov. cn/p/64445. html.

② 中国新闻网．越南首笔跨境贸易人民币业务在广西办理［EB/OL］.（2019－03－08）［2024－08－06］. https：//www. chinanews. com. cn/cj/2019/03－08/8775179. shtml.

“走出去”，以全球视野看发展，在境外更广阔天地中寻找投资机会。

第四，有助于拓宽云南本土投资项目的融资渠道。伴随着中国经济的增长方式向绿色、可持续和创新驱动转型，云南省也急需获得绿色金融资本支持。跨境债券市场的发展将为绿色项目的融资提供重要资金补充。

第五，滇越跨境人民币债券市场的建设探索与实践将为中国与东盟其他国家、中国与南亚国家，甚至中国与世界各国间的跨境人民币债券市场建设提供有益经验借鉴。

第六，滇越跨境人民币债券市场的建设有助于促进人民币兑越南盾汇率直接形成机制的建设及人民币兑越南盾外汇、利率和信用衍生品的开发，并为人民币兑其他非主要结算货币汇率直接形成机制的建设提供重要经验借鉴。

第三节 文献回顾与研究创新

一、文献回顾

（一）货币国际化动因

1944 年，布雷顿森林体系建立。该体系将美元与黄金挂钩，各国货币与美元挂钩，各国货币间保持固定汇率。从此，美元成为国际结算和价值储存的工具，并被广泛用于国际贸易结算。然而，Robert Triffin（1959）却认为，如果不要求美国维持不断增长的赤字，美元就无法作为世界储备货币生存。也就是说，当美元充当国际货币时，对美元的需求就会增加，使得美元升值，美国出口下滑、进口增加，美国的贸易赤字增加；而美国贸易赤字的不断增加又反过来会削弱非美国家持有美元的信心，不利于美元国际货币地位的稳定，这就是所谓的特里芬困境（Triffin Dilemma）。这一原理不仅适用于美元，实际上任何一种货币在履行国际货币职能时都会面临这一困境，包括欧元、英镑、日元，乃至人民币。此外，在本国货币国际化之后，频繁的、大规模的、不可预料的货币输出入难免会对国内货币金融政策的研判和实施产生影响（陈雨露等，2005）。既然如此，为什么还有那么多国家都在努力推动本国货币的国际化呢？陈雨露等（2005）认为，美元的国际化不但会产生大量的国际铸币税和运用境外美元投资等收益，还会产生为货币发行国对外交往提供便利，增强抵御金融冲击能力，在国际金融体系中获得更大话语权等利益。

（二）债券市场发展与货币国际化

2009 年《跨境贸易人民币结算试点管理办法》① 的颁布标志着人民币国际化的正式启动。通过参与对外贸易结算，更多人民币走向世界。现有研究认为，发展国际债券市场，尤其是以本币计价的国际债券对促进本国货币国际化具有重要意义。国际债券市场的币种结构直接反映出不同货币在金融交易和计价中的分布情况；国际债券作为各国央行投资的主要产品，因其期限较长，在一定程度上履行了“价值储备”职能（McCauley、Park，2006；杨荣海，2011）；一国的债券交易额越大，该国货币越容易被国际社会所接受（丁一兵、钟阳，2013）。

巴曙松等（2010）、裴长洪和余颖丰（2011）指出，在资本账户未完全开放的情况下，离岸债券市场能够完善人民币回流渠道，改善人民币产品的投资保值职能，使一国货币实现投资职能向储备职能转变，同时还将为境内金融市场和实体经济提供缓冲地带，缓释人民币国际化进程中的风险。杨荣海（2011）认为，国际债券市场的发展可提升货币国际化程度，人民币国际化需要优先发展人民币离岸债券市场。丁一兵和钟阳（2013）、丁一兵（2016）指出，离岸债券市场可以形成稳定的汇率，向投资者提供多种高流动性资产，缓释外来风险，也是人民币国际化的重要策略选择。

从理论和实证研究的结果来看，国际债券市场与货币国际化密不可分。一方面，国际债券市场的发展直接体现一国货币的国际化程度。李

---

① 中国人民银行，财政部，商务部，海关总署，国家税务总局，中国银行业监督管理委员会．跨境贸易人民币结算试点管理办法［EB/OL］．（2009－07－01）［2024－08－06］．https：//www.gov.cn/zwgk/2009－07/02/content_1355475.htm.

稻葵和刘霖林（2008）采用1967—2004年的年度数据，对各国央行国际储备的币种结构、贸易结算以及国际债券中的各国货币比重进行面板数据回归，挖掘影响一国货币国际化水平的内在因素，结果表明：决定国际债券币种结构和决定国际储备币种结构的因素几乎相同，国际债券具备“价值储备”和“金融交易”功能，国际债券中的币种构成能在很大程度上反映一国货币的国际化程度。何平等（2013）沿用上述方法，用22个发达国家债券市场和33个发展中国家债券市场的面板数据，对人民币国际化后人民币计价国际债券进行需求测算。结果显示：理论上，2010年和2020年人民币计价国际债券分别应占国际市场份额的10.4%和18.9%，而2010年的实际份额不到理想状态的1%。因此，中国需要在推进人民币国际化的同时，不断鼓励国企、民企和外企发行人民币计价国际债券，为其发行提供便利，不断扩大人民币计价国际债券市场规模，积极配合人民币国际化推进。另一方面，国际债券市场的发展也能提高货币的国际化水平。Gaspar等（2005）从国际债券市场能提供风险分散投资渠道这一角度进行论述，认为投资多种国际货币能有效分散风险，而国际债券市场恰恰提供了多种货币的投资渠道。因此，国际债券市场越发达，市场参与者越多，对该国货币的需求就越大，这对提升该国货币的国际地位有显著的正向作用。杨荣海（2011）直接对货币国际化程度和国际债券市场发展进行回归分析，以美元、欧元、日元主要国际货币为研究对象，采用1999—2009年季度数据，实证结果表明：美国、欧元区和日本债券市场的发展与美元、欧元和日元国际化之间存在稳定的协整关系，国际债券市场发展可以提升货币的国际化程度，欧元区国际债券市场规模上升1%，欧元国际化程度能提升0.3%。丁一兵和钟阳（2013）、丁一兵和付林（2014）也用实证方法证明了一国的国际债券市场发展会对其货币国际地位产生显著正向影响。

（三）货币区域化与货币国际化

商务部计财司与国务院发展研究中心“人民币区域化与边境贸易发展政策研究”课题组等（2003）认为人民币区域化是人民币走向国际化的一个阶段。境外人民币存在向中国回流的压力，如果便利化措施到位，境外人民币的存量将稳定扩张（钟伟，2008）。推行人民币区域化具有一定的贸易基础，但也存在一些不利因素，需合理确定人民币区域化方向（李超，2010）。杨长湧（2010）认为，人民币国际化目标应该是实现在东亚、东南亚和上海合作组织的区域化。

二、研究创新

现有文献就债券市场发展对人民币国际化影响进行了研究，并认可了发展在岸和离岸人民币债券市场对人民币国际化的作用。但从目前人民币在结算、计价和储备等维度上的国际占比来看，人民币国际化遇到了瓶颈，应继续思考具体有效对策予以突破。尽管已有研究提出了通过人民币区域化推进人民币国际化的思路，但对于在东南亚具体国家，特别是在越南，中国在东盟的第一大贸易伙伴如何具体推进人民币国际化的相关研究存在明显不足。

本研究将从如何拓展境内在岸人民币债券市场和香港离岸人民币债券市场，以及如何培育越南这一潜在新兴离岸人民币债券市场的角度探讨推进滇越跨境人民币债券市场建设，而这也是现有文献未予以充分关注的部分。希望本研究能对人民币国际化在越南的推进有所帮助，对现有相关文献提供有益补充。

第二章 滇越跨境人民币债券市场发展现状

第一节 越南持有人民币外汇储备和人民币计价资产规模较低

近些年，越南外汇储备规模增长较快。2023 年 11 月，越南外汇储备规模已增至 881 亿美元①，其中，持有美国国债规模达 297 亿美元②，以美债形式持有资产占其外汇储备余额的 33.7%。

截至 2024 年第一季度末，人民币外汇储备规模为 2469.4 亿美元③。根据国际货币基金组织（IMF）2022 年 6 月 1 日的报道，将人民币作为外汇储备的国家或经济体主要包括俄罗斯、巴西、瑞士、墨西哥、以色列、智利和南非。其中，俄罗斯持有规模最大，截至 2021 年底，俄罗斯持有价值 1050 亿美元的人民币外汇储备；以色列、智利和南非持有量偏低，但都超过 30 亿美元④。根据《耶路撒冷邮报》2022 年 4 月 22 日的

---

① Trading Economics. Vietnam Foreign Exchange Reserves [EB/OL]. (2024 - 08 - 06) [2024 - 08 - 06]. https: //tradingeconomics. com/vietnam/foreign - exchange - reserves.

② U. S. Department of the Treasury. Major Foreign Holders of Treasury Securities [EB/OL]. (2024 - 08 - 06) [2024 - 08 - 06]. https: //ticdata. treasury. gov/resource - center/data - chart - center/tic/Documents/mfhhis01. txt.

③ IMF. Currency Composition of Official Foreign Exchange Reserves (COFER) [EB/OL]. (2024 - 06 - 28) [2024 - 08 - 06]. https: //data. imf. org/? sk = e6a5f467 - c14b - 4aa8 - 9f6d - 5a09ec4e62a4.

④ Serkan Arslanalp, Barry Eichengreen, Chima Simpson - Bell. Dollar Dominance and the Rise of Nontraditional Reserve Currencies [EB/OL]. (2022 - 06 - 01) [2024 - 08 - 06]. https: //www. imf. org/en/Blogs/Articles/2022/06/01/blog - dollar - dominance - and - the - rise - of - nontraditional - reserve - currencies.

报道，以色列央行计划将人民币资产的持有量提高至其外汇储备总额的2%[①]。按照以色列2024年7月底2136.3亿美元的外汇储备规模计算[②]，以色列持有的人民币外汇储备规模约为42.7亿美元。2018年8月28日，越南国家银行颁布了第19/2018/TT－NHNN号通知，越南将允许在越中边境地区使用人民币结算，相关货物或服务结算可用越南盾或人民币支付，支付方式可为现金或者银行转账。随着该通知的颁布，人民币在越南的使用和持有规模也将随着中越贸易规模的增长而进一步扩大。因越南还未正式宣布将人民币作为外汇储备，越南官方持有的人民币外汇储备规模超过以色列的可能性不高。

为追踪越南当局外汇储备持有人民币资产的可能形式，本书查询了越南以人民币或美元等外汇储备购买人民币资产的渠道。总体上可分为间接投资和直接投资两大类。其中，间接投资可借助合格境外机构投资者（QFII）、人民币合格境外机构投资者（RQFII）和债券通三个渠道实现。截至2020年5月31日，在“合格境外机构投资者（QFII）投资额度审批情况表”（见附表1）和“人民币合格境外机构投资者（RQFII）投资额度审批情况表”（见附表2）的名单中未见到来自越南的金融机构。截至2024年6月底，在“债券通境外机构投资者名单”（见附表3）中也未出现来自越南当局的金融机构。因此，可初步判断越南并未正式使用其美元或人民币等外汇储备直接进入中国债券市场投资。

为追踪越南对中国的直接投资规模，本书查阅了中华人民共和国商务部亚洲司公布的统计数据和2023年越南国家统计局公布的年鉴。根据商务部的统计，截至2018年底，越南累计对华实际投资额仅2.7亿美元[③]，

---

① Ben Zion Gad. Israel Adds Chinese RMB to Central Bank Reserves for First Time, Cuts USD Holdings [EB/OL].（2022－04－24）［2024－08－06］. https：//www. jpost. com/business－and－innovation/banking－and－finance/article－704813.

② Trading Economics. Israel Foreign Exchange Reserves [EB/OL].（2024－08－06）［2024－08－06］. https：//tradingeconomics. com/israel/foreign－exchange－reserves.

③ 中华人民共和国商务部亚洲司．中国—越南经贸合作简况［EB/OL］.（2019－02－02）［2024－08－06］. https：//yzs. mofcom. gov. cn/yzjmhz/sbhzjk/art/2019/art_084f1a41975948168f41b8640f4994cc. html.

2019 年越南对华投资为 1720 万美元①，2020 年越南对华投资为 275 万美元②。相对于 2019 年，2020 年越南对华投资规模下滑了 84%。2021 年 1—6 月，越南对华投资 345 万美元③。2022 年，越南对华投资 0.1 亿美元④。根据 2023 年度越南统计年鉴，越南累计对外投资了 1699 个投资项目，累计投资的注册资本为 221.2 亿美元。在越南的全部对外投资中，最大投资目的地为老挝，累计投资了 246 个项目，占其全部累计投资注册资本的 24.7%。对中国累计直接投资项目仅为 37 个，累计投资的注册资本仅为 4080 万美元，仅占全部累计投资注册资本的 0.18%。无论是基于中方公布的数字，还是越方的统计，越南对华直接投资规模都是较低的。

综上所述，越南持有的人民币外汇储备规模比较低，用其所持外汇储备购买人民币计价债券的规模和在中国直接投资的规模也比较低。

第二节　中国对越南投资规模依然偏低

如表 2 - 1 所示，中国对外直接投资规模逐年增加。从 2012 年起，中国每年对外投资规模（流量）开始进入全球前三名，并一直维持在前三名的水平，2020 年时中国甚至成为全球最大的对外投资国家。从对外投资的存量规模看（见表 2 - 1 的第 4 列和第 5 列），从 2017 年开始中国进入全球前三名，在 2017 年甚至成为全球第二名。截至 2022 年底，中国对外投资的存量达到了 27548.1 亿美元，位列世界第三名，仅低于美国和荷兰（见表 2 - 2）。从中国对外投资的投向看，截至 2022 年底，位列前三的目的地

① 中华人民共和国商务部亚洲司. 2019 年中国—越南经贸合作简况 [EB/OL]. (2020 - 07 - 21) [2024 - 08 - 06]. https://yzs.mofcom.gov.cn/yzjmhz/sbhzjk/art/2020/art_a0847df2a70b4509b15eb38604946386.html.

② 中华人民共和国商务部亚洲司. 2020 年 1—12 月中国—越南经贸合作简况 [EB/OL]. (2021 - 10 - 15) [2024 - 08 - 06]. https://yzs.mofcom.gov.cn/yzjmhz/sbhzjk/art/2021/art_4bb266978f6143b6ba6ca461726ab8eb.html.

③ 中华人民共和国商务部亚洲司. 2021 年 1—6 月中国—越南经贸合作简况 [EB/OL]. (2021 - 11 - 10) [2024 - 08 - 06]. http://fta.mofcom.gov.cn/article/rcep/jmsj/202111/46123_1.html.

④ 中华人民共和国商务部亚洲司. 2022 年中国—越南经贸合作简况 [EB/OL]. (2023 - 12 - 28) [2024 - 08 - 06]. https://m.mofcom.gov.cn/article/tongjiziliao/sjtj/yzzggb/202312/20231203463465.shtml.

分别为中国香港、英属维尔京群岛和开曼群岛，分别占中国全部对外直接投资存量的 57.7%、13.3% 和 7.7%，三者合计占到存量的 78.7%。中国对越南的直接投资为 116.6 亿美元，占中国对外投资存量的 0.4%（见表 2-3）。根据越南国外直接投资总注册资本统计口径，截至 2022 年底，中国对越南累计投资的总注册资本为 234 亿美元，占越南 4405 亿美元总外国直接投资累计注册资本的 5.32%，位列越南全部外来投资国别（地区）的第六位①。从 2022 年对外直接投资流量看，位列前三的目的地分别为中国香港、英属维尔京群岛和新加坡，分别占中国全部对外直接投资流量的 59.8%、5.6% 和 5.1%，三者合计占到流量的 70.5%。中国对越南的直接投资为 17.0 亿美元，占中国对外投资流量的 1.0%（见表 2-4）。

表 2-1　　中国历年对外直接投资的流量与存量

年份	流量		存量	
	金额/亿美元	全球位次	金额/亿美元	全球位次
2002	27	26	299	25
2005	122.6	17	572	24
2008	559.1	12	1839.7	18
2011	746.5	6	4247.8	13
2012	878	3	5319.4	13
2013	1078.4	3	6604.8	11
2014	1231.2	3	8826.4	8
2015	1456.7	2	10978.6	8
2016	1961.5	2	13573.9	6
2017	1582.9	3	18090.4	2
2018	1430.4	2	19822.7	3
2019	1369.1	2	21988.8	3
2020	1537.1	1	25806.6	3
2021	1788.2	2	27851.5	3
2022	1631.2	2	27548.1	3

数据来源：2022 年度中国对外直接投资统计公报②。

① General Statistics Office of Vietnam. Statistic Yearbook of Vietnam 2023 [EB/OL].（2024-06-29）[2024-08-06]. https://www.gso.gov.vn/wp-content/uploads/2024/06/NIEN-GIAM-THONG-KE-2023_Ban-quyen.pdf

② 中华人民共和国商务部，国家统计局，国家外汇管理局. 2022 年度中国对外直接投资统计公报 [EB/OL].（2023-09-28）[2024-08-06]. http://images.mofcom.gov.cn/hzs/202310/20231027112320497.pdf.

表 2-2 2022 年末全球对外直接投资存量上万亿美元的国家（地区）

位次	国家（地区）	存量金额/亿美元	占全球比重/%
1	美国	80481	20.2
2	荷兰	32494	8.2
3	中国	27548	6.9
4	英国	22031	5.5
5	中国香港	20546	5.2
6	加拿大	20330	5.1
7	日本	19486	4.9
8	德国	19290	4.8
9	卢森堡	16265	4.1
10	新加坡	15954	4.0
11	法国	14898	3.7
12	瑞士	13519	3.4
13	爱尔兰	11844	3.0
合计		314686	79.0

数据来源：2022 年度中国对外直接投资统计公报。

表 2-3 2022 年末中国对外直接投资存量前二十名的国家（地区）

序号	国家（地区）	存量金额/亿美元	比重/%
1	中国香港	15886.7	57.7
2	英属维尔京群岛	3672.8	13.3
3	开曼群岛	2115.1	7.7
4	美国	791.7	2.9
5	新加坡	734.5	2.7
6	澳大利亚	357.9	1.3
7	荷兰	283.0	1.0
8	印度尼西亚	247.2	0.9
9	卢森堡	205.5	0.7
10	英国	193.5	0.7
11	瑞典	186.7	0.7
12	德国	185.5	0.7
13	加拿大	133.1	0.5
14	中国澳门	126.9	0.5
15	马来西亚	120.5	0.4

续表

序号	国家（地区）	存量金额/亿美元	比重/%
16	阿拉伯联合酋长国	118.8	0.4
17	越南	116.6	0.4
18	百慕大群岛	110.1	0.4
19	泰国	105.7	0.4
20	俄罗斯联邦	99.0	0.3
合计		25790.8	93.6

数据来源：2022 年度中国对外直接投资统计公报。

表 2-4　2022 年中国对外直接投资流量前二十名的国家（地区）

序号	国家（地区）	流量金额/亿美元	比重/%
1	中国香港	975.3	59.8
2	英属维尔京群岛	91.2	5.6
3	新加坡	83.0	5.1
4	美国	72.9	4.5
5	开曼群岛	57.6	3.5
6	印度尼西亚	45.5	2.8
7	卢森堡	32.5	2.0
8	英国	28.2	1.7
9	澳大利亚	27.9	1.7
10	中国澳门	21.3	1.3
11	德国	19.8	1.2
12	瑞典	18.5	1.1
13	越南	17.0	1.0
14	阿拉伯联合酋长国	16.1	1.0
15	马来西亚	16.1	1.0
16	泰国	12.7	0.8
17	土耳其	7.5	0.5
18	南非	6.8	0.4
19	柬埔寨	6.3	0.4
20	尼日尔	5.7	0.3
合计		1561.9	95.7

数据来源：2022 年度中国对外直接投资统计公报。

第三章 滇越跨境人民币债券市场建设的必要性

第一节 来自中国方面的需求

一、中国经济转型需要吸引更多国际资本的进入

（一）传统经济增长动能正在减弱，急需发展新动能

1. 依赖高投资的增长模式变得难以持续。

（1）投资的高增长对推动经济的高速增长曾发挥过非常重要作用。在很长一段时期，中国经济都保持着较高增长速度。如表3－1所示，从1980年至2023年的44年中，GDP平均增长率[①]达到了9.0%，其中，增长率达两位数的年份就有16年，最低增长速度为2.2%（2020年），最高增长速度为15.2%（1984年）。在1980年至1989年的10年间，平均增长率为9.7%；在1990年至1999年的10年间，平均增长率为10.0%；在2000年至2009年的10年间，平均增长率更是达到了两位数，实现了10.4%的增长；到了2010年至2019年的10年间，平均增长率即便下降了也有7.7%。

在经济保持高速增长的过程中，投资发挥了非常重要作用。如表3－1所示，在1981年至2023年的43年中，固定资本形成的平均增长率为15.5%，最低增长率为－6.7%（发生在1989年），最高增长率为60.3%

① 这个增长率为算术平均值。

表 3 - 1　　中国经济增长来自资本形成的贡献　　单位：%

时期	GDP 平均增长率	平均固定资本形成率	固定资本形成平均增长率
1980—1989 年	9.7	29.0	15.0
1990—1999 年	10.0	31.3	22.1
2000—2009 年	10.4	37.9	18.0
2010—2019 年	7.7	43.2	10.8
1980—2023 年	9.0	35.9	15.5

数据来源：国家统计局①和世界银行②。

注：（1）固定资本形成平均增长率在 1980 年至 1989 年和 1980 年至 2023 年期间只统计了 1981 年至 1989 年和 1981 年至 2023 年期间的平均增长率；（2）之所以使用固定资本形成而不是资本形成，主要是考虑到资本形成的绝大多数为固定资本形成；（3）固定资本形成的最低增长率为 -6.7%，发生在 1989 年。

（发生在 1993 年）。通过表 3 - 1 可发现，GDP 的增长伴随着固定资本形成的增长。图 3 - 1 也很好地印证了固定资本形成增长率与 GDP 增长率

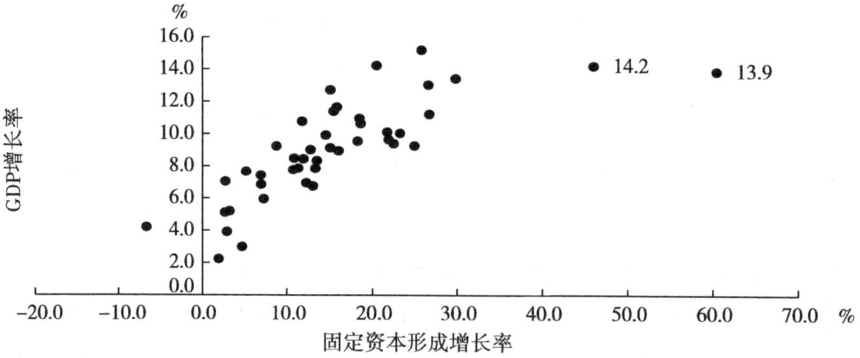

图 3 - 1　固定资本形成增长率与 GDP 增长率的关系（1981 年至 2023 年）

（数据来源：国家统计局③和世界银行④）

① 国家统计局．支出法国内生产总值［EB/OL］.（2024 - 08 - 06）［2024 - 08 - 06］. https：//data. stats. gov. cn/easyquery. htm? cn = C01&zb = A0209&sj = 2023.

② World Bank. GDP growth（annual %）［EB/OL］.（2024 - 08 - 06）［2024 - 08 - 06］. https：//data. worldbank. org/indicator/NY. GDP. MKTP. KD. ZG.

③ 国家统计局．支出法国内生产总值［EB/OL］.（2024 - 08 - 06）［2024 - 08 - 06］. https：//data. stats. gov. cn/easyquery. htm? cn = C01&zb = A0209&sj = 2023.

④ World Bank. GDP growth（annual %）［EB/OL］.（2024 - 08 - 06）［2024 - 08 - 06］. https：//data. worldbank. org/indicator/NY. GDP. MKTP. KD. ZG.

具有较高的相关性。如表3－2所示，在这43年中，固定资本形成每增长1%平均会带来0.21%的GDP增长。这个影响不但统计上显著，在经济上也是非常重要的①。

表3－2　　固定资本形成增长率与GDP增长率的关系（1981年至2023年）

时期	GDP增长率	系数	标准误差	t 统计量	P 值
1981年至2023年	截距	0.06	0.005	11.89	0.000
	固定资本形成增长率	0.21***	0.026	8.03	0.000

数据来源：国家统计局②和世界银行③。

注：(1) R^2 为0.61，调整 R^2 为0.60，观测值为43个（1981年至2023年的数据）。(2) "***"表示在1%的水平上统计显著。

（2）投资增长在推动经济增长中的作用正在逐步减弱。如表3－1所示，进入2010年至2019年这一时期后，GDP的增长速度出现了明显下滑。相对于2000年至2009年这10年间有5年出现两位数增长，在2010年至2019年的10年间，只有2010年保持了两位数增长，且增长速度呈逐年下滑趋势，至2019年时已经只有6.0%；相对于2000年至2009年10.4%的平均增长率，2010年至2019年GDP平均增长率下滑十分明显。

当分段观察固定资本形成增长对GDP增长的贡献时会发现：在1981年至1989年这第一个时期，固定资本形成的增长显著提高了GDP增长率（见图3－2），固定资本形成每增长1%平均会带来0.28%的GDP增长（见表3－3）。到了第二个时期，即1990年至1999年，尽管固定资本形成的增长依然会带来GDP增长（见图3－3），但固定资本形成每增长1%平均会提高的GDP增长率出现明显下滑，已经只有0.15%，只有上一个时期的50%左右（见表3－3）。到了第三个时期，即2000年至

① 表3－2为单因素回归的结果。

② 国家统计局．支出法国内生产总值［EB/OL］．（2024－08－06）［2024－08－06］．https：//data. stats. gov. cn/easyquery. htm？cn＝C01&zb＝A0209&sj＝2023.

③ World Bank. GDP growth（annual %）［EB/OL］．（2024－08－06）［2024－08－06］．https：//data. worldbank. org/indicator/NY. GDP. MKTP. KD. ZG.

2009年，固定资本形成增长对GDP增长的影响已经变得非常弱了（见图3-4），只能带来0.09%的影响，且这一影响更多是异常值影响的结果（见表3-3和图3-4）。1981年至2009年的数据表明：固定资本形成增长对GDP增长的推动作用正在不断减弱。

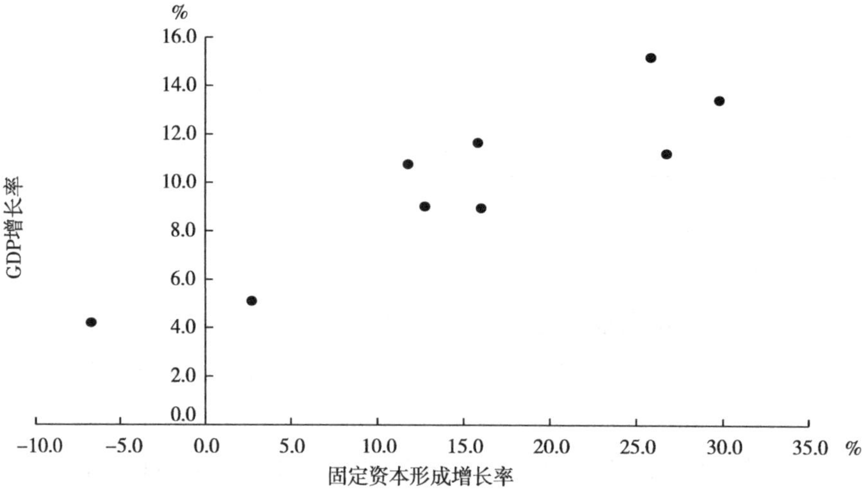

图3-2　固定资本形成增长率与GDP增长率的关系（1981年至1989年）

（数据来源：国家统计局①和世界银行②）

表3-3　固定资本形成增长率与GDP增长率的关系（区分不同子时期）

时期	GDP增长率	系数	标准误差	t统计量	P值
1981年至1989年	截距	0.06	0.009	6.43	0.000
	固定资本形成增长率	0.28***	0.048	5.70	0.001
1990年至1999年	截距	0.07	0.009	7.26	0.000
	固定资本形成增长率	0.15***	0.033	4.40	0.002
2000年至2009年	截距	0.09	0.027	3.18	0.013
	固定资本形成增长率	0.09	0.148	0.63	0.549

① 国家统计局．支出法国内生产总值［EB/OL］．(2024-08-06)［2024-08-06］．https：//data.stats.gov.cn/easyquery.htm? cn=C01&zb=A0209&sj=2023.

② World Bank. GDP growth (annual %)［EB/OL］．(2024-08-06)［2024-08-06］．https：//data.worldbank.org/indicator/NY.GDP.MKTP.KD.ZG.

续表

时期	GDP 增长率	系数	标准误差	t 统计量	P 值
2010 年至 2019 年	截距	0.05	0.007	7.19	0.000
	固定资本形成增长率	0.21***	0.063	3.38	0.010
2010 年至 2019 年－剔	截距	0.07	0.007	10.15	0.000
	固定资本形成增长率	0.04	0.070	0.53	0.614

数据来源：国家统计局①和世界银行②。

注：(1) 尽管各时期样本量不大，但单因素回归的结果与散点图的发现基本一致，也具有一定启示意义。(2) "2010 年至 2019 年－剔" 所对应的回归结果为剔除了 2010 年和 2011 年两个异常点后的回归结果。(3) " *** " 表示在 1% 的水平上统计显著。

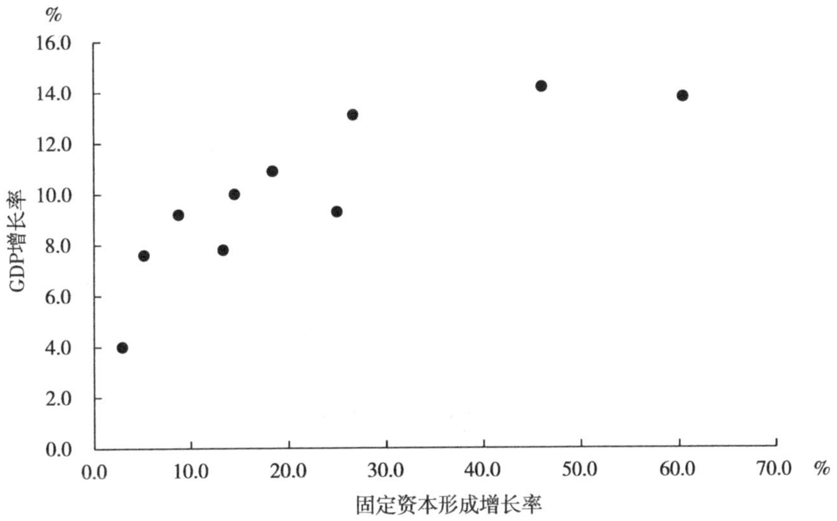

图 3－3 固定资本形成增长率与 GDP 增长率的关系（1990 年至 1999 年）

（数据来源：国家统计局③和世界银行④）

---

① 国家统计局．支出法国内生产总值［EB/OL］．(2024－08－06)［2024－08－06］．https：//data.stats.gov.cn/easyquery.htm？cn＝C01&zb＝A0209&sj＝2023.

② World Bank. GDP growth (annual %) [EB/OL]. (2024－08－06) [2024－08－06]. https：//data.worldbank.org/indicator/NY.GDP.MKTP.KD.ZG.

③ 国家统计局．支出法国内生产总值［EB/OL］．(2024－08－06)［2024－08－06］．https：//data.stats.gov.cn/easyquery.htm？cn＝C01&zb＝A0209&sj＝2023.

④ World Bank. GDP growth (annual %) [EB/OL]. (2024－08－06) [2024－08－06]. https：//data.worldbank.org/indicator/NY.GDP.MKTP.KD.ZG.

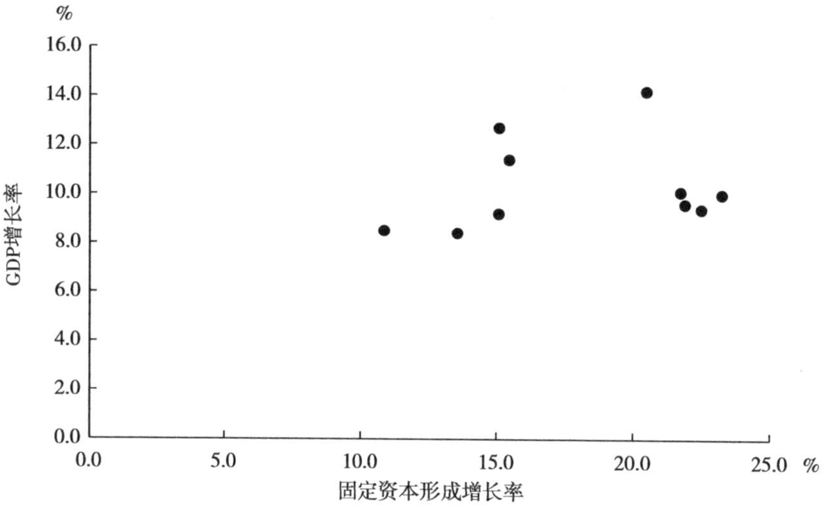

图 3-4 固定资本形成增长率与 GDP 增长率的关系（2000 年至 2009 年）

（数据来源：国家统计局①和世界银行②）

尽管进入 2010 年至 2019 年这一新的 10 年，固定资本形成的作用似乎突然变强，固定资本形成每增长 1% 可以解释 0.21% 的 GDP 增长。但是，在剔除两个期初异常点（2010 年和 2011 年）重新进行回归后可发现：固定资本形成增长对 GDP 增长在统计上不再具有显著解释力，系数也从 0.21 降到了 0.04，经济上也不再重要（见表 3-3），这一点在图 3-5上也可以清晰地看到。

2010 年至 2019 年这 10 年中国每年固定资本形成率也达到了顶峰。相对于 1980 年至 1989 年平均 29.0%、1990 年至 1999 年平均 31.3% 和 2000 年至 2009 年平均 37.9% 的资本形成率，2010 年至 2019 年平均资本形成率已达到了 43.2% 这一历史最高水平，2020 年至 2023 年资本形成率开始下滑，仍达到了 41.9%。

---

① 国家统计局．支出法国内生产总值［EB/OL］．（2024-08-06）［2024-08-06］．https：//data. stats. gov. cn/easyquery. htm？ cn = C01&zb = A0209&sj = 2023.

② World Bank. GDP growth（annual %）［EB/OL］．（2024-08-06）［2024-08-06］．https：//data. worldbank. org/indicator/NY. GDP. MKTP. KD. ZG.

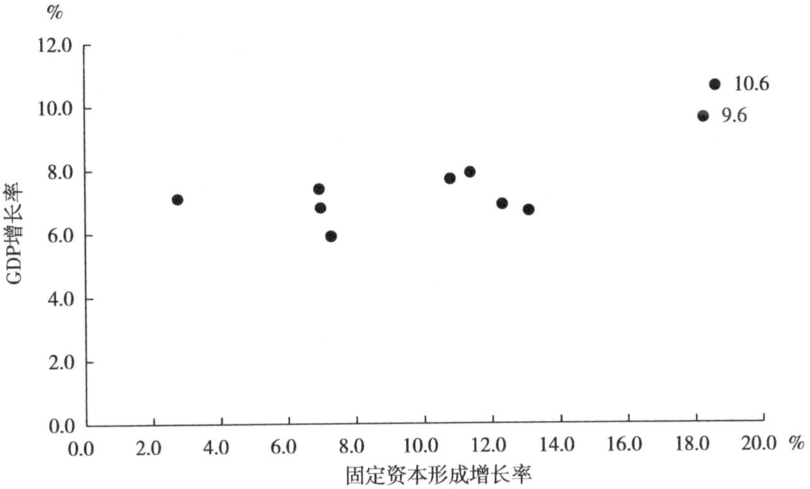

图 3－5　固定资本形成增长率与 GDP 增长率的关系（2010 年至 2019 年）

（数据来源：国家统计局①和世界银行②）

通过观察表 3－1 中固定资本形成增长率还会发现：在 1981 年至 1989 年的 9 年间，平均增长率为 15.0%；在 1990 年至 1999 年的 10 年间，平均增长率为 22.1%；在 2000 年至 2009 年的 10 年间，平均增长率为 18.0%；在 2010 年至 2019 年的 10 年间，平均增长率为 10.8%。也就是说，固定资本形成增长率在 1990 年至 1999 年的 10 年间达到顶峰，之后固定资本形成增速开始下滑；在之后的 2000 年至 2009 年这 10 年下降为 18.0%，2010 年至 2019 年这 10 年已降为 10.8%（见表 3－1）。进入 2020 年至 2023 年，更是只有 1.9%、12.0%、4.7%和 3.2%，平均只有 5.5%。

通过长期投资，中国的固定资本规模已达到相当高水平。2023 年的固定资本形成总额已达 52.1 万亿元，处于历史最高水平。以交通运输行业固定资产投资为例，至 2023 年底，我国铁路营业总里程达 15.9 万千米。其中，高铁 4.5 万千米。公路总里程为 543.7 万千米左右，其中高

① 国家统计局．支出法国内生产总值［EB/OL］.（2024－08－06）［2024－08－06］. https：//data. stats. gov. cn/easyquery. htm？ cn = C01&zb = A0209&sj = 2023.

② World Bank. GDP growth（annual %）［EB/OL］.（2024－08－06）［2024－08－06］. https：//data. worldbank. org/indicator/NY. GDP. MKTP. KD. ZG.

速公路建成里程将达 18.4 万千米左右。内河航道大约 12.8 万千米。全国港口生产用码头泊位 22023 个。其中，万吨级及以上泊位 2878 个。民用运输机场将达到 259 个。[①] 而在现有交通运输行业资本规模水平上，继续增加或快速增加投资的可能性已经越来越低。2020 年至 2023 年，除 2023 年外，铁路运输投资增速分别为 -2.2%、-1.8% 和 1.8%，道路运输投资各年增速分别为 1.8%、-1.2% 和 3.7%。再以制造业为例，2020 年至 2023 年，固定资产投资增长率分别为 -2.2%、13.5%、9.1% 和 6.5%。只有 2021 年制造业投资保持着 13.5% 的增速。对全球最大 20 个经济体进行比较后可发现，2024 年 6 月，中国产能利用率已经处于中等偏下水平，低于以制造业为主的德国 5.3 个百分点（见表 3-4）。

表 3-4　全球 20 个最大国家（地区）的产能利用率

国家（地区）	上次数据	产能利用率	更新日期	与平均水平相比
美国	78.2%	78.2%	2024 年 6 月	高于平均水平
中国**	73.6%	74.9%	2024 年第二季度	低于平均水平
日本*	103.8	100.6	2024 年 6 月	—
德国**	81.3%	80.2%	2024 年第二季度	高于平均水平
英国**	64.5%	73.9%	2020 年第四季度	—
印度**	74.7%	76.8%	2024 年第一季度	—
法国	74.4%	74.8%	2024 年 6 月	高于平均水平
意大利**	76.0%	75.5%	2024 年第三季度	高于平均水平
加拿大**	78.6%	79.1%	2024 年第三季度	高于平均水平
韩国*	102.5	102.4	2024 年 6 月	—
俄罗斯	60.0%	61.0%	2024 年 6 月	低于平均水平
巴西	78.7%	79.5%	2024 年 6 月	高于平均水平
澳大利亚	83.3%	83.5%	2024 年 6 月	高于平均水平
西班牙**	77.2%	77.7%	2024 年第二季度	低于平均水平
墨西哥	82.8%	81.1%	2024 年 6 月	高于平均水平
印度尼西亚**	73.6%	73.7%	2024 年第二季度	低于平均水平

① 交通运输部．2023 年交通运输行业发展统计公报［EB/OL］．（2024-06-18）［2024-08-06］．https：//xxgk.mot.gov.cn/2020/jigou/zhghs/202406/t20240614_4142419.html.

续表

国家（地区）	上次数据	产能利用率	更新日期	与平均水平相比
荷兰**	78.8%	79.6%	2024年第二季度	高于平均水平
沙特阿拉伯***	—	—	—	—
土耳其	76.3%	76.3%	2024年6月	低于平均水平
瑞士**	79.5%	79.0%	2024年第一季度	—
平均数	—	76.8%	—	—

数据来源：Trading Economics①。

注：（1）产能利用率 = 实际产能/设计产能 ×100%。（2）韩国和日本被标注了“*”，表示其产能利用率数据为积分，非百分比；被标注“**”的国家每季度发布相关数据；被标注“***”的国家未见统计。（3）“—”表示数据缺失或无须统计。（4）最大国家（地区）是根据2023年的GDP所作出的。（5）因计算方法和更新日期不同，平均值未统计日本、韩国、英国、印度、瑞士与沙特阿拉伯。

为更清楚地判断中国当前资本形成率所处水平，本书作了横向国际比较。通过表3－5会发现：中国的资本形成率已经处于非常高水平，在全球所有国家（地区）中居于第3位。而在全球最大的20个国家（地区）中，属于资本形成率最高的国家（地区）（见表3－6），高出第二名的土耳其8.1个百分点，更是高出以制造业为主的德国18.1个百分点。

表3－5　　全球资本形成率排名前六的国家（地区）

国家（地区）	资本形成率/%	全球排名
瓦努阿图	55.1	1
不丹	44.4	2
中国	43.1	3
毛里塔尼亚	40.6	4
莫桑比克	40.4	5
乌兹别克斯坦	40.4	6

数据来源：世界银行②。

注：（1）基于2021年数据，中国是唯一进入前六的20个最大国家（地区）。（2）根据数据的可得性和完整性，该表使用了2021年的数据。

---

① Trading Economics. 产能利用率－国家列表［EB/OL］.（2024－08－06）［2024－08－06］. https：//zh. tradingeconomics. com/country－list/capacity－utilization.

② World Bank. Gross capital formation （% of GDP）［EB/OL］.（2024－08－06）［2024－08－06］. https：//data. worldbank. org/indicator/NE. GDI. TOTL. ZS.

表3-6　　全球20个最大国家（地区）的资本形成率排名

国家（地区）	资本形成率	GDP 排名	资本形成率排名
中国	43.1	2	1
土耳其	35.0	18	2
韩国	33.2	14	3
印度	33.0	5	4
印度尼西亚	29.7	16	5
日本	26.6	4	6
法国	26.5	7	7
沙特阿拉伯	26.4	19	8
加拿大	25.4	10	9
德国	25.0	3	10
瑞士	24.5	20	11
澳大利亚	23.6	13	12
意大利	23.1	8	13
俄罗斯联邦	22.8	11	14
墨西哥	22.7	12	15
美国	21.9	1	16
西班牙	21.5	15	17
荷兰	21.2	17	18
英国	18.6	6	19
巴西	18.1	9	20

数据来源：世界银行①。

注：（1）GDP 排名是根据2023年GDP计算得出的。（2）根据数据的可得性和完整性，该表使用了2022年资本形成率数据。

① World Bank. GDP growth (annual %) [EB/OL]. (2024-08-06) [2024-08-06]. https://data.worldbank.org/indicator/NE.GDI.TOTL.ZS.

在中国国民经济中，房地产是一个规模较大、链条较长的行业。1994 年《国务院关于深化城镇住房制度改革的决定》的发布标志着中国住房提供的商品化正式启动[①]。房地产行业也因此实现了巨大发展，除了个别年份外，商品房市场均保持着旺盛需求。商品房在供给增加的同时，房价也随之高涨。房地产行业的投资不仅拉动了上下游众多产业发展，还通过推动土地使用权的出让和税费征收增加了地方政府的税收收入和非税收入。2021 年，仅国有土地使用权出让收入就达 87051 亿元，占地方政府性基金预算本级收入 93936 亿元的 92.7%，是同期地方一般公共预算本级收入 111077 亿元的 78.4%。再考虑土地和房地产相关税收，如契税 7428 亿元，土地增值税 6896 亿元，房产税 3278 亿元，耕地占用税 1065 亿元和城镇土地使用税 2126 亿元（相关税收合计为 20793 亿元），上述比率将分别达 114.8% 和 97.1%[②]。这还没有考虑房地产发展对钢铁、水泥、建材、家具和家电等行业的影响。进入 2021 年后，由于 2020 年新冠疫情，商品房销售受到较大影响，进一步引发土地使用权出让收入和相关税费增长的大幅下滑。2021 年国有土地出让金收入仅实现了 3.5% 的增长，是近几年中最低增长速度。2021 年下半年个别房地产开发商出现了因销售不畅而停工情况，市场对房地产发展的担忧开始逐渐发酵。进入 2022 年后，整个上半年仅实现 23622 亿元国有土地使用权出让收入，相比 2021 年上半年下滑 31.4%，仅这一项，半年内全国国有土地出让收入就减少 10814 亿元[③]。

综上各种情况，继续依靠投资拉动经济增长的压力越来越大。

2. 高能耗的经济增长方式不具可持续性。

（1）中国经济运行能耗大，能源利用效率偏低。中国经济的发展伴

① 国务院．国务院关于深化城镇住房制度改革的决定［EB/OL］．(2010-11-15)［2024-08-06］．https：//www.gov.cn/zhuanti/2015-06/13/content_2875960.html.

② 中华人民共和国财政部．2021 年财政收支情况［EB/OL］．(2022-01-29)［2024-08-06］．http：//www.gov.cn/xinwen/2022-01/29/content_5671104.htm.

③ 中华人民共和国财政部．2022 年上半年财政收支情况［EB/OL］．(2022-07-14)［2024-08-06］．http：//www.gov.cn/xinwen/2022-07/14/content_5701012.htm.

随着巨大能源消耗。从2002年至2023年，每年能源消费总量从17.0亿吨标准煤增加至57.2亿吨标准煤（见图3-6）。

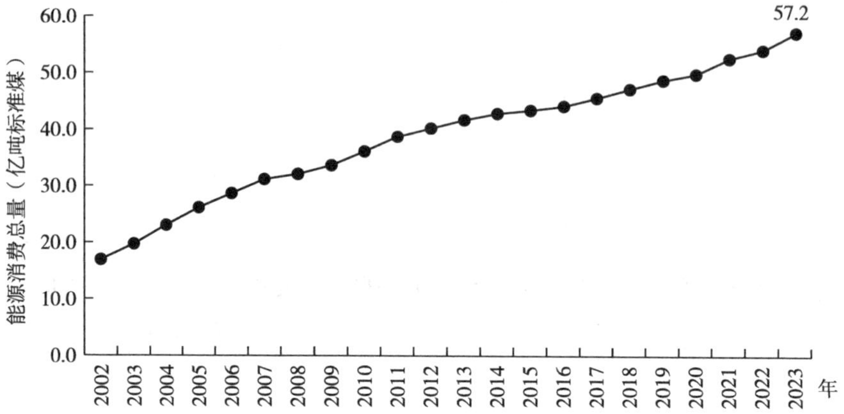

图3-6　中国能源消费总量变化

（数据来源：国家统计局①）

在追踪了中国每单位能耗所创造的GDP后发现：中国每单位能耗所创造的GDP从2010年至2014年不断提高，在2014年达到最大值5.33美元/千克等量原油消耗。但即便从2014年的最佳表现看，中国依然属于全球每单位能耗所创造的GDP最低的国家之一。当将全球所有国家（地区）按能源利用效率从低到高进行排名后，中国排在了第14位，也就是说，全球只有13个国家（地区）每单位能耗所创造的GDP比中国低（见表3-7）。而在全球最大的20个国家（地区）中，中国每单位能耗所创造的GDP是最低的。以2014年为例，美国、日本、德国和韩国等其他制造业强国每单位能耗所创造的GDP分别为8.23美元、11.45美元、13.45美元和7.18美元，特别是日本和德国的表现要远高于中国（见表3-8）。

① 国家统计局．能源消耗总量［EB/OL］.（2024-08-06）［2024-08-06］. https://data.stats.gov.cn/easyquery.htm? cn=C01.

表 3-7　　全球每单位能耗所创造的 GDP 排名

国家（地区）	2010 年	2011 年	2012 年	2013 年	2014 年
库拉索	2.01	1.70	2.02	2.26	2.04
特立尼达和多巴哥	1.98	2.01	2.08	2.09	2.08
土库曼斯坦	1.93	2.04	2.19	2.35	2.54
刚果民主共和国	2.82	2.83	2.45	2.52	2.65
莫桑比克	2.43	2.51	2.64	2.73	2.75
冰岛	2.79	2.65	2.75	2.76	2.82
埃塞俄比亚	2.59	2.78	2.94	3.14	3.36
多哥	3.35	3.54	3.79	3.92	4.03
坦桑尼亚	4.18	4.26	4.20	4.32	4.46
巴林	4.37	4.45	4.66	4.50	4.55
伊朗	5.57	5.61	5.19	5.01	4.90
乌克兰	4.23	4.67	4.83	5.10	5.04
南非	4.92	5.09	5.29	5.40	5.21
中国	4.55	4.64	4.82	5.04	5.33
卡塔尔	6.44	6.45	5.55	5.53	5.33

数据来源：世界银行[①]。

注：（1）每单位能耗创造的 GDP 是每千克石油当量能耗创造的 PPP GDP。PPP GDP 是按 2017 年的固定购买力平价比率，换算的以国际美元计价的国内生产总值（GDP）。一国际美元对 GDP 的购买力与一美国美元在美国国内的购买力相同。（2）数据只统计至 2014 年是因为在这之前有相对完整的统计数据。排名按照 2014 年数据从低到高排序。

① World Bank. GDP per unit of energy use（constant 2017 PPP $ per kg of oil equivalent）[EB/OL].（2022-12-31）[2024-08-06]. https://api.worldbank.org/v2/en/indicator/EG.GDP.PUSE.KO.PP.KD?downloadformat=excel.

表3-8 全球最大20个国家（地区）每单位能耗所创造的GDP排名

国家（地区）	2010年	2011年	2012年	2013年	2014年	GDP排名
中国	4.55	4.64	4.82	5.04	5.33	2
俄罗斯联邦	4.97	4.95	5.02	5.18	5.35	11
加拿大	5.76	5.79	5.96	6.03	6.02	10
沙特阿拉伯	6.51	7.46	6.99	7.48	6.98	19
韩国	6.82	6.78	6.87	7.08	7.18	14
印度	7.54	7.61	7.65	7.95	8.04	5
美国	7.61	7.82	8.12	8.17	8.23	1
澳大利亚	7.75	7.90	8.31	8.55	8.85	13
巴西	10.95	11.21	10.95	10.82	10.53	9
印度尼西亚	9.45	10.41	10.64	10.95	11.09	16
日本	9.78	10.57	10.95	11.09	11.45	4
法国	10.49	11.14	11.15	11.17	11.76	7
荷兰	10.35	11.34	11.16	11.23	12.06	17
墨西哥	11.61	11.46	11.38	11.51	12.09	12
德国	11.76	12.86	12.86	12.68	13.45	3
西班牙	13.61	13.71	13.33	14.08	14.59	15
土耳其	13.58	14.19	14.28	15.66	15.81	18
英国	13.05	14.28	14.05	14.48	15.93	6
意大利	14.56	15.16	15.32	15.61	16.52	8
瑞士	19.66	20.70	20.74	20.24	22.12	20

数据来源：世界银行①。

注：（1）每单位能耗创造的GDP是每千克石油当量能耗创造的PPP GDP。PPP GDP是按2017年的固定购买力平价比率，换算的以国际美元计价的国内生产总值（GDP）。一国际美元对GDP的购买力与一美国美元在美国国内的购买力相同。（2）数据只统计至2014年是因为在这之前有相对完整的统计数据；（3）GDP排名是根据2023年的GDP所作出的。

① World Bank. GDP per unit of energy use（constant 2017 PPP $ per kg of oil equivalent）[EB/OL].（2022-12-31）[2024-08-06]. https://api.worldbank.org/v2/en/indicator/EG.GDP.PUSE.KO.PP.KD?downloadformat=excel.

（2）高能耗和低能源利用率导致 CO_2 温室气体排放量巨大。伴随着中国经济的高速发展，石油等化石能源的使用大量增加。化石能源的使用和经济活动本身会释放出大量 CO_2 等温室气体。如表 3－9 所示，由于人口基数大，在 1990 年时中国的 CO_2 排放就达到了 21.7 亿吨，世界排名第二，占世界 CO_2 排放量的 10.5%，只有美国 CO_2 排放量的 45%，略高于当时的苏联。随后的 CO_2 排放量一路高涨，在 2005 年超过美国，成为世界上最大的 CO_2 排放国家，至 2020 年时中国 CO_2 的排放量已经达到了 109.4 亿吨，是 1990 年时 CO_2 排放量的 5 倍，占全球 CO_2 排放总量的 33%。

为推动碳减排，各国积极设计金融产品。绿色金融应运而生，其中，绿色债券是绿色金融的重要组成部分。目前在全球范围内已有多个国家开设了绿色债券板块（见附表 4）。

表 3－9　　全球最大 20 个国家（地区）的 CO_2 排放排名　　单位：亿吨

国家（地区）	1990 年	2000 年	2010 年	2015 年	2020 年	占比/%	GDP 排名	排放排名
中国	21.7	33.5	84.7	98.6	109.4	32.6	2	1
美国	48.4	57.8	53.9	49.9	43.2	12.9	1	2
印度	5.6	9.4	16.6	21.6	22.0	6.6	5	3
俄罗斯	21.6	15.6	16.2	15.9	16.2	4.8	11	4
日本	10.9	11.8	11.6	11.8	10.1	3.0	4	5
伊朗	2.0	3.4	5.4	6.0	6.2	1.8	非前 20	6
德国	9.6	8.3	7.7	7.4	6.0	1.8	3	7
韩国	2.5	4.5	5.8	6.1	5.7	1.7	14	8
印度尼西亚	1.5	2.8	4.2	4.9	5.6	1.7	16	9
加拿大	4.2	5.1	5.4	5.6	5.2	1.5	10	10
沙特阿拉伯	1.7	2.5	4.5	5.7	5.1	1.5	19	11
巴西	2.0	3.1	4.0	4.9	4.1	1.2	9	12
土耳其	1.4	2.2	3.0	3.5	4.1	1.2	18	13
南非	2.5	2.8	4.3	4.3	3.9	1.2	非前 20	14
墨西哥	2.7	3.8	4.6	4.7	3.8	1.1	12	15

续表

国家（地区）	1990 年	2000 年	2010 年	2015 年	2020 年	占比/%	GDP 排名	排放排名
澳大利亚	2.6	3.4	4.0	3.9	3.8	1.1	13	16
越南	0.2	0.5	1.5	2.0	3.6	1.1	非前 20	17
英国	5.6	5.3	4.8	4.0	3.1	0.9	6	18
意大利	4.1	4.4	4.1	3.4	2.8	0.8	8	19
波兰	3.5	3.0	3.1	2.9	2.8	0.8	非前 20	20
法国	3.6	3.7	3.5	3.1	2.7	0.8	7	21
泰国	0.9	1.7	2.4	2.7	2.7	0.8	非前 20	22
马来西亚	0.5	1.2	2.0	2.4	2.5	0.7	非前 20	23
哈萨克斯坦	2.4	1.2	2.3	1.9	2.1	0.6	非前 20	24
埃及	0.9	1.1	2.0	2.3	2.1	0.6	非前 20	25
西班牙	2.1	2.9	2.7	2.6	2.0	0.6	15	26
荷兰	1.5	1.6	1.7	1.6	1.3	0.4	17	34
瑞士	0.4	0.4	0.5	0.4	0.3	0.1	20	35

数据来源：世界银行①。

注：(1) 二氧化碳排放是化石燃料燃烧和水泥制造产生的排放，它们包括固体、液体和气体燃料消耗以及天然气燃烧产生的二氧化碳。(2) 占比是基于各国 2020 年 CO_2 排放量占 2020 年全球排放量的百分比，排放排名是基于 2020 年排放量作出的。(3) 根据数据的可得性和完整性，该表的 GDP 排名数据使用了 2023 年的 GDP 数据。

3. 过度依赖出口的模式可持续性也将会受到约束。

(1) 中国已成为全球最大贸易国。中国的货物和服务出口在 2004 年超过英国，在 2005 年超过日本，在 2010 年超过德国，在 2013 年超过美国，最终中国在 2013 年成为世界上最大的外贸出口国（见图 3－7）。而从进出口总额看，中国的货物和服务进出口在 2004 年超过日本，在 2005 年超过英国，在 2010 年超过德国，在 2020 年超过美国，最终中国在 2020 年成为世界上最大的外贸进出口国（见图 3－8）。

① World Bank. CO_2 emissions (kt) [EB/OL]. (2024－08－06) [2024－08－06]. https://api.worldbank.org/v2/en/indicator/EN.ATM.CO2E.KT?downloadformat=excel.

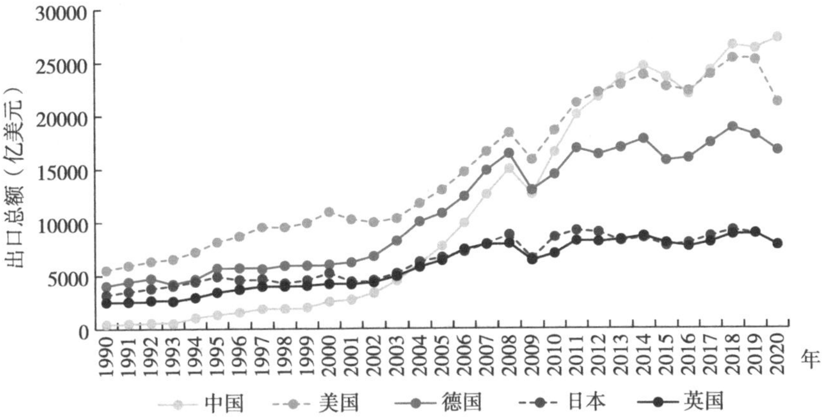

图 3－7 中国、美国、德国、日本和英国历年出口额变化

（数据来源：世界银行①）

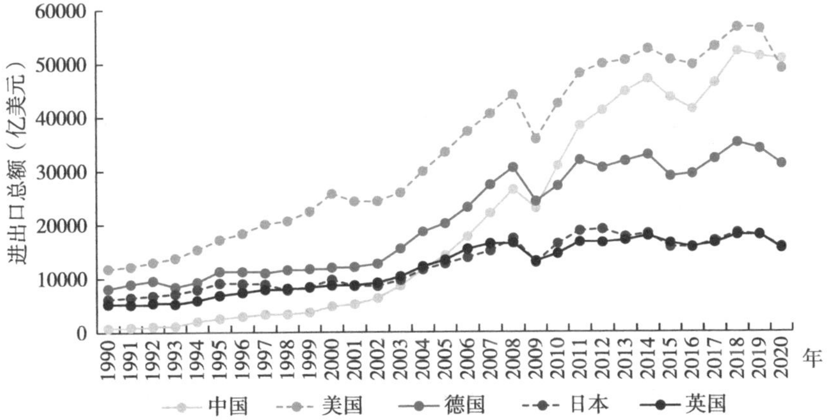

图 3－8 中国、美国、德国、日本和英国历年进出口总额变化

（数据来源：世界银行②）

---

① World Bank. Imports of goods and services (current US $) [EB/OL]. (2024－08－06) [2024－08－06]. https://api.worldbank.org/v2/en/indicator/NE.IMP.GNFS.CD? downloadformat = excel; World Bank. Exports of goods and services (current US $) [EB/OL]. (2024－08－06) [2024－08－06]. https://api.worldbank.org/v2/en/indicator/NE.EXP.GNFS.CD? downloadformat = excel.

② World Bank. Imports of goods and services (current US $) [EB/OL]. (2024－08－06) [2024－08－06]. https://api.worldbank.org/v2/en/indicator/NE.IMP.GNFS.CD? downloadformat = excel; World Bank. Exports of goods and services (current US $) [EB/OL]. (2024－08－06) [2024－08－06]. https://api.worldbank.org/v2/en/indicator/NE.EXP.GNFS.CD? downloadformat = excel.

（2）中国已成为经济总量世界第二大国家，并逐步缩小与美国的差距。如表3－10所示，在2015年时中国GDP占当时全球GDP的份额为14.7%，与排名第一的美国还有9.6个百分点的差距，中国已成为世界第二大经济体。在6年后，即到2021年时，中国GDP占世界GDP的比重已提高至18.3%，与当年美国24.2%的占比差距曾一度缩小至5.9个百分点。

表3－10　世界各主要国家（地区）在全球GDP中的占比　单位：%

国家（地区）	2000年	2010年	2015年	2020年	2021年	2022年	2023年
美国	30.3	22.6	24.3	24.9	24.2	25.4	26.0
中国	3.6	9.2	14.7	17.2	18.3	17.7	16.9
日本	14.7	8.7	5.9	5.9	5.2	4.2	4.0
德国	5.8	5.1	4.5	4.5	4.4	4.0	4.2
英国	4.9	3.7	3.9	3.2	3.2	3.1	3.2
其他20个最大国家（地区）	24.5	30.3	26.8	25.0	25.3	25.7	26.1
最大20个之外国家（地区）	16.2	20.4	20.0	19.3	19.5	19.9	19.7

数据来源：世界银行①。

注：（1）20个最大国家（地区）的确定是根据2023年各国GDP计算得到。（2）因四舍五入，部分年份总占比之和不等于100%。

（3）中美竞争将成为双方经济发展的最大障碍。伴随着中国对外贸易超过美国，中美之间国内生产总值（GDP）差距的逐步缩小和中国在军事、航天和科技领域实力的不断增强，美国不能正确看待中国崛起，不断基于冷战思维模式为中国发展设置障碍。2017年8月18日，美国贸易代表莱特希泽宣布启动针对中国的“301调查”，这也成为中美经贸摩擦发展的一个重要转折点。随后，中美间采取一轮又一轮的加征关税等措施，最终双方就削减美国的贸易赤字达成了相关协议。但中美经贸摩擦远未终止，它只是中美竞争的一个起点，针对中国华为、中兴等高科技企业的制裁，针对销往中国国外高端芯片的出口禁令等都表明，中美

① World Bank. GDP (current US $) [EB/OL]. (2024－08－06) [2024－08－06]. https: //api. worldbank. org/v2/en/indicator/NY. GDP. MKTP. CD? downloadformat = excel.

关系已从中美合作阶段至少转向了中美竞争合作阶段，而且是竞争的成分要更多一些。

为了降低中美竞争带来的不确定性，跨国公司有对产业链进行重塑的需求。一些低端制造业增加了向境外转移的筹划，一些具有一定竞争力的国内分工也正面临境外“备胎”产能的储备，一些极具竞争力的产业分工也将面临境外替代能力的培养。尽管2020年暴发的新冠疫情使这一进程有所减缓，但在境外疫情缓解后这一进程有逐步展开的动向，比如，越南等国的海外订单暴增和苹果考虑向印度转移产能①等。2022年爆发的俄乌冲突引发的石油、天然气供应危机增加了欧洲、美国和全球的通胀压力，也进一步增加了全球经济环境的不确定性。尽管中美从合作走向竞争合作或竞争的方向基本上是确定的，但中国制造的优势是明显的，对外贸易发展具有广阔的市场，但如果再寄希望于继续保持高速增长，压力也会越来越大。

（4）劳动密集型产业的优势正在减弱或消失。根据国际劳工组织公布的2008年至2019年各国劳动收入占GDP比重数据和世界银行公布的各国人均GDP数据，得到世界20个最大国家（地区）和越南的人均劳动收入与中国人均劳动收入比值数据（见表3-11、表3-12）。其中，表3-12使用绝对购买力平价计算年人均劳动收入。

表3-11　世界主要国家（地区）人均劳动收入与中国人均劳动收入比值

国家（地区）	人均劳动收入比				人均劳动收入比类型
	2008年	2010年	2015年	2019年	
澳大利亚	18.01	14.70	8.52	6.26	D
巴西	3.02	2.99	1.32	1.04	C
加拿大	16.79	13.37	6.57	5.39	D
瑞士	29.38	23.29	13.90	11.07	D

① 新浪科技．传苹果拟在印度组装新iPhone SE：规避进口关税［EB/OL］（2020-06-19）［2024-08-06］．https：//tech.sina.com.cn/roll/2020-06-19/doc-iircuyvi9305698.shtml.

续表

国家（地区）	人均劳动收入比				人均劳动收入比类型
	2008 年	2010 年	2015 年	2019 年	
中国	1.00	1.00	1.00	1.00	基准
德国	16.23	11.78	6.18	5.66	D
西班牙	13.71	8.98	3.70	3.24	D
法国	16.72	11.83	5.51	4.59	D
英国	16.72	10.82	6.15	4.69	D
印度尼西亚	0.52	0.57	0.32	0.32	A
印度	0.35	0.35	0.21	0.22	A
意大利	14.50	9.79	4.25	3.98	D
日本	13.43	11.50	4.57	4.34	D
韩国	7.42	5.88	4.01	3.57	D
墨西哥	2.17	1.54	0.82	0.65	B
荷兰	21.75	15.31	6.90	6.17	D
俄罗斯	3.61	2.63	1.15	1.15	C
沙特阿拉伯	2.31	2.04	1.42	1.32	C
土耳其	2.21	1.72	0.96	0.68	B
美国	17.62	13.13	8.04	7.24	D
越南	0.29	0.32	0.25	0.27	A

数据来源：根据世界银行（WB）① 和国际劳工组织（ILO）② 数据编制。

注：（1）上述所列国家（地区）为全球 20 个最大国家（地区）加上越南，这 20 个国家（地区）是根据 2023 年 GDP 排名所得。（2）表中各年数据为各国（地区）各年人均劳动收入与中国当年人均劳动收入的比值。（3）A、B、C 和 D 分别表示人均劳动收入比的类型。其中，A 表示人均劳动收入比一直小于 1 的国家（地区）；B 表示人均劳动收入比以前高于 1，现在低于 1 的国家（地区）；C 表示人均劳动收入比一直高于 1，但在 2019 年已经接近 1 的国家（地区）；D 表示人均劳动收入比一直远远高于 1 的国家（地区）。（4）从 2008 年至 2019 年都有数据，为便于展示或说明，本书只摘取了部分年份数据。

---

① World Bank. GDP per capita (current US $) [EB/OL]. (2024-08-06) [2024-08-06]. https://api.worldbank.org/v2/en/indicator/NY.GDP.PCAP.CD?downloadformat=excel.

② International Labour Organization. SDG indicator 10.4.1 - Labour income share as a percent of GDP (%) [EB/OL]. (2024-08-06) [2024-08-06]. https://rplumber.ilo.org/data/indicator/?id=SDG_1041_NOC_RT_A&lang=en&type=label&format=.xlsx&channel=ilostat&title=sdg-indicator-1041-labour-income-share-as-a-percent-of-gdp-annual.

表3－12　　世界主要国家（地区）人均劳动收入与中国人均劳动收入比值——基于绝对购买力平价的计算结果

国家（地区）	人均劳动收入比				人均劳动收入比类型
	2008年	2010年	2015年	2019年	
澳大利亚	6.22	5.46	4.32	3.60	D
巴西	2.08	1.86	1.37	1.09	C
加拿大	6.64	5.54	4.18	3.49	D
瑞士	9.80	8.21	6.81	5.77	D
中国	1.00	1.00	1.00	1.00	基准
德国	6.15	5.43	4.45	4.10	D
西班牙	5.87	4.58	3.11	2.78	D
法国	5.90	5.14	3.81	3.38	D
英国	5.94	4.90	3.64	3.28	D
印度尼西亚	0.84	0.76	0.62	0.57	A
印度	0.58	0.54	0.43	0.45	A
意大利	5.76	4.70	3.22	3.20	D
日本	5.43	4.44	3.32	2.76	D
韩国	4.76	3.97	3.29	2.93	D
墨西哥	1.48	1.25	0.97	0.79	B
荷兰	7.98	6.65	4.77	4.22	D
俄罗斯	2.87	2.48	1.84	1.82	C
沙特阿拉伯	2.74	2.69	2.07	1.68	C
土耳其	1.50	1.38	1.40	1.23	C
美国	8.06	6.46	5.00	4.41	D
越南	0.55	0.50	0.45	0.49	A

数据来源：根据世界银行（WB）①和国际劳工组织（ILO）②数据编制。

注：（1）上述所列国家（地区）为全球20个最大国家（地区）加上越南。（2）表中各年数据为各国（地区）各年人均劳动收入与中国当年人均劳动收入的比值。（3）A、B、C和D分别表示人均劳动收入比的类型。其中，A表示人均劳动收入比一直小于1的国家（地区）；B表示人均劳动收入比以前高于1，现在低于1的国家（地区）；C表示人均劳动收入比一直高于1，但在2019年已经接近1的国家（地区）；D表示人均劳动收入比一直远远高于1的国家（地区）。（4）从2008年至2019年都有数据，为便于展示或说明，本书只摘取了部分年份数据。（5）该表中的数据是基于绝对购买力平价方法计算得到的。

---

① World Bank. GDP per capita, PPP (current international $) [EB/OL]. (2024－08－06) [2024－08－06]. https://api.worldbank.org/v2/en/indicator/NY.GDP.PCAP.PP.CD?downloadformat=excel.

② International Labour Organization. SDG indicator 10.4.1 – Labour income share as a percent of GDP (%) [EB/OL]. (2024－08－06) [2024－08－06]. https://rplumber.ilo.org/data/indicator/?id=SDG_1041_NOC_RT_A&lang=en&type=label&format=.xlsx&channel=ilostat&title=sdg-indicator-1041-labour-income-share-as-a-percent-of-gdp-annual.

通过表3－11可发现，从2008年至2019年，中国之外的20个其他国家（地区）大致可分为四种类型：A类型表示人均劳动收入与中国人均劳动收入之比一直小于1的国家（地区）；B类型表示人均劳动收入与中国人均劳动收入之比以前高于1，现在低于1的国家（地区）；C类型表示人均劳动收入与中国人均劳动收入之比一直高于1，但在2019年已经接近1的国家（地区）；D类型表示人均劳动收入与中国人均劳动收入之比一直远远高于1的国家（地区）。其中，A类型国家（地区）有三个，它们分别是越南、印度尼西亚和印度；在2019年，这些国家的人均劳动收入与中国的人均劳动收入之比分别为0.27、0.32和0.22；从2008年至2019年，印度尼西亚和印度的比值保持总体下降的趋势，而越南的比值则保持基本稳定，在小区间内波动。B类型国家（地区）有两个，它们分别是土耳其和墨西哥；在2019年，上述两国的人均劳动收入与中国的人均劳动收入之比分别为0.68和0.65；从2008年至2019年，比值逐步下降。它们的比值在2014年及之前高于中国，在此之后低于中国。C类型国家（地区）有三个，它们分别是巴西、俄罗斯和沙特阿拉伯；在2019年，其人均劳动收入与中国人均劳动收入之比分别为1.04、1.15和1.32，暂时还略高于中国；在2008年至2019年，它们的比值逐步下降。D类型国家（地区）有12个，分别是澳大利亚、加拿大、瑞士、德国、西班牙、法国、英国、意大利、日本、韩国、荷兰和美国；在2019年，其人均劳动收入与中国人均劳动收入之比分别为6.26、5.39、11.07、5.66、3.24、4.59、4.69、3.98、4.34、3.57、6.17和7.24；从2008年至2019年，该比值逐步下降，除韩国在2019年的比值大约为2008年的二分之一外，其他11个国家（地区）大约为2008年的三分之一。

上面的数据反映一个基本事实：随着近十多年中国经济的高速发展，中国的人均绝对收入已大幅提升，使得中国劳动密集型产业的优势在大幅度减弱或消失。2008年，在上述20+1个经济体中，只有越南、印度尼西亚和印度3个国家的人均劳动收入低于我国，但到2019年时，又增加了墨西哥和土耳其两个国家，同时巴西、俄罗斯和沙特阿拉伯与中国逐步接近；相对于其他经济体，中国的人均劳动收入上升十分明显，平均增加了三倍。再考虑到我国的地域差异明显，在沿海地区和省会等经济较为发达的一些城市，人均劳动收入增加得更多。内地三、四线城市和农村地区的人均劳动收入相对较低，而这些地区大多基础设施条件较弱，在产业链转移过程中承接低端、劳动密集型产业的能力也较弱。

亚洲的越南、印度尼西亚和印度，北美的墨西哥，南美的巴西，中东一带的土耳其已表现出较明显的人工成本优势，中国劳动密集型产业的竞争优势会变得越来越小。

为减少因汇率选择带来的影响，本书使用基于绝对购买力平价（PPP）方法计算的人均 GDP 数据重新完成年人均劳动收入比数据的计算（见表 3 – 12）。对比表 3 – 11 和表 3 – 12 可以发现基本一致的结论：在上述 20 +1 个国家（地区）中，未来的劳动密集型产业有向越南、印度、印度尼西亚、墨西哥、巴西和土耳其转移的趋势①，这些国家（地区）不但具有绝对人工成本优势，还具有较大的人口基数、较年轻化的人口结构、适当的教育水平和良好的海运条件。因此，对中国来说，继续依赖简单的劳动密集型产业不具有可持续性，劳动密集型产业的转移是迟早的事。

（二）发展新经济还需加大资金投入

1. 新动能仍弱小，在保持传统动能的同时，需加大对新动能的培育。早在 2013 年 12 月 10 日的中央经济工作会议上，习近平总书记就提出了“新常态”概念②。在 2014 年 11 月 9 日，习近平主席又在亚太经合组织（APEC）工商领导人峰会上系统解释了“新常态”。习近平总书记说：“中国经济呈现出新常态。”主要特点是：速度——“从高速增长转

---

① 只有土耳其从 B 类型被归入 C 类型，其他未变。

② 光明网．中国经济新常态的提出及背景［EB/OL］.（2016 – 01 – 09）［2024 – 08 – 06］. http：//finance. cnr. cn/gundong/20160109/t20160109 _ 521087103. shtml. 关于新常态的原文如下：“我们注重处理好经济社会发展各类问题，既防范增长速度滑出底线，又理性对待高速增长转向中高速增长的新常态；既强调改善民生工作，又实事求是调整一些过度承诺；既高度关注产能过剩、地方债务、房地产市场、影子银行、群体性事件等风险点，又采取有效措施化解区域性和系统性金融风险，防范局部性问题演变成全局性风险。”

为中高速增长”，结构——“经济结构不断优化升级”，动力——“从要素驱动、投资驱动转向创新驱动”。

为继续推动经济发展，中央政府在2016年的政府工作报告中首次提出了“新经济”的概念。在2016年3月5日第十二届全国人民代表大会第四次会议上所作的《政府工作报告》中，李克强总理讲到：做好“十三五”时期经济社会发展工作，实现全面建成小康社会目标，必须着力把握好三点。……三是加快新旧发展动能接续转换。经济发展必然会有新旧动能迭代更替的过程，当传统动能由强变弱时，需要新动能异军突起和传统动能转型，形成新的“双引擎”，才能推动经济持续增长、跃上新台阶。当前我国发展正处于这样一个关键时期，必须培育壮大新动能，加快发展新经济。要推动新技术、新产业、新业态加快成长，以体制机制创新促进分享经济发展，建设共享平台，做大高技术产业、现代服务业等新兴产业集群，打造动力强劲的新引擎。运用信息网络等现代技术，推动生产、管理和营销模式变革，重塑产业链、供应链、价值链，改造提升传统动能，使之焕发新的生机与活力①。

为更好掌握新经济动向，2016年，国家统计局建立了《新产业、新业态、新商业模式专项统计报表制度》。2017年，进一步充实“三新”统计的内容，改进重点领域统计调查，在2018年形成了《新产业新业态新商业模式统计监测制度（试行）》。于2018年8月制定并印发《新产业新业态新商业模式统计分类（2018）》和《新产业新业态新商业模式增加值核算方法》，并按时发布相关统计数据。

通过查看表3－13统计的2016年以来“三新”经济的发展情况会发现：（1）“三新”经济在GDP中的比重只有15.3%至17.4%，占比还比较低；（2）“三新”经济在GDP中的占比每年都在稳步提升；（3）相对于整个国民经济的增速，“三新”经济的增长速度要高于同期GDP增长速度。可见，“三新”经济属于国民经济中比较有活力的组成部分，有必要加大资金支持的力度。

---

① 新华社．政府工作报告（全文）[EB/OL]．(2016－03－17) [2024－08－06]．http://www.gov.cn/guowuyuan/2016－03/17/content_5054901.htm.

表 3-13 “三新”经济增加值占比和增速

年份	“三新”经济增加值/亿元	“三新”经济占比/%	“三新”经济增速/%	GDP 增速/%
2016	113587	15.3	11.8	6.8
2017	129578	15.7	14.1	6.9
2018	145369	16.1	12.2	6.7
2019	161927	16.3	9.3	5.9
2020	169254	17.1	4.5	2.2
2021	197270	17.3	16.6	8.1
2022	210084	17.4	6.6	3.0

数据来源：国家统计局①。

2. 经济发展方式的绿色转型催生了巨大融资需求。巨大的人口基数、经济体量和较低的能源利用效率是引发中国 CO_2 排放高的重要因素。基于人类命运共同体理念，2020 年 9 月，在 2020 年第 75 届联合国大会上，中国向全世界庄重承诺：将力争在 2030 年前实现“碳达峰”（CO_2 的排放量达到最大峰值）和 2060 年前实现“碳中和”（实现净排放为零，即 CO_2 的排放加 CO_2 的森林吸收之和等于零）。上述目标也被称为“双碳”目标。设定这样的目标就是为了降低经济发展中的能源消耗，提高经济发展中的能源利用效率。

① 中国新闻网．统计局：2016 年中国“三新”经济增加值相当于 GDP15.3% [EB/OL].（2018－04－13）[2024－08－06]．https：//news.cnr.cn/native/gd/20180413/t20180413_524197881.shtml；国家统计局．2017 年我国“三新”经济增加值相当于 GDP 的比重为 15.7% [EB/OL].（2018－11－22）[2024－08－06]．https：//www.gov.cn/xinwen/2018－11/22/content_5342438.html；国家统计局．2018 年我国“三新”经济增加值相当于 GDP 的比重为 16.1% [EB/OL].（2019－07－28）[2024－08－06]．https：//www.stats.gov.cn/sj/zxfb/202302/t20230203_1900395.html；国家统计局．2019 年我国“三新”经济增加值相当于国内生产总值的比重为 16.3% [EB/OL].（2020－07－07）[2024－08－06]．https：//www.stats.gov.cn/sj/zxfb/202302/t2023_1900769.html；国家统计局．2020 年我国“三新”经济增加值相当于国内生产总值的比重为 17.08% [EB/OL].（2021－07－06）[2024－08－06]．https：//www.gov.cn/xinwen/2021－07/06/content_5622667.htm；国家统计局．2021 年我国“三新”经济增加值相当于国内生产总值的比重为 17.25% [EB/OL].（2022－07－29）[2024－08－06]．https：//www.stats.gov.cn/sj/zxfb/202302/t20230203_1901536.html；国家统计局．2022 年我国“三新”经济增加值相当于国内生产总值的比重为 17.36% [EB/OL].（2023－07－28）[2024－08－06]．https：//www.stats.gov.cn/sj/zxfb/202307/t20230727_1941591.html.

为了实现“双碳”目标，需要努力减少碳的排放和加大碳的吸收。减少碳的排放就需要限制化石能源的使用，提高清洁能源的使用比率及在工业、建筑和交通等领域进行节能改造；促进碳的吸收，就需要增加森林、草地和湿地的面积以吸收空气中的二氧化碳，以及推广二氧化碳的捕集、利用和封存技术。为此，需要大量的资金投入新能源生产与利用领域，以及节能改造领域。根据清华大学气候变化与可持续发展研究院在2020年10月发布的《中国长期低碳发展战略与转型路径研究》的预计，如果将21世纪末全球平均气温和工业化之前相比升高幅度控制在2℃之内作为目标制定政策，中国能源消费将在2030年左右实现“碳达峰”，到2050年碳排放下降到52亿吨标准煤当量，与中国提出的“双碳”目标最接近，在2020年至2050年需要投资127万亿元人民币①。根据国家发展改革委价格监测中心的研究，到2030年实现“碳达峰”，每年需要资金3.1万亿元人民币至3.6万亿元人民币，到2060年前实现“碳中和”，在新能源发电、先进储能和绿色零碳建筑等领域的新增投资需要139万亿元人民币。不论基于哪一份研究预测，要实现“双碳”目标的绿色转型都需要百万亿元人民币级以上的投资。

二、加强与越南等东盟国家经贸关系将有助于人民币国际化

（一）在人民币储备职能国际化方面遇到一些发展瓶颈

如表3－14所示，在改革开放初期，中国急需进口大量国外先进设备以加大基础设施和基础工业建设。由于那时中国的外汇储备薄弱，中国的进口又要以美元进行支付，因此形成了中国特殊的强制结售汇制度体系。随着中国经济的不断发展和2001年加入世界贸易组织，中国的外汇储备规模急速增长，截至2009年底，中国的外汇储备余额已达23991.5亿美元。

① 清华大学．中国长期低碳发展战略与转型路径研究综合报告［EB/OL］．（2021－07－21）［2024－08－06］．https：//www.efchina.org/Reports－zh/report－lceg－20210711－zh.

表 3-14 中国历年外汇储备规模

年份	外汇储备规模/亿美元	年份	外汇储备规模/亿美元
1978	1.6	2013	38213.2
1985	26.4	2014	38430.2
1990	110.9	2015	33303.6
1995	736.0	2016	30105.2
2000	1655.7	2017	31399.5
2005	8188.7	2018	30727.1
2009	23991.5	2019	31079.2
2010	28473.4	2020	32165.2
2011	31811.5	2021	32501.7
2012	33115.9	2022	31276.9

数据来源：国家外汇管理局[①]。

为促进贸易便利化，中国在2009年颁布了《跨境贸易人民币结算试点管理办法》，允许指定的、有条件的企业在自愿的基础上以人民币进行跨境贸易结算，支持商业银行为企业提供跨境贸易人民币结算服务[②]。从此，人民币开启了国际货币职能的尝试，开始在国际贸易结算领域履

① 国家外汇管理局．官方储备资产（2022年）[EB/OL]．(2023-01-07)[2024-08-06]．https://www.safe.gov.cn/safe/2020/0207/22234.html；国家外汇管理局．官方储备资产（2021年）[EB/OL]．(2022-01-07)[2024-08-06]．https://www.safe.gov.cn/safe/2020/0207/22232.html；国家外汇管理局．官方储备资产（2020年）[EB/OL]．(2021-01-07)[2024-08-06]．https://www.safe.gov.cn/safe/2020/0207/22230.html；国家外汇管理局．官方储备资产（2019年）[EB/OL]．(2020-01-07)[2024-08-06]．https://www.safe.gov.cn/safe/2018/0112/8053.html；国家外汇管理局．官方储备资产（2018年）[EB/OL]．(2019-01-07)[2024-08-06]．https://www.safe.gov.cn/safe/2018/0112/18176.html；国家外汇管理局．国家外汇储备规模（1950年—2015年）[EB/OL]．(2018-01-12)[2024-08-06]．https://www.safe.gov.cn/safe/2018/0612/9313.html；国家外汇管理局．官方储备资产（2015年6月—2017年12月）[EB/OL]．(2018-01-12)[2024-08-06]．https://www.safe.gov.cn/safe/2018/0112/8051.html.

② 中国人民银行．中国人民银行 财政部 商务部 海关总署 国家税务总局 中国银行业监督管理委员会公告[EB/OL]．(2009-07-02)[2024-08-06]．https://www.gov.cn/zwgk/2009-07/02/content_1355475.htm.

行国际货币职能，强制结售汇制度从此退出历史舞台①。

货币具有流通媒介、支付手段、价值尺度和财富贮藏职能。从人民币国际化实践看，中国最先在贸易领域试点人民币国际化。人民币从2009年开始在国际结算中被鼓励使用。如表3－15所示，自从开始试点，人民币在国际贸易结算中被使用的规模不断增加，从2009年的25.6亿元人民币快速增加至2015年的7.23万亿元人民币，在之后有所反复，但在2022年再创新高，达到了10.5万亿元人民币。从最初被用于商品贸易到在商品贸易和服务贸易及其他领域被大量使用，除2015年和2022年通过贸易途径实现人民币的大量输入外，在其他有统计的年份，都实现了人民币输出，有力推动了人民币国际化进程。除了被用于经常项目，人民币也被用于直接投资。与经常项目人民币净流出不同，在直接投资领域人民币表现为净流入（见表3－16）。如表3－17和表3－18所示，境外投资者还被允许使用其人民币资产购买境内发行的股票、债券，以及向境内机构发放贷款和在境内银行存款。截至2022年底，上述资产的余额分别为3.20万亿元、3.46万亿元、1.22万亿元和1.74万亿元。在大宗商品计价领域，中国积极引入大宗商品期货，使人民币发挥计价职能。如表3－19所示，境外机构投资者积极使用人民币参与大宗商品交易，尽管业务开通时间不长，但增长快速。综合以上表现，人民币正在国际市场上履行流通媒介、支付手段和价值尺度职能。

但就储备货币职能的表现而言，如表3－20所示，境外货币当局将人民币作为外汇储备的规模已在明显增加，人民币在很短时间内就已成为全球第五大储备货币。但是，以人民币作为外汇储备的占比依然较低，在2022年底时只有2.57%。此外，人民币在跨境支付中的占比大体在13.0%至22.6%的区间上下波动，较难取得更大突破（见表3－15）。

---

① 国家外汇管理局. 强制结售汇制度退出历史舞台 企业和个人可自主保留外汇收入［EB/OL］.（2012－04－16）［2024－08－06］. https：//www.safe.gov.cn/safe/2012/0416/4533.html.

表 3-15 中国各年度经常项目人民币收付数据

年份	人民币收支总额			经常项目人民币净收支/亿元	人民币收付占同期本外币比/%
	经常项目收支/亿元	其中，货物贸易收支/亿元	其中，服务贸易及其他/亿元		
2009	25.6	19.5	6.1	—	—
2010	3501.0	3 034.0	467.0	—	—
2011	15889.3	13810.7	2078.6	—	—
2012	28797.3	26039.8	2757.5	—	—
2013	46367.8	41368.4	4999.4	—	—
2014	65510.2	58946.5	6563.7	-1.10 万	20.0*
2015	72343.6	63911.4	8432.2	5865.3	22.6*
2016	5.23 万	4.12 万	1.11 万	-9273.7	16.9*
2017	4.37 万	3.27 万	1.10 万	-0.83 万	13.0
2018	5.11 万	3.66 万	1.45 万	-0.99 万	14.0
2019	6.04 万	4.24 万	1.80 万	-0.72 万	16.1
2020	6.77 万	4.78 万	1.99 万	-0.95 万	17.8
2021	7.95 万	5.77 万	2.18 万	-7235.40	17.3
2022	10.5 万	7.9 万	2.6 万	0.5 万	20.7

数据来源：中国人民银行①。

注：(1) 人民币收付占比为经常项目人民币跨境收付占经常项目同期本外币跨境收付比例。(2)“*”是指该数据只统计了货物贸易人民币支付占比。

---

① 中国人民银行.2015 年人民币国际化报告 [EB/OL].(2015-06-11) [2024-08-06]. http://www.pbc.gov.cn/huobizhengceersi/214481/3871621/2879200/index.html；中国人民银行. 2016 年人民币国际化报告 [EB/OL].(2016-12-30) [2024-08-06]. http://www.pbc.gov.cn/huobizhengceersi/214481/3871621/3223865/index.html；中国人民银行. 2017 年人民币国际化报告(中英文版) [EB/OL]. (2017-10-17) [2024-08-06]. http://www.pbc.gov.cn/huobizhengceersi/214481/3871621/3398597/index.html；中国人民银行. 2018 年人民币国际化报告(中英文版) [EB/OL]. (2018-09-26) [2024-08-06]. http://www.pbc.gov.cn/huobizhengceersi/214481/3871621/3635170/index.html；中国人民银行. 2019 年人民币国际化报告 [EB/OL]. (2019-08-23) [2024-08-06]. http://www.pbc.gov.cn/huobizhengceersi/214481/3871621/3879422/index.html；中国人民银行. 2020 年人民币国际化报告 [EB/OL]. (2020-08-17) [2024-08-06]. http://www.pbc.gov.cn/huobizhengceersi/214481/3871621/4073241/index.html；中国人民银行. 2021 年人民币国际化报告 [EB/OL]. (2021-09-18) [2024-08-06]. http://www.gov.cn/huobizhengceersi/214481/3871621/4344602/index.html；中国人民银行. 2022 年人民币国际化报告 [EB/OL]. (2022-09-23) [2024-08-06]. http://www.pbc.gov.cn/huobizhengceersi/214481/3871621/4666144/index.html；中国人民银行. 2023 年人民币国际化报告 [EB/OL]. (2023-10-27) [2024-08-06]. http://www.pbc.gov.cn/huobizhengceersi/214481/3871621/5114765/index.html。

表 3 - 16　　中国各年度对外直接投资人民币结算金额

年份	对外/亿元	外商来华/亿元	合计/亿元	净收支/亿元
2009	—	—	—	—
2010	56.8	223.6	280.3	166.8
2011	265.9	1006.8	1272.7	740.9
2012	311.9	2592.0	2903.9	2280.1
2013	866.8	4570.9	5437.6	3704.1
2014	2244.1	9605.5	11849.6	7361.4
2015	7361.7	1.59 万	2.32 万	8538.3
2016	1.06 万	1.4 万	2.46 万	0.34 万
2017	4568.8	1.18 万	1.64 万	7231.2
2018	8048	1.86 万	2.66 万	10552
2019	7555	2.02 万	2.78 万	12645
2020	1.05 万	2.76 万	3.81 万	1.71 万
2021	1.64 万	4.16 万	5.80 万	2.52 万
2022	1.9 万	4.5 万	6.4 万	2.6 万

数据来源：中国人民银行①。

注：净收支 = 外商来华直接投资金额 - 对外直接投资金额。

① 中国人民银行 . 2015 年人民币国际化报告 [EB/OL]. (2015 - 06 - 11) [2024 - 08 - 06]. http://www.pbc.gov.cn/huobizhengceersi/214481/3871621/2879200/index.html；中国人民银行 . 2016 年人民币国际化报告 [EB/OL]. (2016 - 12 - 30) [2024 - 08 - 06]. http://www.pbc.gov.cn/huobizhengceersi/214481/3871621/3223865/index.html；中国人民银行 . 2017 年人民币国际化报告（中英文版）[EB/OL]. (2017 - 10 - 17) [2024 - 08 - 06]. http://www.pbc.gov.cn/huobizhengceersi/214481/3871621/3398597/index.html；中国人民银行 . 2018 年人民币国际化报告（中英文版）[EB/OL]. (2018 - 09 - 26) [2024 - 08 - 06]. http://www.pbc.gov.cn/huobizhengceersi/214481/3871621/3635170/index.html；中国人民银行 . 2019 年人民币国际化报告 [EB/OL]. (2019 - 08 - 23) [2024 - 08 - 06]. http://www.pbc.gov.cn/huobizhengceersi/214481/3871621/3879422/index.html；中国人民银行 . 2020 年人民币国际化报告 [EB/OL]. (2020 - 08 - 17) [2024 - 08 - 06]. http://www.pbc.gov.cn/huobizhengceersi/214481/3871621/4073241/index.html；中国人民银行 . 2021 年人民币国际化报告 [EB/OL]. (2021 - 09 - 18) [2024 - 08 - 06]. http://www.gov.cn/huobizhengceersi/214481/3871621/4344602/index.html；中国人民银行 . 2022 年人民币国际化报告 [EB/OL]. (2022 - 09 - 23) [2024 - 08 - 06]. http://www.pbc.gov.cn/huobizhengceersi/214481/3871621/4666144/index.html；中国人民银行 . 2023 年人民币国际化报告 [EB/OL]. (2023 - 10 - 27) [2024 - 08 - 06]. http://www.pbc.gov.cn/huobizhengceersi/214481/3871621/5114765/index.html。

表 3－17　　中国各年度人民币国际债券数据

年份	中国债券市场人民币债券		境外机构获准进入中国境内银行间债券市场	
	发行人民币债券/万亿元	债券托管余额/万亿元	家数/家	债券托管余额/万亿元
2014	11	35	232	0. 63
2015	22. 3	47. 9	292	0. 65
2016	36. 1	63. 7	407	0. 80
2017	—	—	866	1. 2
2018	—	86	1186	1. 71
2019	—	99	796	2. 26
2020	—	—	905	3. 33
2021	—	—	1016	4. 09
2022	—	—	1071	3. 46

数据来源：中国人民银行[①]。

① 中国人民银行 . 2015 年人民币国际化报告［EB/OL］.（2015－06－11）［2024－08－06］. http：//www. pbc. gov. cn/huobizhengceersi/214481/3871621/2879200/index. html；中国人民银行 . 2016 年人民币国际化报告［EB/OL］.（2016－12－30）［2024－08－06］. http：//www. pbc. gov. cn/huobizhengceersi/214481/3871621/3223865/index. html；中国人民银行 . 2017 年人民币国际化报告（中英文版）［EB/OL］.（2017－10－17）［2024－08－06］. http：//www. pbc. gov. cn/huobizhengceersi/214481/3871621/3398597/index. html；中国人民银行 . 2018 年人民币国际化报告（中英文版）［EB/OL］.（2018－09－26）［2024－08－06］. http：//www. pbc. gov. cn/huobizhengceersi/214481/3871621/3635170/index. html；中国人民银行 . 2019 年人民币国际化报告［EB/OL］.（2019－08－23）［2024－08－06］. http：//www. pbc. gov. cn/huobizhengceersi/214481/3871621/3879422/index. html；中国人民银行 . 2020 年人民币国际化报告［EB/OL］.（2020－08－17）［2024－08－06］. http：//www. pbc. gov. cn/huobizhengceersi/214481/3871621/4073241/index. html；中国人民银行 . 2021 年人民币国际化报告［EB/OL］.（2021－09－18）［2024－08－06］. http：//www. gov. cn/huobizhengceersi/214481/3871621/4344602/index. html；中国人民银行 . 2022 年人民币国际化报告［EB/OL］.（2022－09－23）［2024－08－06］. http：//www. pbc. gov. cn/huobizhengceersi/214481/3871621/4666144/index. html；中国人民银行 . 2023 年人民币国际化报告［EB/OL］.（2023－10－27）［2024－08－06］. http：//www. pbc. gov. cn/huobizhengceersi/214481/3871621/5114765/index. html。

表3－18　　中国各年度境外非居民持有人民币资产金额

年份	股票市值/亿元	债券托管余额/亿元	贷款余额/亿元	存款余额/亿元	合计/亿元
2009	—	—	—	—	—
2010	—	—	—	—	—
2011	—	—	—	—	—
2012	—	—	—	—	—
2013	3448	3990	5310	16049	28797
2014	5555	6716	8190	23722	44183
2015	5986.7	7517.1	8515.6	15380.7	37400.0
2016	6491.9	8526.2	6164.4	9154.7	30337.2
2017	11746.7	11988.3	7390.0	11734.7	42859.7
2018	11517.4	17115.9	9246.5	10591.6	48471.4
2019	21018.8	22629.3	8331.6	12148.7	64128.4
2020	34065.56	33350.78	9630.19	12803.33	89849.86
2021	39419.90	40904.54	11372.28	16600.15	108296.87
2022	31959.9	34582.4	12223.7	17418.2	96184.2

数据来源：中国人民银行①。

---

① 中国人民银行．2015年人民币国际化报告［EB/OL］．(2015－06－11)［2024－08－06］．http://www.pbc.gov.cn/huobizhengceersi/214481/3871621/2879200/index.html；中国人民银行．2016年人民币国际化报告［EB/OL］．(2016－12－30)［2024－08－06］．http://www.pbc.gov.cn/huobizhengceersi/214481/3871621/3223865/index.html；中国人民银行．2017年人民币国际化报告（中英文版）［EB/OL］．(2017－10－17)［2024－08－06］．http://www.pbc.gov.cn/huobizhengceersi/214481/3871621/3398597/index.html；中国人民银行．2018年人民币国际化报告（中英文版）［EB/OL］．(2018－09－26)［2024－08－06］．http://www.pbc.gov.cn/huobizhengceersi/214481/3871621/3635170/index.html；中国人民银行．2019年人民币国际化报告［EB/OL］．(2019－08－23)［2024－08－06］．http://www.pbc.gov.cn/huobizhengceersi/214481/3871621/3879422/index.html；中国人民银行．2020年人民币国际化报告［EB/OL］．(2020－08－17)［2024－08－06］．http://www.pbc.gov.cn/huobizhengceersi/214481/3871621/4073241/index.html；中国人民银行．2021年人民币国际化报告［EB/OL］．(2021－09－18)［2024－08－06］．http://www.gov.cn/huobizhengceersi/214481/3871621/4344602/index.html；中国人民银行．2022年人民币国际化报告［EB/OL］．(2022－09－23)［2024－08－06］．http://www.pbc.gov.cn/huobizhengceersi/214481/3871621/4666144/index.html；中国人民银行．2023年人民币国际化报告［EB/OL］．(2023－10－27)［2024－08－06］．http://www.pbc.gov.cn/huobizhengceersi/214481/3871621/5114765/index.html。

表 3－19　　中国大宗商品人民币计价结算情况

年份	保证金汇入	保证金汇出	
	累计汇入/亿元	人民币占比/%	累计汇出/亿元	人民币占比/%
2018	—	—	—	—
2019	37.13	70.87	38.09	82.59
2020	711.44	73.3	779.96	84.3
2021	1244.98	69.1	1253.05	81.3
2022	—	—	—	—

数据来源：中国人民银行①。

注：（1）境外交易者投资境内特定品种期货，可以使用人民币或美元等币种作为保证金，因此上述数据为折成人民币计算后的结果。（2）2019 年数据为统计至 2020 年 5 月 15 日的数据。

① 中国人民银行．2015 年人民币国际化报告［EB/OL］．（2015－06－11）［2024－08－06］．http：//www.pbc.gov.cn/huobizhengceersi/214481/3871621/2879200/index.html；中国人民银行．2016 年人民币国际化报告［EB/OL］．（2016－12－30）［2024－08－06］．http：//www.pbc.gov.cn/huobizhengceersi/214481/3871621/3223865/index.html；中国人民银行．2017 年人民币国际化报告（中英文版）［EB/OL］．（2017－10－17）［2024－08－06］．http：//www.pbc.gov.cn/huobizhengceersi/214481/3871621/3398597/index.html；中国人民银行．2018 年人民币国际化报告（中英文版）［EB/OL］．（2018－09－26）［2024－08－06］．http：//www.pbc.gov.cn/huobizhengceersi/214481/3871621/3635170/index.html；中国人民银行．2019 年人民币国际化报告［EB/OL］．（2019－08－23）［2024－08－06］．http：//www.pbc.gov.cn/huobizhengceersi/214481/3871621/3879422/index.html；中国人民银行．2020 年人民币国际化报告［EB/OL］．（2020－08－17）［2024－08－06］．http：//www.pbc.gov.cn/huobizhengceersi/214481/3871621/4073241/index.html；中国人民银行．2021 年人民币国际化报告［EB/OL］．（2021－09－18）［2024－08－06］．http：//www.gov.cn/huobizhengceersi/214481/3871621/4344602/index.html；中国人民银行．2022 年人民币国际化报告［EB/OL］．（2022－09－23）［2024－08－06］．http：//www.pbc.gov.cn/huobizhengceersi/214481/3871621/4666144/index.html；中国人民银行．2023 年人民币国际化报告［EB/OL］．（2023－10－27）［2024－08－06］．http：//www.pbc.gov.cn/huobizhengceersi/214481/3871621/5114765/index.html。

表 3-20　　全球各年度人民币外汇储备规模

年份	境外中央银行或货币当局在境内外持有的债券、股票和存款等人民币资产		人民币在全球外汇储备中的占比
	余额	家数	
2014	6667 亿元人民币	—	—
2015	8647.0 亿元人民币	—	—
2016[a]	845.1 亿美元	60 多家	1.07%（未公布）
2017	1226 亿美元	60 多家	1.22%（未公布）
2018	2027.9 亿美元	60 多家	1.89%（第 6 位）
2019	2176.7 亿美元	70 多家	1.95%（第 5 位）
2020	2874.64 亿美元	70 多家	2.5%（第 5 位）
2021	3363.86 亿美元	80 多家	2.88%（第 5 位）
2022	2977.9 亿美元	—	2.57%（第 5 位）

数据来源：中国人民银行和国际货币基金组织①。

注：（1）2014 年数据为截至 2015 年 4 月末数据，2015 年至 2019 年的数据为当年第四季度末数据，2020 年和 2021 年的数据为 2021 年第一季度末和 2022 年第一季度末数据，2022 年数据为 2022 年第三季度末的数据。（2）2016 年人民币加入 SDR 货币篮子。

（二）东盟已成为中国第一大区域贸易伙伴

在中国的贸易伙伴中，欧盟、美国和东盟历来是非常重要的组成部分，经常占据着中国对外贸易的前三名。在 2018 年及以前，前三名的顺序经常是欧盟、美国和东盟。2019 年东盟超过美国成为中国第二大贸易伙伴。2020 年东盟超过欧盟成为中国第一大贸易伙伴。截至 2022 年底，东盟已连续 3 年保持中国第一大贸易伙伴地位（见表 3-21）。

---

① IMF. Currency Composition of Official Foreign Exchange Reserves (COFER) [EB/OL]. (2022-12-31) [2024-08-06]. https://data.imf.org/?sk=E6A5F467-C14B-4AA8-9F6D-5A09EC4E62A4.

表 3 – 21　　中国与主要经济体贸易额及排名　　单位：万亿元

年份	欧盟（名次）	美国（名次）	东盟（名次）	对外贸易总值
2018	4.5（第 1 名）	4.2（第 2 名）	3.9（第 3 名）	30.5
2019	4.9（第 1 名）	3.7（第 3 名）	4.4（第 2 名）	31.6
2020	4.5（第 2 名）	4.1（第 3 名）	4.7（第 1 名）	32.2
2021	5.4（第 2 名）	4.9（第 3 名）	5.7（第 1 名）	39.1
2022	5.2（第 2 名）	4.6（第 3 名）	5.9（第 1 名）	38.3

数据来源：中华人民共和国海关总署。

注：上述数据皆为进出口总值。

在东盟 10 个国家中，越南历来是与中国贸易往来最为活跃的国家，中越进出口贸易规模占到中国与东盟进出口贸易总额的近 1/4（见表 3 – 22）。然而，与中越火热的贸易规模形成鲜明对比的是，中越间人民币结算规模占比却非常低，连 1.3% 都不到（见表 3 – 23）。

表 3 – 22　　中国与东盟和越南的贸易额、排名及占比

年份	东盟/万亿元（名次）	对外贸易总值/万亿元	与越南贸易/万亿元	占比/%
2018	3.9（第 3 名）	30.5	0.98	25.1
2019	4.4（第 2 名）	31.6	1.12	25.5
2020	4.7（第 1 名）	32.2	1.33	28.3
2021	5.7（第 1 名）	39.1	1.49	26.1
2022	5.9（第 1 名）	38.3	1.42	24.1

数据来源：中华人民共和国海关总署[①]。

注：上述数据皆为进出口总值。

---

① 中华人民共和国海关总署．2018 年 12 月进出口商品国别（地区）总值表（人民币），2019 年 12 月进出口商品国别（地区）总值表（人民币），2020 年 12 月进出口商品国别（地区）总值表（人民币），2021 年 12 月进出口商品国别（地区）总值表（人民币），2022 年 12 月进出口商品国别（地区）总值表（人民币）[EB/OL]．(2019 – 01 – 23，2020 – 01 – 23，2021 – 01 – 18，2022 – 01 – 18，2023 – 01 – 18）[2024 – 08 – 06]．gdfs. customs. gov. cn/customs/302249/zfxxgk/2799825/302274/302277/5668662/index. html.

表 3－23　　2022 年人民币跨境收付金额国家（地区）分布

国家（地区）	占比/%	国家（地区）	占比/%
中国香港	50.3	美国	2.0
新加坡	10.3	开曼群岛	1.7
英国	5.9	瑞士	1.6
中国澳门	4.0	法国	1.5
日本	2.4	韩国	1.3
德国	2.2	其他	14.6
中国台湾	2.2		

数据来源：中国人民银行[①]。

注：因越南占比较低，故表中不予体现。

三、来自中国云南省经济发展的独特需求

（一）严重依赖中央支持使云南省财政运行压力变大

表 3－24 给出了 2018—2023 年云南省地方一般公共预算收支数据。从中可以发现，云南省地方一般公共预算收入远小于地方一般公共预算支出，从 2018 年至 2023 年，每年都保持在 4000 亿元以上的缺口。2018 年、2019 年和 2020 年的缺口逐步增大，2021 年的缺口有所收窄，但 2022 年又进一步扩大，缺口规模仅次于 2020 年。尽管 2023 年缺口有所收窄，但缺口规模依然维持在高位。

表 3－24　　2018—2023 年云南省地方一般公共预算收支金额　　单位：亿元

指标名称	2018 年	2019 年	2020 年	2021 年	2022 年	2023 年
地方一般公共预算收入	1994.3	2073.5	2116.7	2278.2	1949.3	2149.4
税收收入	1423.2	1450.6	1453.1	1514.2	1197.2	1387.8
增值税#	611.6	606.4	563.1	563.8	322.8	562.4
企业所得税	180.7	200.7	217.6	229.3	227.6	213.1

① 中国人民银行．2023 年人民币国际化报告［EB/OL］．（2023－10－27）［2024－08－06］．http：//www.pbc.gov.cn/goutongjiaoliu/113456/113469/5114765/2023102720175126516.pdf.

续表

指标名称	2018 年	2019 年	2020 年	2021 年	2022 年	2023 年
个人所得税	87.4	48.9	50.0	57.2	60.7	55.5
非税收入	571.1	622.9	663.6	764.0	752.1	761.7
地方一般公共预算支出	6075.0	6770.1	6974.0	6634.4	6699.7	6730.3
一般公共服务	664.0	744.9	604.9	563.9	537.5	500.8
教育事业	1082.8	1100.5	1162.6	1143.3	1164.9	1173.9
社会保障与就业	850.9	934.8	978.6	997.4	1037.8	1174.3
医疗卫生与计划生育	576.0	619.0	709.2	726.0	725.9	772.4
农林水支出	788.5	915.1	1110.5	919.8	888.4	904.1
交通运输	400.3	473.5	626.5	601.4	632.9	461.4
住房保障支出	182.7	161.3	239.5	218.7	225.6	245.0
收支缺口	-4080.6	-4696.6	-4857.3	-4356.2	-4750.4	-4589.9

数据来源：云南统计月报①。

注："#"表示因增值税期末留抵退税政策实施，2022 年与之前各年增值税数据缺乏可比性。

通过表 3-25 可发现，导致 2022 年收支缺口扩大的最主要因素是 2022 年财政收入下滑，财政支出却还在进一步增加。而财政收入下滑的主要原因是留抵退税政策的实施。相对于 2021 年，2022 年的增值税收入仅为 322.8 亿元，下滑 42.7%。同时，缺口严重依赖中央财政。以 2021 年为例，4356.2 亿元的缺口中，3844.2 亿元人民币依赖中央补助，占缺口的 88.2%（见表 3-26）。相对于 2021 年，2022 年的地方本级一般公共预算收入出现下滑，而地方本级一般公共预算支出却在增加，

① 云南省统计局. 2018 年 12 月云南统计月报 [EB/OL].（2019-01-31）[2024-08-06]. https：//stats. yn. gov. cn/Pages_20_2095. aspx；云南省统计局. 2019 年 12 月云南统计月报 [EB/OL].（2020-02-14）[2024-08-06]. https：//stats. yn. gov. cn/Pages_20_2116. aspx；云南省统计局. 2020 年 12 月云南统计月报 [EB/OL].（2021-03-05）[2024-08-06]. https：//stats. yn. gov. cn/Pages_20_2137. aspx；云南省统计局. 2021 年 12 月云南统计月报 [EB/OL].（2022-01-26）[2024-08-06]. https：//stats. yn. gov. cn/Pages_20_2126. aspx；云南省统计局. 2022 年 12 月云南统计月报 [EB/OL].（2023-02-09）[2024-08-06]. https：//stats. yn. gov. cn/Pages_20_2147. aspx；云南省统计局. 2023 年 12 月云南统计月报 [EB/OL].（2024-01-31）[2024-08-06]. https：//stats. yn. gov. cn/Pages_20_3971. aspx.

地方一般公共预算收支缺口增加近 1.7 万亿元（见表 3－27）。因此，全国范围需要中央财政支持的地方在增多，中央财政面临的压力进一步加大。

表 3－25　　2018—2023 年云南省地方一般公共预算收支变化　　单位：%

指标名称	2018 年	2019 年	2020 年	2021 年	2022 年	2023 年
地方一般公共预算收入	5.7	4.0	2.1	7.6	－14.4	10.3
税收收入	15.3	1.9	0.2	4.2	－20.9	15.9
增值税#	15.9	－0.9	－7.1	0.1	－42.7	74.2
企业所得税	12.1	11.1	8.4	5.4	－0.7	－6.4
个人所得税	26.4	－44.1	2.1	14.5	6.2	－8.7
非税收入	－12.5	9.1	6.5	15.1	－1.6	1.3
地方一般公共预算支出	6.3	11.4	3.0	－4.9	1.0	0.5
一般公共服务	6.6	12.2	－18.8	－6.8	－4.7	－6.8
教育事业	8.1	1.6	5.6	－1.7	1.9	0.8
社会保障与就业	12.9	9.9	4.7	1.9	4.0	13.2
医疗卫生与计划生育	5.1	7.5	14.6	2.4	0.0	6.4
农林水支出	19.0	16.1	21.4	－17.2	－3.4	1.8
交通运输	－18.7	18.3	32.3	－4.0	5.2	－27.1
住房保障支出	－5.4	－11.7	48.5	－8.7	3.2	8.6
收支缺口	6.6	15.1	3.4	－10.3	9.1	－3.4

数据来源：云南统计月报。

表 3－26　　2018—2022 年云南省地方一般公共预算收入构成　　单位：亿元

指标名称	2018 年	2019 年	2020 年	2021 年	2022 年
地方一般公共预算收入	1994.3	2073.6	2116.7	2278.3	1949.5
中央补助收入	3239.4	3813.4	4245.2	3844.2	4449.1
债务收入	923.8	734.2	647.8	762.1	1039.5
上年结余收入	126.6	219.2	241.3	278.3	485.1
动用预算稳定调节基金	239.4	164.9	92.5	312.8	230.4

续表

指标名称	2018 年	2019 年	2020 年	2021 年	2022 年
调入资金等	519.2	533.1	679.8	591.9	339.6
收入总计	7042.7	7538.4	8023.3	8067.6	8493.2

数据来源：云南省财政厅①。

注：由于四舍五入原因，最后一列“收入总计”项目 2022 年报告的结果会比其构成项目相加的结果少 0.01 亿元。

表 3－27　　2018—2022 年全国地方一般公共预算收支　　单位：亿元

年度	地方一般公共预算收入	地方本级收入	中央税收返还和转移支付	地方财政调入资金及使用结转结余	地方一般公共预算支出	一般预算结余
2018	167584.0	97903.4	69680.7	12312.3	188196.3	－8300.0
2019	175440.5	101080.6	74359.9	19002.8	203743.2	－900.0
2020	183361.1	100143.2	83217.9	17422.4	210583.5	－9800.0
2021	193236.6	111084.2	82152.3	9186.5	210623.0	－8200.0
2022	205704.0	108762.2	96941.8	12077.3	224981.3	－7200.0

数据来源：中华人民共和国财政部②。

---

① 云南省财政厅．2018 年云南省财政决算公开表格、2018 年云南省省本级一般公共预算、政府性基金和国有资本经营预算执行变动情况说明、2018 年度云南省财政决算公开目录及重点工作情况解释说明汇总表［EB/OL］.（2019－08－12）［2024－08－06］. http：//czt. yn. gov. cn/news_des. html? id = 703a621d973211ea82e65254008b8c18&cid = 5241738892149792661；云南省财政厅．2019 年云南省财政决算公开资料［EB/OL］.（2020－08－14）［2024－08－06］. http：//czt. yn. gov. cn/news_des. html? id = 794e3c005e8ba65076ca2025c26ab5af&cid = 5241738892149792661；云南省财政厅．2020 年云南省财政决算公开资料［EB/OL］.（2021－08－17）［2024－08－06］. http：//czt. yn. gov. cn/news_des. html? id = 1629194048423711489&cid = 5241738892149792661；云南省财政厅．2021 年云南省财政决算公开资料［EB/OL］.（2022－08－12）［2024－08－06］. http：//czt. yn. gov. cn/news_des. html? id = 1660301615458711165&cid = 5241738892149792661；云南省财政厅．2022 年云南省财政决算公开资料［EB/OL］.（2023－08－11）［2024－08－06］. http：//czt. yn. gov. cn/news_des. html? id = 1691748199280711539&cid = 5241738892149792661.

② 财政部．2018 年全国一般公共预算收入决算表，2018 年地方一般公共预算支出决算表［EB/OL］（2024－08－06）［2024－08－06］. https：//yss. mof. gov. cn/2018czjs；财政部．2019 年全国一般公共预算收入决算表，2019 年地方一般公共预算支出决算表［EB/OL］（2024－08－06）［2024－08－06］. https：//yss. mof. gov. cn/2019qgczjs；财政部．2020 年全国一般公共预算收入决算表，2020 年地方一般公共预算支出决算表［EB/OL］（2024－08－06）［2024－08－06］. https：//yss. mof. gov. cn/2020zyjs；财政部．2021 年全国一般公共预算收入决算表，2021 年地方一般公共预算支出决算表［EB/OL］（2024－08－06）［2024－08－06］. https：//yss. mof. gov. cn/2021zyjs；财政部．2022 年全国一般公共预算收入决算表，2022 年地方一般公共预算支出决算表［EB/OL］（2024－08－06）［2024－08－06］. https：//yss. mof. gov. cn/2022zyjs.

随着房地产市场萎缩，土地出让金收入也大幅下滑，2022 年云南省仅完成 445.9 亿元土地出让收入，与 2021 年 907.0 亿元的土地出让收入相比，下滑非常明显，更无法与 2019 年高点时 1463.9 亿元土地出让收入相比（见表 3 – 28）。土地市场的这种情况在 2023 年并没有发生大的变化。为了不使政府性基金收支出现更大缺口，政府性基金支出也出现大幅下滑，相当于云南省在实质性地实施紧缩性财政政策。

表 3 – 28　　2018—2023 年云南省政府性基金收支　　单位：亿元

指标名称	2018 年	2019 年	2020 年	2021 年	2022 年	2023 年
政府性基金预算收入	1287.3	1590.7	1558.5	1087.0	620.8	653.1
—国有土地使用权出让收入	1172.9	1463.9	1396.5	907.0	445.9	445.9
—省本级	115.8	94.2	66.7	52.6	57.0	64.8
—州市、县市区级	1171.5	1496.5	1491.8	1034.4	563.8	588.3
政府性基金预算支出	1171.5	1847.1	2948.5	2150.3	1838.8	1683.8
—省本级	83.5	136.0	172.5	140.8	149.2	139.3
—州市、县市区级	1183.3	1711.1	2776.0	2009.5	1689.6	1544.5
收支结余	115.8	–256.4	–1390.0	–1063.3	–1218.0	–1030.7

数据来源：云南省财政厅[①]。

（二）承载连接南亚、东南亚大通道的使命增加了跨境投融资需求

云南省地处中国西南要冲，与越南、老挝和缅甸三国陆地接壤。为了能够成为代表中国的窗口，展示中国的门户和发展中国与南亚、东南亚国家政治经济关系的关键桥梁，中国从云南出境就规划建设有泛亚铁

① 云南省财政厅．云南省 2018 年财政收支情况［EB/OL］．（2019 – 01 – 14）［2024 – 08 – 06］．http：//czt. yn. gov. cn/news _ des. html？ id = 68af8cd5973211ea82e65254008b8c18；云南省财政厅．云南省 2019 年财政收支情况［EB/OL］．（2020 – 01 – 21）［2024 – 08 – 06］．http：//czt. yn. gov. cn/news _ des. html？ id = 68b3c76c973211ea82e65254008b8c18；云南省财政厅．云南省 2020 年财政收支情况［EB/OL］．（2021 – 01 – 12）［2024 – 08 – 06］．http：//czt. yn. gov. cn/news _ des. html？ id = 1610507512622711662；云南省财政厅．云南省 2021 年财政收支情况［EB/OL］．（2022 – 01 – 24）［2024 – 08 – 06］．http：//czt. yn. gov. cn/news _ des. html？ id = 1642991490035711163；云南省财政厅．云南省 2022 年财政收支情况［EB/OL］．（2023 – 01 – 13）［2024 – 08 – 06］．http：//czt. yn. gov. cn/news _ des. html？ id = 1673851354159711960；云南省财政厅．云南省 2023 年财政收支情况［EB/OL］．（2024 – 01 – 29）［2024 – 08 – 06］．http：//czt. yn. gov. cn/news _ des. html？ id = 1706492926129711838.

路网，未来昆明机场也要建成连接南亚、东南亚的重要空中走廊。因此，云南省需要大量的建设投资。而作为连接南亚、东南亚国家的桥梁，云南省也可成为全国各省份在南亚、东南亚国家投资的服务前站。

第二节　来自越南方面的需求

一、经济高速发展增强了越南对债券融资和债券市场的需求

自1986年实行革新开放以来，越南开始大力发展经济。从图3－9可发现，在1989年至2023年的25年中，越南GDP基本上保持着较高增长速度，年均增速达6.6%，增速较为平稳。以2022年GDP计算，越南过去10年平均GDP增速为6.1%，在全球50个最大国家（地区）中排名第4位；过去5年平均GDP增速为5.7%，排名第3位；2022年越南GDP总量在全球排名第36位（见表3－29）。

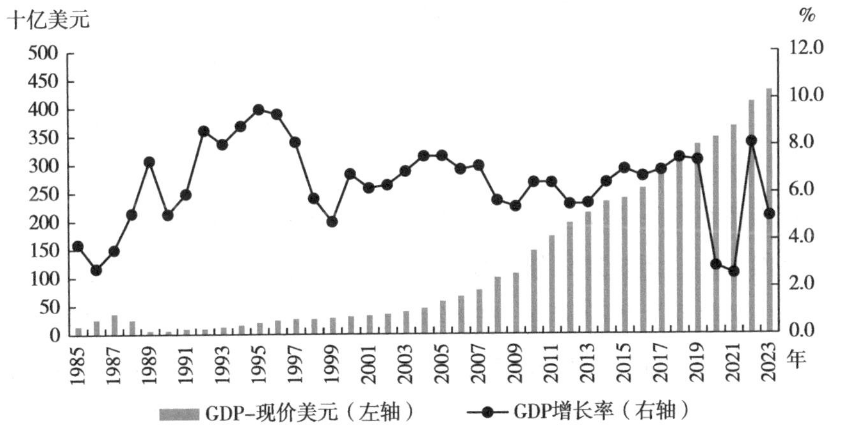

图3－9　越南GDP规模及增长速度

（数据来源：世界银行①）

① World Bank. GDP growth (annual %) [EB/OL]. (2024－08－06) [2024－08－06]. https://api.worldbank.org/v2/en/indicator/NY.GDP.MKTP.KD.ZG?downloadformat=excel.

表 3－29　越南 GDP 增长速度、平均增长速度排名与 GDP 排名　单位：%

国家或地区	2021 年 GDP 增长速度	2022 年 GDP 增长速度	过去 5 年		过去 10 年		2022 年 GDP 排名
			平均增长速度	平均增长速度排名	平均增长速度	平均增长速度排名	
爱尔兰	15.1	9.4	9.0	1	9.0	1	26
孟加拉国	6.9	7.1	6.5	2	6.5	2	34
中国	8.4	3.0	5.3	4	6.2	3	2
越南	2.6	8.1	5.7	3	6.1	4	36
印度	9.7	7.0	4.2	8	5.8	5	5
土耳其	11.4	5.5	4.5	6	5.3	6	19
菲律宾	5.7	7.6	3.2	13	5.0	7	39
印度尼西亚	3.7	5.3	3.4	11	4.3	8	16
巴基斯坦	6.5	4.8	3.7	10	4.2	9	41
埃及	3.3	6.6	4.9	5	4.2	10	31

数据来源：世界银行①。

注：仅选取了 2022 年 GDP 总量世界排名前 50 的国家。

较快的 GDP 增长速度离不开资金支持。自实行革新开放以来，越南外债发行就开始启动。在随后的时期里，越南外债发行经历了三个显著不同的阶段。在 1989 年之前，越南的外债规模较低：1985 年及以前外债一直维持在几千万美元规模；1986 年至 1988 年为几亿美元；1988 年外债突然增加，但长期外债规模仅有 4.9 亿美元，全部外债规模最多也只有 6.2 亿美元。1989 年至 1999 年，相对于前一阶段，这一阶段的外债规模突然大幅增加，但规模较为平稳，长期外债基本上维持在 190 亿至 220 亿美元的规模，全部外债规模基本维持在 200 亿至 270 亿美元水平（见表 3－30）。在 2000 年之后，除了当年规模相对于 1999 年减半外，以后各年基本上维持不断增加的态势；至 2022 年时，外债总规模已经达到了 1466.3 亿美元。

---

① World Bank. GDP growth (annual %) [EB/OL]. (2024－08－06) [2024－08－06]. https://api.worldbank.org/v2/en/indicator/NY.GDP.MKTP.KD.ZG?downloadformat=excel.

表 3-30　越南外债规模变化　单位：百万美元

年份	短期外债余额	长期外债余额	使用的 IMF 贷款	全部外债余额
1981	0.0	25.6	0.0	25.6
1982	0.0	42.8	0.0	42.8
1983	0.0	52.6	0.0	52.6
1984	0.0	54.6	0.0	54.6
1985	0.0	61.3	0.0	61.3
1986	0.0	65.8	108.8	174.6
1987	0.0	65.2	126.2	191.5
1988	4.5	493.2	119.7	617.5
1989	1412.2	19185.4	107.8	20705.4
1990	1780.3	21378.1	111.7	23270.1
1991	1932.2	21360.5	102.3	23395.0
1992	2585.0	21705.8	98.4	24389.1
1993	2469.0	21655.7	99.6	24224.3
1994	2663.4	21909.9	282.3	24855.5
1995	3272.2	21833.9	377.2	25483.3
1996	3754.2	22017.2	538.6	26310.0
1997	2341.7	19036.7	452.4	21830.8
1998	2193.0	19928.0	391.2	22512.3
1999	2375.8	20532.5	420.5	23328.8
2000	823.1	11639.8	378.2	12841.2
2001	719.1	11487.9	425.8	12632.8
2002	678.8	12218.4	445.8	13343.0
2003	822.4	14361.1	409.5	15593.0
2004	1688.0	15591.9	351.3	17631.2
2005	2040.4	16281.6	271.5	18593.5
2006	2443.1	16057.0	252.3	18752.4
2007	4394.6	18501.9	238.9	23135.4
2008	4204.4	22098.6	194.6	26497.6
2009	4782.9	27412.6	577.9	32773.3
2010	6932.5	37559.7	529.4	45021.6
2011	10781.4	43040.0	496.0	54317.4

续表

年份	短期外债余额	长期外债余额	使用的 IMF 贷款	全部外债余额
2012	12350. 4	49416. 1	483. 8	62250. 3
2013	12169. 3	53595. 5	484. 8	66249. 5
2014	13604. 2	60673. 5	456. 1	74733. 8
2015	11990. 7	69398. 0	436. 2	81824. 9
2016	12720. 0	77340. 9	423. 2	90484. 1
2017	21898. 1	87546. 8	448. 3	109893. 2
2018	19584. 9	92599. 2	437. 8	112622. 0
2019	24397. 2	97663. 4	435. 3	122496. 0
2020	26603. 7	102422. 2	453. 4	129479. 3
2021	33233. 0	104632. 5	1987. 4	139853. 0
2022	38154. 0	106583. 2	1889. 8	146627. 0

数据来源：世界银行①。

注：表中数据按照现价美元计算。

除了外债融资，越南当局也积极通过发行公债等方式进行融资，越南公债的发行规模保持较高的增长速度。

从外债期限结构看，总体上，长期债务是其外债的主要组成部分（见图 3 –10）。在 1985 年及之前，全部债务为长期债务。在 1986 年和 1987 年，因使用了 IMF 贷款，而当时外债总规模不大，1 亿美元 IMF 贷款对贷款期限构成造成较大影响，这两年的长期债务占比大幅下降。1989 年，长期债务占比为 92. 7%，随后长期债务占比基本呈逐渐下降的趋势，至 2022 年时，长期债务占比已经下降至只有全部债务的 72. 7%（见图 3 –11）。

① World Bank. External debt stocks, short – term（DOD, current US ＄）[EB/OL].（2024 –06 –28）[2024 – 08 – 06]. https://data. worldbank. org/indicator/DT. DOD. DSTC. CD; World Bank. External debt stocks, long – term（DOD, current US ＄）[EB/OL].（2024 –06 –28）[2024 –08 –06]. https://data. worldbank. org/indicator/DT. DOD. DLXF. CD; World Bank. Use of IMF credit（DOD, current US ＄）[EB/OL].（2024 –06 –28）[2024 –08 –06]. https://data. worldbank. org/indicator/DT. DOD. DIMF. CD; World Bank. External debt stocks, total（DOD, current US ＄）[EB/OL].（2024 –06 –28）[2024 –08 –06]. https://data. worldbank. org/indicator/DT. DOD. DECT. CD.

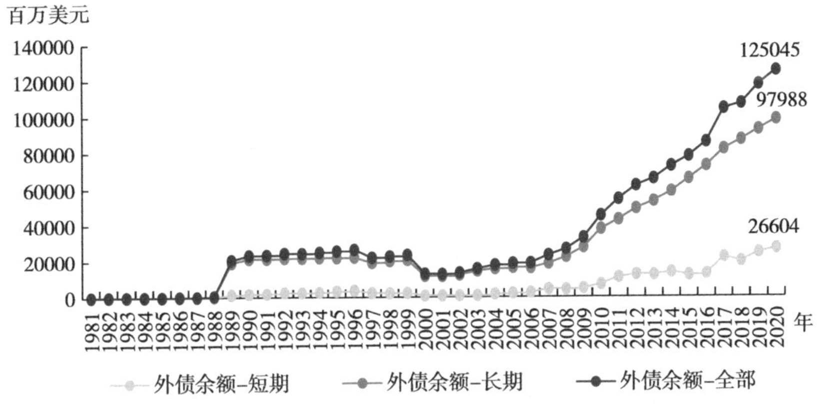

图 3－10　越南不同期限外债规模变化

（数据来源：世界银行[①]）

从债务所造成的压力看，外债占国民收入 GNI 的比重，在 1990 年时达到了峰值，外债占当年 GNI 的 384.0%，至 2008 年时只有 GNI 的 27.5%，之后一直缓慢上升，至 2022 年时达到 GNI 的 37.7%（见图 3－11）。GNI 与 GDP 有所不同，GNI 才是更合适的偿还外债的参考因素，但根据如图 3－12 所示的越南 GNI 和 GDP 差异可发现，两者差异在 －7% 至 1% 的区间波动。因此，不论是使用 GNI 还是 GDP，对结论的影响不是特别大。

因此，如果越南想继续保持 GDP 增长，加大债券市场的作用，特别是接入中国等国际债券市场是一项重要举措。

---

① World Bank. External debt stocks, short－term (DOD, current US $) [EB/OL]. (2024－08－06) [2024－08－06]. https://data.worldbank.org/indicator/DT.DOD.DSTC.CD; World Bank. External debt stocks, long－term (DOD, current US $). (2024－08－06) [2024－08－06]. https://data.worldbank.org/indicator/DT.DOD.DLXF.CD; World Bank. Use of IMF credit (DOD, current US $) [EB/OL]. (2024－08－06) [2024－08－06]. https://data.worldbank.org/indicator/DT.DOD.DIMF.CD; World Bank. External debt stocks, total (DOD, current US $) [EB/OL]. (2024－08－06) [2024－08－06]. https://data.worldbank.org/indicator/DT.DOD.DECT.CD.

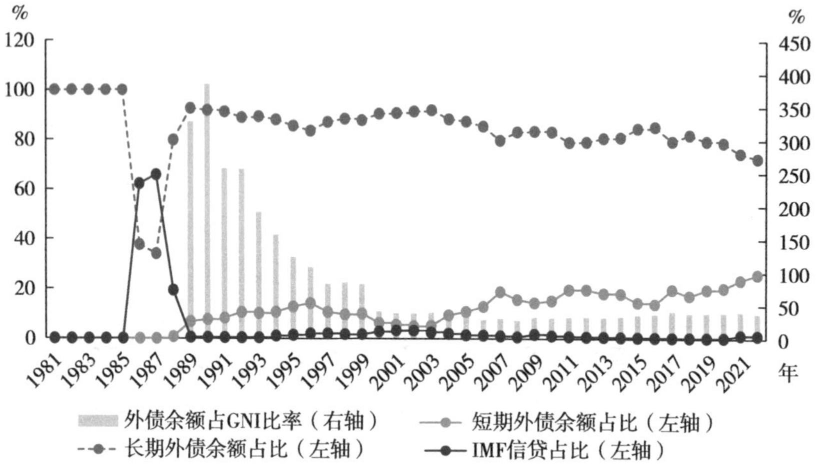

图 3－11　越南长短期外债构成及外债占比

（数据来源：世界银行①）

二、越南正努力降低其本国经济对美元的过度依赖

美元在各国对外贸易和投融资活动中被大量使用。这在方便各国交易的同时也使美元使用国遭受了美国政策变动对其外汇储备的冲击。在越南现行结算体系中，美元在其对外交往中发挥着至关重要的作用。美元是其占据绝对优势的外贸结算货币，其外汇储备也主要为美元计价资产。截至 2023 年 11 月，越南外汇储备规模为 881 亿美元②，持有美国国

① World Bank. External debt stocks, short－term（DOD, current US $）[EB/OL].（2024－08－06）[2024－08－06]. https://data.worldbank.org/indicator/DT.DOD.DSTC.CD; World Bank. External debt stocks, long－term（DOD, current US $）.（2024－08－06）[2024－08－06]. https://data.worldbank.org/indicator/DT.DOD.DLXF.CD; World Bank. Use of IMF credit（DOD, current US $）[EB/OL].（2024－08－06）[2024－08－06]. https://data.worldbank.org/indicator/DT.DOD.DIMF.CD; World Bank. External debt stocks, total（DOD, current US $）[EB/OL].（2024－08－06）[2024－08－06]. https://data.worldbank.org/indicator/DT.DOD.DECT.CD.

② Trading Economics. Vietnam Foreign Exchange Reserves [EB/OL].（2024－08－06）[2024－08－06]. https://tradingeconomics.com/vietnam/foreign－exchange－reserves.

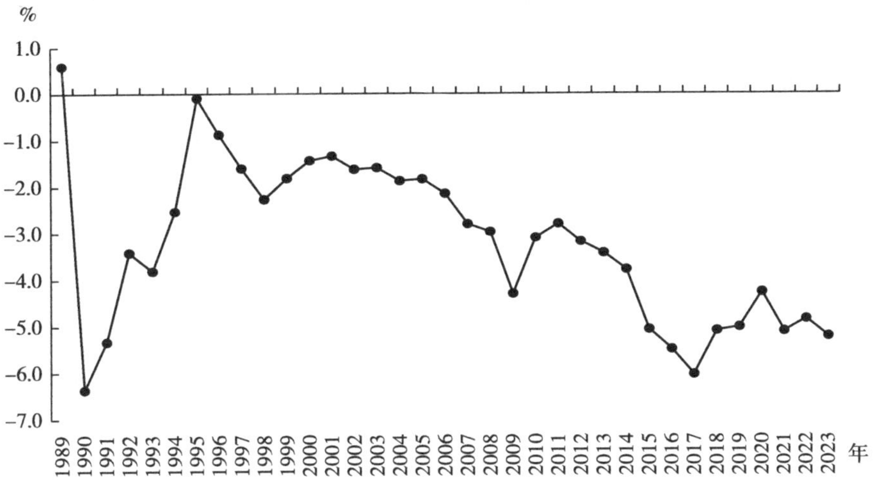

图 3－12　越南 GNI 与 GDP 差异

（数据来源：世界银行①）

债 297 亿美元②，以美元形式持有的资产至少占其外汇储备余额的 33.7%③。而过度依赖美元的结算和储备是有风险的，比如，2022 年 3 月俄罗斯就因俄乌冲突被美国冻结近 3000 亿美元的黄金和外汇储备④。

也因俄乌冲突，欧美制裁俄罗斯，禁止、削减或压制俄罗斯能源销售，致使全球能源价格上涨，最终使欧美物价水平不断上涨。在美国，2022 年 2 月还是 6.4% 的 CPI 在 2022 年 3 月就跳涨到 8.5%，在 2022 年 6 月一度涨至 9.1%。为了压制过高的物价水平，美国实施了紧缩性货币政策，2022 年全年加息七次；加息幅度巨大，从 2 月的

---

① World Bank. GDP (current US $) [EB/OL]. (2024－08－06) [2024－08－06]. https://data.worldbank.org/indicator/NY.GDP.MKTP.CD; World Bank. GNI (current US $) [EB/OL]. (2024－08－06) [2024－08－06]. https://data.worldbank.org/indicator/NY.GNP.MKTP.CD.

② Trading Economics. Vietnam Foreign Exchange Reserves [EB/OL]. (2024－08－06) [2024－08－06]. https://tradingeconomics.com/vietnam/foreign－exchange－reserves.

③ Department of the Treasury, Federal Reserve Board. MFH－history Tables [EB/OL]. (2024－08－06) [2024－08－06]. https://treasury.gov/resource－center/data－chart－center/tic/Documents/mfhhis01.csv.

④ 环球时报．俄财长：3000 亿美元外汇储备被冻结，占总额一半 [EB/OL]．(2022－03－14) [2024－08－06]．https://www.thepaper.cn/newsDetail_forward_17120486.

0～0.25%的基准利率加息至2022年12月的4.25%～4.50%（见表3－31）。

表3－31　　2022年美联储加息安排

月份	CPI涨幅/%	加息/基点	基准利率区间
1	7.5	0	0～0.25%
2	6.4	0	0～0.25%
3	8.5	25	0.25%～0.50%
4	8.3	0	0.25%～0.50%
5	8.6	50	0.75%～1.00%
6	9.1	75	1.50%～1.75%
7	8.5	75	2.25%～2.50%
8	8.3	0	2.25%～2.50%
9	8.2	75	3.00%～3.25%
10	7.7	0	3.00%～3.25%
11	7.1	75	3.75%～4.00%
12	6.5	50	4.25%～4.50%

数据来源：根据美联储发布的数据自行整理所得。

注：1个基点等于0.01%。

美国债券利率的上升，吸引海外美元回流美国。如表3－32所示，在2022年1月底，越南的外汇储备规模达到创纪录的1100亿美元。在2月及之后，其外汇储备规模不断下滑，至2022年12月底时，其外汇储备已下降至847亿美元。短短11个月，外汇储备就流失了253亿美元，减少23.0%。对当时有1466.3亿美元外债的越南来说，在越南美元的撤离对其外汇储备影响巨大。如果再面临短期偿债资金过于集中释放，将会使越南当局或各类债务主体面临较大偿债压力，进而增加不能如期偿还本息的风险。从长远来看，这会降低越南货币当局或发债主体进一步融资的能力和增加融资成本。

表 3－32　　2022 年各月底越南当局外汇储备余额　　单位：十亿美元

月份	外汇储备规模	月份	外汇储备规模
1	110	7	98.6
2	109	8	92.1
3	106	9	85.8
4	105	10	84.1
5	103	11	83.5
6	101	12	84.7

数据来源：Trading Economics①。

也正是看到了这一风险，越南已在大力推行“去美元化”政策，限制美元等外汇使用。比如，只有在真实的国际贸易、求学、投资等符合规定的情形下才可以购买外汇并汇出。越南政府鼓励企业和个人持有越南盾，以提高越南盾的市场地位，不限制将外汇兑换成越南盾。

2013 年 10 月，李克强总理访问越南，中越双方同意建立金融工作组，协商扩大两国本币互换、本币结算。2018 年 8 月 28 日，越南国家银行颁布的第 19/2018/TT－NHNN 号通知指出：允许在谅山、广宁、河江、莱州、老街、高平和奠边 7 个与中国接壤的省份内从事跨境贸易的商人、居民以及相关银行和机构使用人民币或越南盾进行交易。

可以预期，越南政府会进一步拓宽外汇结算货币币种，既包括拓展人民币结算适用范围，也包括纳入更多可自由兑换货币进入国际贸易和投融资结算。此外，越南政府还有可能拓展外汇储备币种构成，包括人民币在内的主要币种都会在其考虑之内。如果人民币被纳入其主要外汇储备，人民币的保值增值渠道畅通与否将会成为重要考量因素。

因此，越南“去美元化”政策有利于中越跨境人民币债券市场的发展。

① Trading Economics. Vietnam Foreign Exchange Reserves［EB/OL］.（2024－08－06）［2024－08－06］. https：//tradingeconomics. com/vietnam/foreign－exchange－reserves.

第四章　有利于滇越跨境人民币债券市场发展的主要因素

第一节　中国云南省与越南相邻，便于考察与交流

一、国土陆路接壤、交通便利

越南位于中南半岛东部，北与中国云南省和广西壮族自治区接壤，东边与中国广东省和海南省隔海相望。

在中国云南省一侧有如下对越主要口岸：昆明空运口岸①、天保陆

---

① 中国口岸协会．昆明空运口岸［EB/OL］．（2019－02－20）［2024－08－06］．https：//caop. org. cn/kaifangkouan/yunshufangshi/kongyunkouan/2019－02－20/277. html；中华人民共和国昆明海关．昆明长水机场海关［EB/OL］．（2023－09－06）［2024－08－06］．http：//kunming. customs. gov. cn/kunming _ customs/611293/611297/611299/3372953/index. html.

昆明空运口岸位于昆明市官渡区大板桥街道长水村，1955 年经国务院批准对外开放。截至 2019 年 1 月，昆明长水机场国际旅客吞吐量位居西南地区第 2，国际航线开通数量位居全国第 7，是我国面向东南亚、南亚和连接欧亚的国家门户枢纽机场，也是全国继北京首都机场、上海浦东机场、广州白云机场之后第四家实现双跑道独立运营模式的机场。截至 2023 年 8 月，昆明长水机场已开通昆明至南亚东南亚、欧洲、大洋洲等 92 条地区及国际航线（其中，国际 86 条、地区 6 条），是中国与南亚东南亚地区通航点最多的国际机场。

路（公路）口岸[①]、田蓬陆路（公路）口岸[②]、都龙陆路（公路）口岸[③]，

---

① 中国口岸协会．天保陆路（公路）口岸［EB/OL］．（2019－02－20）［2024－08－06］. https：//caop. org. cn/kaifangkouan/yunshufangshi/gonglukouan/2019－02－20/286. html；天保公路口岸位于云南省文山州麻栗坡县南端，距麻栗坡县城40千米，与越南河江省清水河口岸对接，清水河口岸距越南河江省省会河江市23千米、首都河内341千米、海防港441千米。该口岸1954年3月1日开通，1960年12月关闭。1963年3月，口岸恢复对外开放。1978年，口岸关闭。1993年2月25日，经国务院批准，恢复天保口岸正式对外开放为国家开放口岸。2011年6月12日，国务院同意天保口岸扩大对外开放，口岸性质为国际公路客货运输口岸。2013年12月，天保口岸扩大对外开放通过国家级验收。天保口岸联检楼及查验货场等基础设施已建成投入使用，边防、海关、出入境检验检疫局的办公、生活等基础设施和配套设施已完善。

② 中国口岸协会．田蓬陆路（公路）口岸［EB/OL］．（2021－11－03）［2024－08－06］. https：//caop. org. cn/kaifangkouan/yunshufangshi/gonglukouan/2021－11－03/323. html；田蓬公路口岸于1954年3月1日对外开放，与越南苗旺、同文两县接壤，国境线长60千米。对内距富宁县城80千米、文山州府235千米、昆明680千米、广西南宁市480千米、北海港750千米。对外距越南同文县24千米、苗旺县35千米、河江省会110千米、河内451千米。通道有公路通往国内外，交通便利。1979年口岸关闭，1996年9月27日经云南省政府批准对外开放，2016年被纳入国家“十三五”口岸发展规划。2018年2月13日，国务院批复同意田蓬公路口岸对外开放，性质为双边常年开放公路客货运输口岸。

③ 中国口岸协会．都龙陆路（公路）口岸［EB/OL］．（2019－02－19）［2024－08－06］. https：//caop. org. cn/kaifangkouan/yunshufangshi/gonglukouan/2019－02－20/291. html；都龙公路口岸位于马关县都龙镇茅坪村委会东南面、中越边境线二段五号界碑老国门处，距茅坪村委会近2千米，距都龙镇政府所在地23千米，距马关县城47千米，距文山州府文山97千米，距昆明市390千米。距越南箐门县城40千米、河江省省府河江市200余千米、首都河内500余千米，是通往越南的重要通道。1953年8月25日，中越两国政府在北京签订了《关于开放两国边境小额贸易的议定书》，双方同意开放中国都龙—越南箐门和漫美边境通商口岸，并于1954年3月正式开通；1974年，都龙口岸关闭。1991年，两国政府签订《临时协定》，决定在条件具备时逐步开放21对陆地出入境口岸，中国都龙—越南箐门口岸就是其中之一。2015年1月12日，国务院正式批准都龙口岸开放为国际性常年公路客运货运口岸。

河口陆路（铁路）口岸[①]、河口陆路（公路）口岸[②]和金水河陆路（公路）口岸[③]。其中，昆明空运口岸已成为中国连接南亚、东南亚航线最为密集的机场。截至2022年5月28日，已开通国内航线304条、国际（或地区）航线92条，国际（或地区）航线通航城市达63个，其中直

① 中国口岸协会．河口陆路（铁路）口岸［EB/OL］．（2019－02－20）［2024－08－06］．https：//caop. org. cn/kaifangkouan/yunshufangshi/tielukouan/2019－02－20/292. html. 河口铁路口岸位于云南省东南端，与越南老街省山水相邻，国境线长193千米。河口铁路口岸具有“口岸就是县城，县城就是口岸”的天然优势，是滇越铁路、昆河公路、红河航道与越南乃至东南亚地区铁路、公路、航道连接的交通枢纽，距昆明市469千米，距越南首都河内296千米，距出海口——越南北方最大的海防港416千米，是中国西南进入东南亚、南太平洋的便捷通道，在中国—东盟自由贸易区和“昆明—河内—海防”经济走廊的规划中，处于“咽喉”的重要地位，是西南地区与东南亚国家发展对外贸易的窗口。河口历史上就是我国与越南、东南亚各国进行经济文化交流的门户和“咽喉”，是“南方丝绸之路”的第二条通道。1895年河口被辟为商埠。1910年，随着滇越铁路的建成通车，云南省进出口物资有80%以上经河口口岸进出，河口成为中国西南对外商贸的最大集散地。1992年，河口被国务院批准为沿边开放县，同年12月国务院特区办批准在河口设立4.02平方千米的边境经济合作区。1996年，河口口岸复通，河口迎来了千载难逢的发展机遇，进出口贸易焕发出勃勃生机与活力，带动了河口经济社会事业快速发展。

② 中国口岸协会．河口陆路（公路）口岸［EB/OL］．（2019－02－20）［2024－08－06］．https：//caop. org. cn/kaifangkouan/yunshufangshi/gonglukouan/2019－02－20/283. html；河口公路口岸位于红河哈尼族彝族自治州河口瑶族自治县，与越南老街口岸对接，是云南省建立国际大通道中越铁路、中越公路四条出境通道上的重要口岸。目前，河口口岸联检楼、公路口岸北山配套查验场已建设完成投入使用。

③ 中国口岸协会．金水河陆路（公路）口岸［EB/OL］．（2019－02－20）［2024－08－06］．https：//caop. org. cn/kaifangkouan/yunshufangshi/gonglukouan/2019－02－20/285. html；金水河公路口岸位于红河哈尼族彝族自治州金平苗族自治县金水河镇。金水河口岸于1954年12月17日经中越双方会谈同意正式开放为边民互市口岸，1978年12月关闭。1993年2月25日国务院批准设立国家开放口岸，1993年11月10日正式对外开放。金水河口岸与越南马鹿塘口岸对接，允许中越双方人员、车辆持有效证照通行和开展各种贸易。金水河口岸距越南莱州省会封土25千米、河内590千米、老挝边境230千米，是国家西南战略安全节点的重要组成部分，是云南省主要对越通道和红河州对越开放口岸“桥头堡”之一。金水河口岸重点开展以进口玉米、木薯、稻谷、茶叶、咖啡为主的对外贸易。从金水河口岸出境，可达越南西北部旅游重镇奠边府和沙巴，充分领略越南的异国风光、开展中越民俗旅游文化交流和品尝越南风味饮食。

飞越南的就包括河内市①、芽庄市②、海防市③和胡志明市④。在海关总署发布的《国家“十四五”口岸发展规划》⑤ 航空口岸名单上，昆明与北京、上海、广州同为第一阵营国际枢纽航空口岸⑥。

在中国云南省和越南间还规划了泛亚铁路。在泛亚铁路网的东线部分从昆明市出发经红河州河口县进入越南，经首都河内、越南第一大城市胡志明市后进入柬埔寨和泰国。在泛亚铁路东线中的云南段，昆明至

---

① 昆明至河内的往返航班，2015 年 12 月 7 日首飞，由东方航空（https：//www. ceair. com）承担，每周一、周五各执行 1 班；从昆明出发航班为 MU2575，出发时间为当地时间 18:20；航程为 1 小时 10 分；从河内出发航班为 MU2576，出发时间为当地时间 19:30，航程为 1 小时 20 分（数据来源：央广网，http：//travel. cnr. cn/list/20151208/t20151208 _520722054. shtml)。截至 2024 年 8 月 6 日，航班增加至 4 班，每周二、四、六、日往返（数据来源：携程网)。

② 昆明至芽庄的往返航班，2016 年 1 月 25 日首飞，由祥鹏航空（https：//www. luckyair. net）承担，每周一、周三和周五各 1 班；从昆明出发航班为 8L9677，出发时间为当地时间 19:55，航程为 2 小时 35 分；从芽庄出发航班为 8L9678，出发时间为当地时间 22:30，航程为 2 小时 25 分。芽庄市位于越南中部，是越南十大城市之一（数据来源：中国日报中文网，https：//cnews. chinadaily. com. cn/2016 - 01/08/content _23001445. htm)。2023 年 11 月 9 日，瑞丽航空开通此直飞航线。每周二、四、六 3 个航班往返。截至 2024 年 8 月 6 日，只有瑞丽航空在承担直飞任务（数据来源：http：//www. caanews. com. cn/1/6/202311/t20231110 _1372137. html，携程网)。

③ 昆明至海防的往返航班，2019 年 9 月 30 日首飞，由瑞丽航空（https：//www. rlair. net）承担，每日都有航班；通航期间，从昆明出发航班为 DR5027，出发时间为当地时间 20:25，航程为 1 小时 25 分，优惠活动时含税票价为 391 元；从海防出发航班为 DR5028，出发时间为当地时间 21:50，航程为 2 小时 25 分，优惠活动时含税票价为 126 元。海防市是越南北方的滨海城市，拥有越南北方最大的港口，为越南第三大城市，是越南北方的直辖市，从海防至河内高速行程为 114. 7 千米，其中 105 千米为高速公路，2015 年 12 月 7 日已投入使用，全称开车用时大约 1 小时 30 分（数据来源：央广网，https：//www. cnr. cn/yn/ynkx/20191001/t20191001 _524802499. shtml)。截至 2024 年 8 月 6 日，昆明至海防往返直飞航班因新冠疫情停飞后暂未恢复（数据来源：携程网)。

④ 昆明至胡志明的往返航班，分别由东方航空（https：//www. ceair. com）和瑞丽航空（https：//www. rlair. net）承担。东方航空的首飞为 2015 年 12 月 10 日，每周二、周四和周六各 1 班；从昆明出发航班为 MU2585，出发时间为当地时间 16:15，航程为 2 小时 55 分；从胡志明市出发航班为 MU2586，出发时间为当地时间 19:10，航程为 3 小时。瑞丽航空的首飞为 2020 年 1 月 15 日；每周一、三、五两地都有航班；通航期间，从昆明出发航班为 DR5029，出发时间为当地时间 18:45，航程 3 小时 20 分，含税票价为 600 元；从胡志明市出发航班为 DR5030，出发时间为当地时间 22:05，航程约 2 小时 50 分，含税票价为 750 元。胡志明市位于越南南部，是越南第一大城市（数据来源：凤凰新闻，https：//ishare. ifeng. com/c/s/7tGCuBVjSmZ)。截至 2024 年 8 月 6 日，仅东方航空在承担直飞任务（数据来源：携程网)。

⑤ 中华人民共和国海关总署．国家“十四五”口岸发展规划 [EB/OL]．(2021 - 09 - 23) [2024 - 08 - 06]．http：//ka. sz. gov. cn/gkmlpt/content/9/9149/post _9149276. html#319.

⑥ 昆明日报．加快城市国际化发展步伐　用开放的胸襟拥抱世界 [EB/OL]．(2022 - 05 - 28) [2024 - 08 - 06]．https：//www. km. gov. cn/c/2022 - 05 - 28/4392568. shtml.

河口的动车已于2019年9月28日通车，全程运行时长4小时；在昆明至蒙自段还建成了高铁，于2022年12月16日正式开通，最短通行时长被压缩至69分钟[①]。在云南省红河州河口县对面的越南老街省至河内市暂时沿用老式米轨铁路。河口县对岸为越南老街省省会老街市，从老街市至越南首都河内陆路距离285千米，与昆明至蒙自的距离相仿，在老街市与河内市间建有河内老街高速公路，全长265千米，双向四车道，设计时速为每小时80千米，全程用时3~4个小时。

二、双方人员来往频繁、商贸活跃和官方沟通常态化

中越间人员来往频繁，以河口口岸为例，截至2019年12月3日上午10点，河口口岸出入境旅客流量突破600万人次，创造了历史新高[②]。中越边境的云南天保口岸共为英国、加拿大、新加坡、越南等19个国家的84.1万名出入境旅客提供了优质、高效、便捷的通关服务，交通工具近10万辆次，查验出入境旅游团1236个[③]。截至2019年12月31日，昆明机场口岸全年验放出入境人员4559998人次、航班35917架次[④]。

中国云南省对越经贸活动较为活跃。如表4-1所示，2019年至2021年，年进出口贸易总额均突破300亿元人民币，2020年更是高达352.1亿元人民币。在区分进口与出口数据后可发现，云南省来自越南的进口从2019年开始逐年下滑，至2022年时只有40.6亿元人民币；而云南省对越南的出口却在不断增加，在2020年达到高峰，超过265.2亿元人民币，进而使2020年成为云南省对越南净出口额最大的一年，超过178.4亿元人民币。再结合云南省对越南进出口占全国的比重会发现（见表4-2），在2019年至2021年这3年中，云南省对越南进出口总额

---

① 国家铁路局．弥蒙高铁通车："三线交汇"折射中国西南巨变［EB/OL］.（2022-12-19）［2024-08-06］. http://www.nra.gov.cn/xwzx/xwxx/xwlb/202212/t20221219_339309.shtml.

② 云南日报．河口口岸出入境旅客流量首破600万人次［EB/OL］.（2019-12-08）［2024-08-06］. http://www.yn.gov.cn/sjfb/sjyw/201912/t20191208_185440.html.

③ 中新网云南．中越云南天保口岸2019年服务19国84万余名出入境旅客［EB/OL］.（2020-01-13）［2024-08-06］. https://m.ithc.cn/article/345878.

④ 云南网．昆明机场今年出入境人员超455万人次［EB/OL］.（2020-01-01）［2024-08-06］. https://m.yunnan.cn/system/2020/01/01/030558434.shtml?from=timeline.

表 4-1 中国云南省对越南进出口数据

年份	金额/万美元	美元值变化/%	金额/万元人民币	人民币值变化/%
进出口总额:				
2018	415377	12.2	2738820	—
2019	447255	7.7	3088382	12.8
2020	509113	13.8	3520608	14.0
2021	522413	2.6	3378428	-4.0
2022	325108	-37.8	2179710	-35.5
2023	264371	-18.7	1866849	-14.4
进口额:				
2018	189924	12.2	1246815	—
2019	168731	-11.2	1159625	-7.0
2020	125122	-25.8	868312	-25.1
2021	123727	-1.1	800981	-7.8
2022	59971	-51.5	405620	-49.4
2023	97522	62.6	687975	69.6
出口额:				
2018	225453	12.2	1492004	—
2019	278524	23.5	1928757	29.3
2020	383991	37.9	2652295	37.5
2021	398686	3.8	2577446	-2.8
2022	265138	-33.5	1774090	-31.2
2023	166850	-37.1	1178874	-33.6
净出口额:				
2018	35529	—	245189	—
2019	109793	209.0	769132	213.7
2020	258869	135.8	1783983	131.9
2021	274959	6.2	1776465	-0.4
2022	205167	-25.4	1368470	-23.0
2023	69328	-66.2	490899	-64.1

数据来源：中华人民共和国昆明海关①。

注：(1) 第二列统计了以美元计价的进出口。(2) 第四列统计了以人民币计价的进出口。(3) 海关不提供净出口数据，该数据是用出口额减去进口额后得到的。

---

① 中华人民共和国昆明海关．2019 年 1—12 月云南省进出口商品国别（地区）总值表，2020 年 1—12 月云南省进出口商品国别（地区）总值表，2021 年 1—12 月云南省进出口商品国别（地区）总值表，2022 年 1—12 月云南省进出口商品国别（地区）总值表，2023 年 1—12 月云南省进出口商品国别（地区）总值表［EB/OL］.（2020-03-27，2021-01-26，2022-01-18，2023-01-18，2024-01-18）［2024-08-06］. http://kunming.customs.gov.cn/kunming_customs/611308/fdzdgknr67/2879837/2879850/index.html.

占全国的比重在2.3% ~2.8%，处于平均水平。但是，当区分进口和出口后会发现，云南省从越南的进口占比偏低，只有1.3% ~2.6%，处于较低水平，而云南省对越南的出口却处于相对较高水平，占比在2.9% ~3.4%。如果再用出口减去进口会发现，云南省对越南的净出口占全国的比重较高，在3.3% ~7.3%，特别是2020年和2021年，分别达7.3%和6.0%。但是，2022年和2023年的情况发生变化，不论是从进出口总额、进口额、出口额看，还是从净出口额看，云南省对越南贸易占中国与越南贸易的比重都出现大幅下滑。2023年已分别下滑至1.2%、1.1%、1.2%和1.5%。

表4-2　　中国与越南的进出口额和云南省占比数据

年份	云南省占比/%	人民币值/万元人民币	人民币值变化/%
进出口额：			
2018	2.8	97744720	18.6
2019	2.8	111829880	14.4
2020	2.7	132828550	18.8
2021	2.3	148782640	12.0
2022	1.4	156979008	5.5
2023	1.2	161856904	3.1
进口额：			
2018	2.9	42304670	24.6
2019	2.6	44331258	4.80
2020	1.6	54143421	22.1
2021	1.3	59647630	10.2
2022	0.7	58858962	-1.3
2023	1.1	65020976	10.5
出口额：			
2018	2.7	55440050	14.4
2019	2.9	67498621	21.8
2020	3.4	78685129	16.6
2021	2.9	89135010	13.3
2022	1.8	98120046	10.1
2023	1.2	96835927	-1.3

续表

年份	云南省占比/%	人民币值/万元人民币	人民币值变化/%
净出口额：			
2018	1.9	13135380	—
2019	3.3	23167363	76.4
2020	7.3	24541708	5.9
2021	6.0	29487380	20.2
2022	3.5	30276048	2.7
2023	1.5	31814951	5.1

数据来源：中华人民共和国昆明海关①、中华人民共和国海关总署②。

注：(1) 第二列统计的是云南省与越南的进出口占中越进出口的比重。(2) 第三列统计的是中越进出口规模。(3) 海关不提供净出口数据，该数据是用出口额减去进口额后得到的。

除了频繁的民间商贸往来，国家和云南省政府层面均与越南方面建立了有利于双边沟通的机制和发展促进政策。国家相关部门曾出台过促进发展边境地区经济的措施，比如，2011 年 6 月 5 日国务院办公厅印发

① 中华人民共和国昆明海关．2019 年 1—12 月云南省进出口商品国别（地区）总值表，2020 年 1—12 月云南省进出口商品国别（地区）总值表，2021 年 1—12 月云南省进出口商品国别（地区）总值表，2022 年 1—12 月云南省进出口商品国别（地区）总值表，2023 年 1—12 月云南省进出口商品国别（地区）总值表［EB/OL］.（2020－03－27，2021－01－26，2022－01－18，2023－01－18，2024－01－18）［2024－08－06］. http：//kunming. customs. gov. cn/kunming_customs/611308/fdzdgknr67/2879837/2879850/index. html.

② 中华人民共和国海关总署．2018 年 12 月进出口商品国别（地区）总值表（人民币）［EB/OL］.（2019－01－23）［2024－08－06］. http：//www. customs. gov. cn/customs/302249/zfxxgk/2799825/302274/302277/302276/2278778/index. html；中华人民共和国海关总署．2019 年 12 月进出口商品国别（地区）总值表（人民币）［EB/OL］.（2020－01－23）［2024－08－06］. http：//www. customs. gov. cn/customs/302249/zfxxgk/2799825/302274/302277/302276/2851260/index. html；中华人民共和国海关总署．2020 年 12 月进出口商品国别（地区）总值表（人民币）［EB/OL］.（2021－01－18）［2024－08－06］. http：//www. customs. gov. cn/customs/302249/zfxxgk/2799825/302274/302277/302276/3515684/index. html；中华人民共和国海关总署．2021 年 12 月进出口商品国别（地区）总值表（人民币）［EB/OL］.（2022－01－18）［2024－08－06］. http：//www. customs. gov. cn/customs/302249/zfxxgk/2799825/302274/302277/302276/4127605/index. html；中华人民共和国海关总署．2022 年 12 月进出口商品国别（地区）总值表（人民币）［EB/OL］.（2023－01－18）［2024－08－06］. http：//www. customs. gov. cn/customs/302249/zfxxgk/2799825/302274/302277/302276/4806965/index. html；中华人民共和国海关总署．2023 年 12 月进出口商品国别（地区）总值表（人民币）［EB/OL］.（2024－01－18）［2024－08－06］. http：//www. customs. gov. cn/customs/302249/zfxxgk/2799825/302274/302277/302276/5637013/index. html.

的《国务院办公厅关于印发兴边富民行动规划（2011—2015 年）的通知》①，2012 年 11 月 30 日商务部、财政部、国土资源部、住房和城乡建设部、海关总署和国家税务总局联合印发的《商务部、财政部、国土资源部等关于规范和促进边境经济合作区发展的意见》（商资发〔2012〕421 号）②，2021 年 4 月 30 日商务部办公厅印发的《商务部办公厅关于围绕构建新发展格局做好边境经济合作区、跨境经济合作区工作的通知》（商办资函〔2021〕163 号）③ 等。2020 年 11 月 15 日，中国和越南均加入并签署了《区域全面经济伙伴关系协定》（RCEP）④。随着该协定从 2022 年 1 月 1 日开始生效，中越双方的经贸合作更加紧密。2020 年以来，中越领导人曾多次会晤，就中越党际、经贸、人文、地方等各领域交流合作达成一系列重要共识。为贯彻落实两党两国最高领导人就推进中越地方合作达成的重要共识，中国云南省建立了同越南老街、河江、莱州和奠边四省省委书记年度会晤机制，并于 2021 年 5 月 18 日和 2022 年 4 月 27 日举行了双边会晤。云南省非常重视边境地区的跨境经济合作，多次出台关于边境或跨境合作的相关意见或办法，比如，2012 年 5 月 16 日发布的《关于加快推进边境经济合作区建设的若干意见》（云政发〔2012〕77 号），2013 年 10 月 15 日出台的《支持红河州河口跨境经济合作区建设若干政策》（云政发〔2013〕141 号）⑤，2016 年 11 月 20 日出台的《关于印发云南省边境经济合作区管理

---

① 国务院办公厅．国务院办公厅关于印发兴边富民行动规划（2011—2015 年）的通知［EB/OL］.（2011－06－13）［2024－08－06］. http：//www.gov.cn/zwgk/2011－06/13/content_1883222.htm.

② 商务部，财政部，国土资源部，住房和城乡建设部，海关总署，国家税务总局．商务部、财政部、国土资源部等关于规范和促进边境经济合作区发展的意见［EB/OL］.（2022－04－21）［2024－08－06］. http：//xjdrc.xinjiang.gov.cn/xjfgw/c112377/202204/e52835ca79fa475fa2ed51249d4eaa5c.shtml.

③ 商务部办公厅．商务部办公厅关于围绕构建新发展格局做好边境经济合作区、跨境经济合作区工作的通知［EB/OL］.（2021－06－02）［2024－08－06］. http：//www.mofcom.gov.cn/article/zwgk/zcfb/202106/20210603067270.shtml.

④ 中华人民共和国商务部．《区域全面经济伙伴关系协定》（RCEP）［EB/OL］.（2024－08－06）［2024－08－06］. http：//fta.mofcom.gov.cn/rcep/rcep_new.shtml.

⑤ 红河州投资促进局．中国河口—越南老街跨境经济合作区优惠政策［EB/OL］.（2019－04－17）［2024－08－06］. http：//www.hh.gov.cn/fljxzthz/tzhhx/tzzn/201904/t20190417_337337.html.

办法的通知》（云政办函〔2016〕222 号）等。2019 年 8 月 30 日，中国（云南）自由贸易试验区正式挂牌，其中，红河片区为对口越南的制度试点区域。

双边的各层级交往不断加深，毗邻的地缘和密切的交往增进了了解与互信，这为跨境债券的发行和投资提供了必要的信心基础。

第二节　满足人民币计价资产发行与交易的条件初步形成

一、越南国内接纳人民币支付的制度基础正在初步形成

随着中越经贸合作的日益密切，在越南国内使用人民币结算的需求与日俱增。根据越南国家银行于 2018 年 8 月 28 日颁布的第 19/2018/TT – NHNN 号通知，从 2018 年 10 月 12 日起，在越中边境地区可以使用人民币进行结算，相关货物或服务的结算可采用越南盾或人民币进行支付，支付方式可为现金或者银行转账。在越南境内的人民币和越南盾互换、结算只限在谅山、广宁、河江、莱州、老街、高平和奠边与中国接壤的 7 个省份内①。这一政策的实施不仅承认了人民币作为结算货币的事实，还进一步提高了越南企业和个人增持人民币的意愿，也为人民币计价资产在越发行提供了必要资金储备。

二、处理中越跨境人民币业务的金融基础设施已初步具备

为了便利中越两国商贸活动顺利进行，相关金融机构已进驻越南。在商业银行领域，中国工商银行在越南首都河内设立了分行，在越南第一大城市胡志明市设立了代表处；中国银行在胡志明市设立了分行，在河内设立了代表处；中国农业银行在河内设立分行；中国建设银行和交通银行在胡志明市设立了分行；国家开发银行在河内设立了工作组。在

① 中华人民共和国商务部．越南允许越中边境地区使用人民币结算［EB/OL］．(2018 – 08 – 31)［2024 – 08 – 06］．https：//www.yidaiyilu.gov.cn/xwzx/hwxw/64445.htm.

证券领域，已有五家中资背景的证券公司在越南运营，其中国泰君安在越机构最具影响力。

在云南省，2015 年 6 月，中国农业银行泛亚业务中心在昆明成立，河口分中心也同时设立。河口分中心以直通东盟、辐射泛亚为重点，负责挂牌越南盾这一非主要货币汇率的清算和平盘[①]。富滇银行也已于 2015 年 9 月开始在全辖网点推出了人民币和越南盾跨境结算与人民币兑越南盾汇率挂牌交易[②]。从 2016 年起，云南省开始引导外汇指定银行及特许兑换机构抱团定期发布人民币与越南盾（河口地区“YD 指数”）等非主要储备货币兑换中间指导价[③]。

第三节　中越间各自优势突出、经济互补性强

表 4 – 3 给出了世界银行 2024 年更新的基于收入水平分类国家（地区）的标准[④]和中越两国最新人均 GNI 数据[⑤]。从中可以看到，中国还暂时处于中高收入水平国家（地区）行列，而越南则属于中低收入水平国家（地区）行列。中越两国人均收入水平均接近所属组别的上限，都有突破各自组别的上限分别进入高收入国家（地区）组和中高收入国家（地区）组的强大需求。

---

① 云南网．农行河口支行创新金融服务助力沿边开放［EB/OL］.（2019 – 03 – 03）［2024 – 08 – 06］. https：//yn. yunnan. cn/system/2019/03/03/030215289. shtml.

② 央广网．云南本土最大商业银行推出人民币与越南盾跨境结算服务［EB/OL］.（2015 – 09 – 19）［2024 – 08 – 06］. http：//news. cnr. cn/native/city/20150919/t20150919 _ 519908689. shtml.

③ 云南省人民政府金融办公室．解读《云南省人民政府关于建设面向南亚东南亚金融服务中心的实施意见》［EB/OL］.（2016 – 12 – 12）［2024 – 08 – 06］. https：//www. yn. gov. cn/zwgk/zcjd/bmjd/201904/t20190404 _ 154964. html.

④ Eric Metreau，Kathryn Elizabeth Young，Shwetha Grace Eapen. World Bank country classifications by income level for 2024 – 2025 ［EB/OL］.（2024 – 07 – 01）［2024 – 08 – 06］. https：//blogs. worldbank. org/en/opendata/world – bank – country – classifications – by – income – level – for – 2024 – 2025.

⑤ 基于世界银行 2024 年 6 月 28 日更新的数据，2023 年中国人均 GNI 为 13400 美元；2023 年越南的人均 GNI 为 4180 美元。

表4-3　世界银行基于收入的国家（地区）分类标准　单位：美元

组别	2024年7月1日至2025财年	2023年7月1日至2023财年	中国	越南
低收入	<1145	<1135	—	—
中低收入	1146至4515	1136至4465	—	4180
中高收入	4516至14005	4466至13845	13400	—
高收入	>14005	>13845	—	—

数据来源：世界银行①。

注：（1）表中数据为人均GNI。（2）中国和越南的人均GNI为2023年数据。

为成功进入高收入国家（地区）组别，中国经济发展模式须转型，须从依赖要素投入的、基于规模的经济发展模式向具有绿色环保和创新驱动特征的高质量发展模式转型。而现阶段，越南则更需要能吸纳更多就业项目的引进，以进一步增加国民收入。老龄化加快也使中国不再适合长期依赖劳动力等要素投入的经济增长方式，而中国实现转型需转移出去的劳动密集型产业也正是越南目前经济发展所需要的，同时越南也拥有大量更为年轻的就业人口②。因此，两国经济发展具有很强梯度接续特征，互补性较强。这对双方理解对方市场上发债主体的盈利特征和风险点具有非常重要的帮助。

第四节　较大利率差和稳定的汇率有助于降低越方融资成本

一、中越两国间基准利率差正在不断扩大

银行间同业拆借利率，特别是3个月期银行间同业拆借利率往往成

① World Bank. 按图表集法衡量的人均国民总收入（GNI）（现价美元）[EB/OL].（2024-08-06）[2024-08-06]. https://api.worldbank.org/v2/zh/indicator/NY.GNP.PCAP.CD? downloadformat=excel.

② 根据《对外投资合作国别（地区）指南-越南篇（2023年版）》发布的数据，2022年底，在越南9981.5万的总人口中，15岁以上的劳动力有5170万人。基于《世界人口展望（2024）》，2023年越南人口年龄中位数为32.4岁，远低于中国的39.1岁、英国的39.8岁、日本的44.6岁和德国的45.2岁。

为各国利率基准。表4－4和表4－5分别给出了中国和越南两国银行间市场同业拆借利率。通过比较可发现，在2022年7月之前，两国银行间市场同业拆借利率的差异并不是特别明显，但自从进入2022年7月之后，两国银行间市场同业拆借利率的差异被逐渐拉大，特别是3个月期银行间同业拆借利率差在2022年11月已扩大到7.57%，从此之后利率差开始收缩，但至2023年7月仍保持着较大利率差。尽管在此之后较大利率差消失，但从2024年4月开始较大利率差再次出现，至2024年7月时维持在3%以上（见表4－6）。在较大资金成本优势的吸引下，越南各类融资主体有动力进入中国境内债券市场融资。

表4－4　　中国银行间市场同业拆借利率　　单位：%

时间	隔夜利率	1周	2周	1个月	3个月
2024年7月	1.79	1.91	1.93	2.01	2.21
2024年6月	1.84	2.02	2.02	2.08	2.23
2024年5月	1.82	1.96	1.96	2.09	2.32
2024年4月	1.82	2.06	2.07	2.21	2.49
2024年3月	1.83	2.13	2.27	2.37	2.53
2024年2月	1.78	2.11	2.13	2.42	2.69
2024年1月	1.78	2.13	2.18	2.66	2.79
2023年12月	1.71	2.12	2.45	2.94	3.02
2023年11月	1.84	2.27	2.37	2.69	2.88
2023年10月	1.87	2.24	2.33	2.58	2.73
2023年9月	1.80	2.28	2.67	2.48	2.64
2023年8月	1.67	2.04	1.98	2.16	2.63
2023年7月	1.43	2.00	2.04	2.36	2.57
2023年6月	1.50	2.15	2.19	2.37	2.81
2023年5月	1.44	2.05	2.04	2.51	2.98
2023年4月	1.62	2.30	2.26	2.58	2.89
2023年3月	1.64	2.36	2.50	2.72	3.05
2023年2月	1.87	2.37	2.38	2.48	2.94
2023年1月	1.32	2.15	2.46	2.24	2.90
2022年12月	1.13	2.10	2.41	2.60	2.79

续表

时间	隔夜利率	1 周	2 周	1 个月	3 个月
2022 年 11 月	1.49	1.98	2.01	2.09	2.68
2022 年 10 月	1.33	1.97	1.83	2.02	2.43
2022 年 9 月	1.35	1.90	2.04	1.98	2.36
2022 年 8 月	1.19	1.67	1.54	1.72	2.50
2022 年 7 月	1.30	1.80	1.77	2.04	2.79
2022 年 6 月	1.51	1.98	1.87	2.14	2.76
2022 年 5 月	1.44	1.89	1.84	2.32	2.81
2022 年 4 月	1.54	2.06	2.03	2.58	2.99
2022 年 3 月	2.01	2.37	2.35	2.51	3.17
2022 年 2 月	2.01	2.39	2.25	2.54	3.20
2022 年 1 月	1.94	2.42	2.43	2.63	3.32
2021 年 12 月	1.95	2.43	2.77	3.18	3.43

数据来源：中国外汇交易中心（CFETS）①。

注：所有数据皆为所属月份的加权平均利率。

表 4-5　　越南银行间市场同业拆借利率　　单位：%

时间	隔夜利率	1 周	2 周	1 个月	3 个月
2024 年 7 月	4.37	4.85	4.77	4.71	5.34
2024 年 6 月	4.39	4.67	4.89	4.77	5.34
2024 年 5 月	2.85	3.83	4.41	4.18	5.44
2024 年 4 月	4.60	4.66	4.70	4.83	5.01
2024 年 3 月	2.51	2.98	2.71	3.80	3.29
2024 年 2 月	1.46	1.71	1.72	2.53	2.96
2024 年 1 月	0.97	1.01	1.59	1.60	2.83
2023 年 12 月	0.51	3.23	3.27	3.42	3.33
2023 年 11 月	0.14	0.36	0.50	1.13	3.75
2023 年 10 月	0.81	1.43	1.60	2.48	3.54

① 中国外汇交易中心. 同业拆借月报 2021-12，同业拆借月报 2022-01，…，同业拆借月报 2024-06，同业拆借月报 2024-07 [EB/OL]. (2024-08-06) [2024-08-06]. https://www.chinamoney.com.cn/chinese/mtmoncjgl.

续表

时间	隔夜利率	1 周	2 周	1 个月	3 个月
2023 年 9 月	0.19	0.40	0.65	1.52	3.65
2023 年 8 月	0.16	0.24	0.66	1.35	3.33
2023 年 7 月	0.19	0.51	0.70	2.13	5.18
2023 年 6 月	0.44	1.08	1.51	4.37	5.06
2023 年 5 月	3.90	4.17	4.26	4.79	6.47
2023 年 4 月	4.12	4.65	5.13	5.73	6.60
2023 年 3 月	1.12	1.68	3.03	5.55	6.79
2023 年 2 月	5.24	6.21	6.55	6.53	7.76
2023 年 1 月	6.23	6.66	6.81	7.51	9.40
2022 年 12 月	4.44	4.60	5.23	5.59	9.49
2022 年 11 月	5.52	6.07	7.20	9.11	10.25
2022 年 10 月	6.36	7.03	6.66	9.11	9.09
2022 年 9 月	5.04	5.51	5.51	5.95	6.70
2022 年 8 月	4.14	5.03	4.36	4.79	5.46
2022 年 7 月	4.54	4.65	3.94	4.56	4.49
2022 年 6 月	0.43	0.95	1.67	2.51	3.28
2022 年 5 月	0.40	1.10	2.02	2.75	3.25
2022 年 4 月	1.37	1.66	2.15	2.57	2.90
2022 年 3 月	2.06	2.30	2.56	2.51	3.35
2022 年 2 月	2.53	2.51	2.65	2.66	3.19
2022 年 1 月	1.00	1.61	2.10	2.31	2.69
2021 年 12 月	0.92	1.84	1.94	1.88	2.89

数据来源：越南国家银行（SBV）①。

注：(1) 越南国家银行每周公布一次利率，本表用最接近当月最后一个自然日公布的利率代表当月利率。(2) 所有利率皆为统计周期内的平均利率。

① State Bank of Vietnam. Inter - Bank Interest Rate [EB/OL]. (2024 - 08 - 06) [2024 - 08 - 06]. https://www.sbv.gov.vn/webcenter/portal/en/home/rm/ir/ibir?_afrLoop=59362148723257023#%40%3F_afrLoop%3D59362148723257023%26centerWidth%3D80%2525%26leftWidth%3D20%2525%26rightWidth%3D0%2525%26showFooter%3Dfalse%26showHeader%3Dfalse%26_adf.ctrl-state%3Dyoqj628q1_168.

表 4-6　　中越银行间市场同业拆借利率之差　　单位：%

时间	隔夜利率	1 周	2 周	1 个月	3 个月
2024 年 7 月	2.58	2.94	2.84	2.70	3.13
2024 年 6 月	2.55	2.65	2.87	2.69	3.11
2024 年 5 月	1.03	1.87	2.45	2.09	3.12
2024 年 4 月	2.78	2.60	2.63	2.62	2.52
2024 年 3 月	0.68	0.85	0.44	1.43	0.76
2024 年 2 月	-0.32	-0.40	-0.41	0.11	0.27
2024 年 1 月	-0.81	-1.12	-0.59	-1.06	0.04
2023 年 12 月	-1.20	1.11	0.82	0.48	0.31
2023 年 11 月	-1.70	-1.91	-1.87	-1.56	0.87
2023 年 10 月	-1.06	-0.81	-0.73	-0.10	0.81
2023 年 9 月	-1.61	-1.88	-2.02	-0.96	1.01
2023 年 8 月	-1.51	-1.80	-1.32	-0.81	0.70
2023 年 7 月	-1.24	-1.49	-1.34	-0.23	2.61
2023 年 6 月	-1.06	-1.07	-0.68	2.00	2.25
2023 年 5 月	2.46	2.12	2.22	2.28	3.49
2023 年 4 月	2.50	2.35	2.87	3.15	3.71
2023 年 3 月	-0.52	-0.68	0.53	2.83	3.74
2023 年 2 月	3.37	3.84	4.17	4.05	4.82
2023 年 1 月	4.91	4.51	4.35	5.27	6.50
2022 年 12 月	3.31	2.50	2.82	2.99	6.70
2022 年 11 月	4.03	4.09	5.19	7.02	7.57
2022 年 10 月	5.03	5.06	4.83	7.09	6.66
2022 年 9 月	3.69	3.61	3.47	3.97	4.34
2022 年 8 月	2.95	3.36	2.82	3.07	2.96
2022 年 7 月	3.24	2.85	2.17	2.52	1.70
2022 年 6 月	-1.08	-1.03	-0.20	0.37	0.52
2022 年 5 月	-1.04	-0.79	0.18	0.43	0.44
2022 年 4 月	-0.17	-0.40	0.12	-0.01	-0.09
2022 年 3 月	0.05	-0.07	0.21	0.00	0.18
2022 年 2 月	0.52	0.13	0.40	0.12	-0.01
2022 年 1 月	-0.94	-0.81	-0.33	-0.32	-0.63
2021 年 12 月	-1.03	-0.59	-0.83	-1.30	-0.54

数据来源：中国外汇交易中心（CFETS）和越南国家银行（SBV）。

注：利率之差等于越南银行间市场同业拆借利率减去中国银行间市场同业拆借利率。

二、人民币兑越南盾汇率长期保持基本稳定

表4－7统计了人民币兑越南盾2022年1月至11月，2021年、2020年与2019年这三年6月和12月最后一个交易日的收盘价。通过观察数据变化可发现人民币兑越南盾汇率基本保持稳定。特别是2022年4月以来，人民币兑越南盾汇率基本维持在3450的水平上下波动。即便将其他月份的数据纳入分析也发现，人民币兑越南盾汇率还是维持在一个稳定的区间内，没有表现出长期趋势性的大幅上涨或下跌。图4－1也进一步证实了人民币兑越南盾汇率维持相对稳定的状态。从2015年3月至2022年11月，人民币兑越南盾的汇率值最低点为3226.5，最高点为3644.6，波动区间为418.1，波动区间占最低点与最高点平均值3435.6的12.2%，围绕均值上下波动6.1%，较为稳定。

表4－7　　人民币兑越南盾汇率变化

时间	人民币兑越南盾汇率
2022年11月	3470.8
2022年10月	3400.0
2022年9月	3351.4
2022年8月	3402.0
2022年7月	3458.5
2022年6月	3475.8
2022年5月	3479.2
2022年4月	3478.6
2022年3月	3606.9
2022年2月	3619.4
2022年1月	3564.4
2021年12月	3597.6
2021年6月	3568.2
2020年12月	3556.0

续表

时间	人民币兑越南盾汇率
2020年6月	3288.0
2019年12月	3331.9
2019年6月	3400.9

数据来源：新浪财经①。

注：表中汇率报价方式为1元人民币等于多少单位越南盾。

图4-1　人民币兑越南盾汇率变化（2015年3月至2022年12月）

（数据来源：新浪财经②）

三、越南不同主体的融资成本现状与外汇融资动机

通过把越南融资主体分为政府与企业，可观察到政府债券市场与企业债券市场上融资主体面临的不同现实资金成本与境外融资动机。

（一）越南各级政府面临的融资成本

本书收集了越南发行的中央政府债券、市政债券和政府担保债券数据。表4-8第二列结果表明，在2021年及以前发行利率呈总体下降趋

① 新浪财经．人民币越南盾（CNYVND）［EB/OL］．（2022-12-31）［2024-08-06］．https：//finance. sina. com. cn/money/forex/hq/CNYVND. shtml.

② 新浪财经．人民币越南盾（CNYVND）［EB/OL］．（2022-12-31）［2024-08-06］．https：//finance. sina. com. cn/money/forex/hq/CNYVND. shtml.

势，在2021年达到了最低点。进入2020年后，除了2022年外，其他年份的发行利率都不足3%。尽管2022年的发行利率有所回升，但随后又出现回落。为厘清这种变化，本书进一步区分了债券的类型（见表4-8的第三列与图4-2）、债券的期限（见表4-9与图4-3）和数据统计周期（见图4-4与图4-5）。结果表明，越南政府债券的利率走势与表4-8第二列反映的利率年度变化基本一致，即越南政府各类主体在越南国内发行债券融资的利率较低，面临较低的资金成本。如没有外汇交易需求和外债偿还压力，赴境外融资的动力较低。

表4-8 历年越南政府债券平均发行利率

年份	利率/%	利率 p/%
2013	8.37	7.90
2014	6.76	6.53
2015	6.67	6.61
2016	6.73	6.79
2017	5.99	5.86
2018	4.75	4.54
2019	4.53	4.55
2020	2.82	2.81
2021	2.24	2.26
2022	3.22	3.08
2023	2.88	2.88
2024	2.42	2.42

数据来源：Vietnam Bond Market Association（VBMA）[①]。

注：（1）所给利率数据为算术平均利率，而非加权平均利率。（2）第二列统计了所有成功发行的结果，发行类型包括中央政府债券、市政债券和政府担保债券；具体发行人为KBNN、NHCSXH、NHPTVN、STV、VBSP、VDB和VST（下同）。（3）第三列仅统计了TD开头的债券，其发行主体为STV，KBNN和VST，即真正意义上的中央政府债券。（4）数据统计周期为：2013年1月11日至2024年7月31日。

① VBMA. Auction Result per Session [EB/OL].（2024-08-06）[2024-08-06]. https://vbma.org.vn/en/market-data/primary-market.

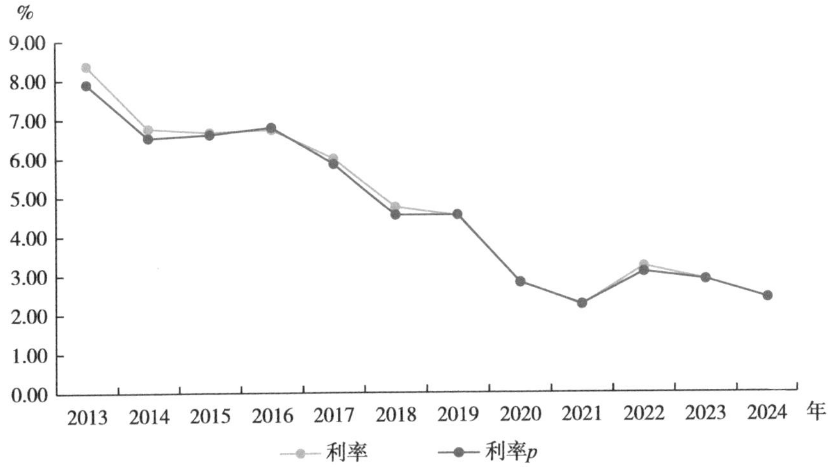

注：(1) 所给利率为算术平均利率，而非加权平均利率。(2) 利率 p 曲线对应于表 4－8 第三列数据，利率曲线对应于表 4－8 第二列数据。

图 4－2　越南政府债券平均发行利率的逐年变化

[数据来源：Vietnam Bond Market Association (VBMA)]

表 4－9　不同期限越南政府债券平均发行利率的逐年变化　单位：%

年份	2 年	3 年	5 年	7 年	10 年	15 年	20 年	30 年	总计
2013	7.87	8.24	8.87	—	9.14	9.00	—	—	8.37
2014	6.13	6.37	6.96	—	7.48	7.72	—	—	6.76
2015	—	6.01	6.35	—	6.65	7.68	—	—	6.67
2016	—	5.67	6.20	6.36	6.84	7.66	7.74	7.99	6.73
2017	—	—	4.98	5.21	5.90	6.84	6.98	7.25	5.99
2018	—	5.01	4.04	4.17	4.72	5.14	5.15	5.41	4.75
2019	—	—	3.37	3.87	4.34	4.60	5.20	5.46	4.53
2020	—	—	1.69	1.99	2.74	2.91	3.20	3.38	2.82
2021	—	—	1.03	1.37	2.22	2.42	2.84	3.02	2.24
2022	—	3.63	4.26	—	2.99	3.25	2.75	2.99	3.22
2023	—	—	2.28	3.80	2.93	3.14	3.17	3.24	2.88
2024	—	—	1.60	2.02	2.51	2.66	2.82	3.02	2.42
总计	7.36	6.66	5.16	4.27	4.24	4.71	4.42	4.72	5.00

数据来源：Vietnam Bond Market Association (VBMA)。

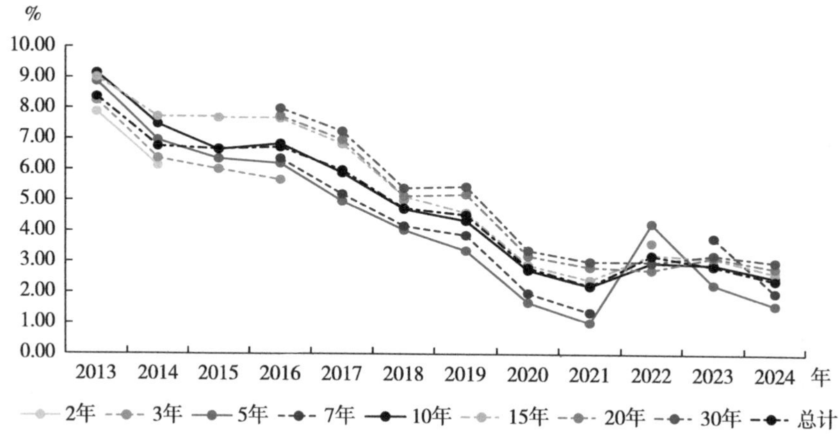

图 4－3　不同期限越南政府债券平均发行利率的逐年变化

［数据来源：Vietnam Bond Market Association（VBMA）］

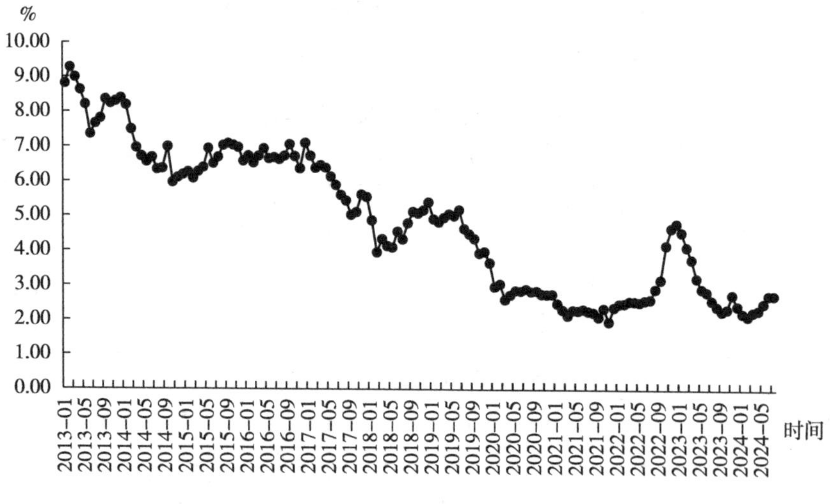

注：所给利率为算术平均利率。

图 4－4　越南政府债券发行利率平均值的逐月变化

［数据来源：Vietnam Bond Market Association（VBMA）］

尽管越南各级政府发行越南盾计价债券融资可暂时享受较低融资成本且一直在努力压缩外债比重，但高速发展的外向型经济与有限的外汇

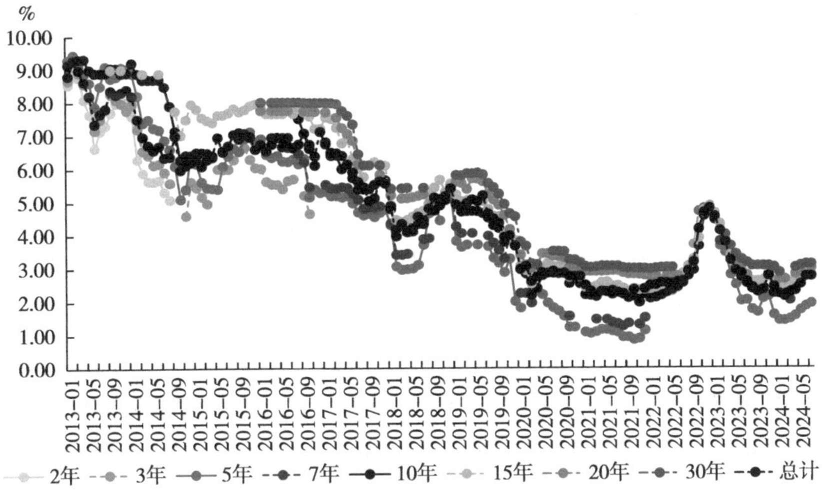

图4-5　不同期限越南政府债券平均发行利率的逐月变化

[数据来源：Vietnam Bond Market Association（VBMA）]

储备规模，都使得越南当局有借助境外市场融资低成本外汇资金的巨大潜在需求。

（二）越南各类企业面临的融资成本

表4-10报告了2020年至2023年越南公司债券发行市场上的行业构成。从中可发现，绝大多数发行来自银行业和房地产业。以2023年为例，银行业和房地产业分别占到当年债券发行总值的58.3%和22.5%。

表4-10　越南公司债券市场的规模及行业占比

行业类别	2020年	2021年	2022年	2023年	2023年分类
房地产	36.7%	35.3%	20.4%	22.5%	房地产
消费-商品	6.0%	4.0%	1.8%	4.5%	消费品
消费-服务	9.4%	5.4%	2.9%		
能源	8.0%	4.3%	2.0%	0.6%	能源
银行	30.8%	35.0%	53.6%	58.3%	信贷机构
金融	1.6%	2.6%	3.9%	4.0%	证券
证券	1.7%	3.6%	2.2%		

续表

行业类别	2020 年	2021 年	2022 年	2023 年	2023 年分类
建筑	1.5%	7.5%	8.4%	1.4%	建筑
农业	0	0.6%	1.2%	8.0%	制造
工业	4.3%	1.7%	2.7%		
汇总	462575	658009	255163	333988	—

数据来源：Vietnam Bond Market Association（VBMA）[①]。

注：最后一行数据的单位为十亿越南盾。

表4－11统计了2021年至2023年公司债券市场的发行利率。其中，银行业从2021年的4.37%增加至2022年的5.60%，至2023年时已大幅增加至约9%。房地产业也略有增加。由于银行业占到整个发行市场

表4－11　　越南公司债券市场发行利率及行业差别

行业类别	2021 年	2022 年	2023 年	2023 年分类
房地产	10.36%	10.40%	约等于10.5%	房地产
消费－商品	8.43%	10.10%	略小于11%	消费品
消费－服务				
能源	9.73%	10.60%	略小于12%	能源
银行	4.37%	5.60%	约等于9%	信贷机构
金融	8.88%	—	约等于9.5%	证券
证券	—	9.42%		
建筑	10.64%	10.35%	略大于12%	建筑
农业	—	—	略小于10%	制造
工业	10.16%	—		
汇总	7.75%	8.05%	10.10%	—

数据来源：Vietnam Bond Market Association（VBMA）。

① VBMA. 2021 Bond Market Summary－VBMA［EB/OL］.（2022－03－31）［2024－08－06］. https：//vbma. org. vn/storage/reports/March2022/ENG _ VBMA _ BOND%20MARKET%20SUMMARY%202021. pdf; VBMA. Vietnam Bond Market Report 2022－VBMA［EB/OL］.（2024－04－30）［2024－08－06］. https：//vbma. org. vn/storage/reports/April2024/ENGLISH%20VBMA _ ANNUAL%20REPO RT%202022%20－%20revised%20－%20Copy%202. pdf；VBMA. Vietnam Bond Market Report 2023－VBMA［EB/OL］.（2024－04－30）［2024－08－06］. https：//vbma. org. vn/storage/reports/April2024/VBMA _ BOND%20MARKET%20REPORT%202023. pdf.

的58.3%，致使整个市场的发行利率从2021年一路增加，至2023年时已高达10.10%。

上述结果表明，与政府债券市场不同，公司债券市场发行利率普遍较高，总体上还在不断增加。使公司运营面临较高资金成本。因此，相对于越南各级政府，越南的公司会表现出借助境外市场融入低成本外汇资金的更强烈意愿。

第五章　发展滇越跨境人民币债券市场需要解决的问题

第一节　现行中越边贸结算模式不利于在越人民币积累

截至2024年7月底，越南盾和人民币都不属于可自由兑换货币，都受到严格外汇管制，二者间也不能直接自由兑换。在中越边境地区的小额贸易中，可以采用本币结算，二者汇率由边境地区银行和“地摊银行”① 决定。

越南未正式允许在越南全境开展跨境人民币结算业务，只允许在中越交界的谅山、广宁、河江、莱州、老街、高平和奠边与中国接壤的7个省份使用人民币进行边贸结算。银行（包括中资、越资或外资）必须在边贸地区有分支机构才可申请结算资格。中越边境贸易结算主要分为民间结算和银行结算两种方式。其中，民间结算包括“地摊银行”结算、交易双方直接现钞结算、个人储蓄账户划转三种方式。银行结算是目前大额交易的主要结算方式。

中越银行边贸结算只是两国本币共同承担结算职能、本币不实现跨境流动的结算模式。具体方式为：中越双方银行签订边贸结算协议，并互开本币账户。在中方进口时，中方进口商直接向中国的银行支付人民

① 因人民币和越南盾皆不可自由兑换，越南芒街市的银行不开办人民币结算业务。由于币值稳定，人民币在中越边境贸易中被大量使用，这使得从事货币兑换的“地摊银行”应运而生。1997年，越南正式确认了“地摊银行”的合法身份，即芒街市的“地摊银行”经注册后，可以取得合法经营资格。

币，转入越方银行在中方银行的人民币账户，中越双方银行约定汇率后，越方银行向中方银行的越南盾账户转入等值越南盾，并直接解付给越南出口商；在越方进口时，越方进口商直接向越南的银行支付越南盾，转入中方银行在越方银行的越南盾账户，中越双方银行约定汇率后，中方银行向越方银行的人民币账户转入等值人民币，并直接解付给中方出口商。

在上述结算模式下，本币在对方国家都不“落地”，中国客户的支出和收入均为人民币，越南客户的支出和收入均为越南盾。人民币在边贸结算中并没有充当支付工具，实际上是中越两国货币共同参与了银行双边本币结算。结果是，相对于越方进口，如中方进口更多会导致越方银行在越南国内越南盾存款的净减少，而其在中方银行人民币账户中的人民币存款则净增加。反过来，相对于中方进口，如越方进口更多会导致中方银行在中国国内的人民币存款净减少以及其在越方银行越南盾账户中越南盾存款净增加。就中越间总体的经贸现状看，属于后一种情况，即在完成清算后，总体上看，中方银行在越方银行账户中持有更多越南盾。但具体到个别银行，有些越方结算银行持有较多在中方银行账户中的人民币，有些中方银行持有较多在越方银行账户中的越南盾。如越方银行持有较多人民币头寸，在目前的情况下，可以与中方银行进行外汇买卖，将人民币转成美元后汇回越南；中方银行如果持有较多越南盾头寸，若担心越南盾持续贬值或者难以管理汇率风险，通常也会选择将其兑换成美元等币种。

上述实践表明，越方或中方都可能将多余的对方货币转换为美元等可自由兑换货币，并没有真正实现人民币流入越南当地成为境外人民币进而达到人民币国际化目的，只是减少了两国货币对美元的换算以及使用美元支付，更没有被当成外汇进行储备，只达到了“部分”①“去美元化”目的。

针对越方银行的人民币存款兑换美元时面临的汇率风险，完全可借助中国银行间市场人民币外汇远期、人民币外汇掉期、人民币外汇货币掉期或人民币外汇期权等衍生品予以管理。而中方银行在越方银行账户

---

① 之前在中国和越南之间的贸易结算要借助美元实现，会面临每笔业务都涉及本币兑换美元的问题；现如今则不再需要借助美元完成结算，最多只有差额部分需要兑换成美元。

中持有的越南盾，则要面临越南盾兑换美元等外汇汇率波动的风险。因为越南衍生品市场规模有限，汇率风险管理效果将会受到影响。

第二节 越南国内人民币结余规模不利于赴越发行人民币债券

正如本书第二章第一节所述，目前越南官方所持有人民币外汇储备规模最多只有42.7亿美元①。至于非官方企业和居民手中持有多少人民币，暂时未见任何官方统计数据。从表4－2可知，从2018年至2023年，每年中国在与越南的经贸往来中都保持着巨额贸易顺差。贸易顺差分别为1313.5亿元人民币、2316.7亿元人民币、2454.2亿元人民币、2948.7亿元人民币、3027.6亿元人民币和3181.5亿元人民币，且每年都在不断增加。

因此，综合来看，越南国内人民币净规模不会特别高，目前的环境不利于中国云南省的政府和企业赴越南大规模发行人民币计价债券或发行人民币计价证券投资基金、理财产品、资产管理计划或信托计划；更适合有大量来自越南销售收入的企业赴越南发行债券。

第三节 越南衍生品市场现状不利于云南省主体赴越大规模投资

一、对衍生品的需求

目前，越南国内人民币外汇持有规模较低，不利于大规模在越发行人民币计价债券，特别是不利于面向居民和企业发行。但巨大的对中贸易逆差和紧迫的“去美元化”需求使越方有较大的人民币融资需求。人民币融资是其重要的融资选择之一。除进入离岸市场发行人民币债券外，

① 目前越南方面并未正式公布其外汇储备的具体规模和币种构成，特别是没有关于其持有人民币外汇储备规模的数据。

越方可直接进入中国市场发行人民币债券，还可以在越南直接发行人民币债券并吸引中国投资者进入越南债券市场购买。稳定的人民币兑越南盾汇率、越南企业债券较高的发行利率以及越南经济近些年较好的增长表现，使越南债券市场对中国投资者十分有吸引力。

如中国云南省投资者打算进入越南债券市场进行投资，可能会面临如何管理在越债券投资的利率风险和越南国内发债主体违约风险等问题。为此，赴越直接进行债券投资会有对人民币与越南盾兑换，人民币与越南盾相关外汇衍生品、利率衍生品和信用衍生品的强烈需求。

二、汇率和信用衍生品供给情况

本书统计了越南国内最大的七家商业银行衍生品供应情况[①]（见表5-1）。通过汇总、比较和分析后发现，在外汇衍生品提供方面：（1）就外汇即期和外汇远期业务，七家银行都提供；（2）就外汇期货业务，只有越南外贸股份商业银行提供；（3）就外汇期权业务，越南工贸股份商业银行、越南外贸股份商业银行、越南投资与发展商业股份银行和越南技术商业银行四家提供；（4）就货币互换业务，除了亚洲商业银行外，其他六家都提供。在利率衍生品提供方面：（1）就利率互换业务，越南工贸股份商业银行、越南外贸股份商业银行、越南投资与发展商业股份银行、越南技术商业银行和越南兴业银行五家提供；（2）就外币利率互换业务，只有越南工贸股份商业银行、越南投资与发展商业股份银行和越南技术商业银行提供；（3）就利率期权业务，只有越南外贸股份商业银行提供。暂无商业银行介绍信用类衍生品提供方面信息。此外，国家开发银行、中国银行、中国工商银行、中国建设银行、中国农业银行和交通银行已分别在越南设立分支机构，但从其官方网站公布的信息看，仅有位于越南首都河内的中国农业银行河内分行提供不超过1年期的外汇远期交易。

---

① 本书之所以选择登录商业银行网站了解越南国内衍生品交易情况，是因为越南官方暂未正式公布衍生品交易的详细数据或相关报告。本书所说的是否提供是以该银行是否在其官网上进行了业务宣传为主要依据。

表 5-1　　越南七家主要银行衍生品供给情况

金融机构	汇率类					利率类			信用类
	即期	远期	期货	期权	货币互换	利率互换	外币利率互换	利率期权	违约衍生品
越南工贸股份商业银行 VietinBank	有介绍①	有介绍②	无介绍	有介绍③	有介绍④	有介绍⑤	有介绍⑥⑦	无介绍	无介绍
越南农业和农村发展银行 Agribank	有介绍⑧	有介绍⑨	无介绍	无介绍	有介绍⑩	无介绍	无介绍	无介绍	无介绍

① VietinBank. FX Spot Transaction [EB/OL]. (2024-08-06) [2024-08-06]. https://www.vietinbank.vn/en/doanh-nghiep/san-pham-dich-vu/ngoai-hoi-va-phai-sinh/mua-ban-ngoai-te-giao-ngay-fx-spot-31-html.

② VietinBank. FX Forward Transaction [EB/OL]. (2024-08-06) [2024-08-06]. https://www.vietinbank.vn/en/doanh-nghiep/san-pham-dich-vu/ngoai-hoi-va-phai-sinh/mua-ban-ngoai-te-ky-han-fx-forward-31-html.

③ VietinBank. FX Option Transaction [EB/OL]. (2024-08-06) [2024-08-06]. https://www.vietinbank.vn/en/doanh-nghiep/san-pham-dich-vu/ngoai-hoi-va-phai-sinh/quyen-chon-ngoai-te-fx-options-31-html.

④ VietinBank. FX Swap Transaction [EB/OL]. (2024-08-06) [2024-08-06]. https://www.vietinbank.vn/en/doanh-nghiep/san-pham-dich-vu/ngoai-hoi-va-phai-sinh/hoan-doi-ngoai-te-fx-swap-31-html.

⑤ VietinBank. Interest Rate Swap-IRS [EB/OL]. (2024-08-06) [2024-08-06]. https://www.vietinbank.vn/en/doanh-nghiep/san-pham-dich-vu/ngoai-hoi-va-phai-sinh/hoan-doi-lai-suat-mot-dong-tien-irs-31-html.

⑥ VietinBank. Cross-currency Swap-CSS (USD to VND) [EB/OL]. (2024-08-06) [2024-08-06]. https://www.vietinbank.vn/en/doanh-nghiep/san-pham-dich-vu/ngoai-hoi-va-phai-sinh/hoan-doi-lai-suat-ngoai-te-sang-vnd-ccs-31-html.

⑦ VietinBank. Cross-currency Swap-CSS (VND to USD) [EB/OL]. (2024-08-06) [2024-08-06]. https://www.vietinbank.vn/en/doanh-nghiep/san-pham-dich-vu/ngoai-hoi-va-phai-sinh/hoan-doi-lai-suat-vnd-sang-ngoai-te-ccs-31-html.

⑧ Agribank. Spot [EB/OL]. (2024-08-06) [2024-08-06]. https://www.agribank.com.vn/en/dinh-che-tai-chinh/san-pham/dtl? current=true&urile=wcm: path: /agbank/dinh-che-tai-chinh/tai-tro-thuong-mai1/san-pham-phai-sinh-giao-dich-ngay/san-pham-giao-dich-ngay-spot.

⑨ Agribank. Forward [EB/OL]. (2024-08-06) [2024-08-06]. https://www.agribank.com.vn/en/dinh-che-tai-chinh/san-pham/dtl? current=true&urile=wcm: path: /agbank/dinh-che-tai-chinh/tai-tro-thuong-mai1/san-pham-phai-sinh-giao-dich-ky-han/san-pham-giao-dich-ky-han.

⑩ Agribank. Swap [EB/OL]. (2024-08-06) [2024-08-06]. https://www.agribank.com.vn/en/dinh-che-tai-chinh/san-pham/dtl? current=true&urile=wcm: path: /agbank/dinh-che-tai-chinh/tai-tro-thuong-mai1/san-pham-phai-sinh-giao-dich-hoan-doi-ngoai-te/san-pham-giao-dich-hoan-doi-ngoai-te.

续表

金融机构	汇率类					利率类			信用类
	即期	远期	期货	期权	货币互换	利率互换	外币利率互换	利率期权	违约衍生品
越南外贸股份商业银行 Vietcombank	有介绍①	有介绍②	有介绍③	有介绍④	有介绍⑤	有介绍⑥	无介绍	有介绍⑦	无介绍
越南投资与发展商业股份银行 BIDV	有介绍⑧	有介绍⑨	无介绍	有介绍⑩	有介绍⑪	有介绍⑫	有介绍⑬	无介绍	无介绍

① Vietcombank. Foreign Exchange (FX) – Spot FX [EB/OL]. (2016 – 05 – 14) [2024 – 08 – 06]. https://portal.vietcombank.com.vn/en – Us/Corporate/BusinessCustomers/foreignexchangeandcapital/Pages/foreign – exchangeFX.aspx? devicechannel = default.

② Vietcombank. Foreign Exchange (FX) – Forward FX [EB/OL]. (2016 – 05 – 14) [2024 – 08 – 06]. https://portal.vietcombank.com.vn/en – Us/Corporate/BusinessCustomers/foreignexchangeandcapital/Pages/foreign – exchangeFX.aspx? devicechannel = default.

③ Vietcombank. FX Derivatives – Currency Futures [EB/OL]. (2016 – 05 – 14) [2024 – 08 – 06]. https://portal.vietcombank.com.vn/en – Us/Corporate/BusinessCustomers/foreignexchangeandcapital/Pages/fx – derivatives.aspx? devicechannel = default.

④ Vietcombank. FX Derivatives – Currency Option [EB/OL]. (2016 – 05 – 14) [2024 – 08 – 06]. https://portal.vietcombank.com.vn/en – Us/Corporate/BusinessCustomers/foreignexchangeandcapital/Pages/fx – derivatives.aspx? devicechannel = default.

⑤ Vietcombank. FX Derivatives – Currency Swap [EB/OL]. (2016 – 05 – 14) [2024 – 08 – 06]. https://portal.vietcombank.com.vn/en – Us/Corporate/BusinessCustomers/foreignexchangeandcapital/Pages/fx – derivatives.aspx? devicechannel = default.

⑥ Vietcombank. Interest Rate Derivatives – Interest Rate Swap [EB/OL]. (2016 – 05 – 14) [2024 – 08 – 06]. https://portal.vietcombank.com.vn/en – Us/Corporate/BusinessCustomers/foreignexchangeandcapital/Pages/interest – rate – derivatives.aspx? devicechannel = default.

⑦ Vietcombank. Interest Rate Derivatives – Interest Rate Options [EB/OL]. (2016 – 05 – 14) [2024 – 08 – 06]. https://portal.vietcombank.com.vn/en – Us/Corporate/BusinessCustomers/foreignexchangeandcapital/Pages/interest – rate – derivatives.aspx? devicechannel = default.

⑧ BIDV. Product Information – FX Spot [EB/OL]. (2024 – 08 – 06) [2024 – 08 – 06]. https://bidv.com.vn/en/doanh – nghiep/san – pham – dich – vu/ngoai – hoi – thi – truong – von/san – pham – ngoai – hoi.

⑨ BIDV. Product Information – FX Forward [EB/OL]. (2024 – 08 – 06) [2024 – 08 – 06]. https://bidv.com.vn/en/doanh – nghiep/san – pham – dich – vu/ngoai – hoi – thi – truong – von/san – pham – ngoai – hoi.

⑩ BIDV. Product Information – FX Option [EB/OL]. (2024 – 08 – 06) [2024 – 08 – 06]. https://bidv.com.vn/en/doanh – nghiep/san – pham – dich – vu/ngoai – hoi – thi – truong – von/san – pham – ngoai – hoi.

⑪ BIDV. Product Information – FX Swap [EB/OL]. (2024 – 08 – 06) [2024 – 08 – 06]. https://bidv.com.vn/en/doanh – nghiep/san – pham – dich – vu/ngoai – hoi – thi – truong – von/san – pham – ngoai – hoi.

⑫ BIDV. Product Information – Interest rate swap [EB/OL]. (2024 – 08 – 06) [2024 – 08 – 06]. https://bidv.com.vn/en/doanh – nghiep/san – pham – dich – vu/ngoai – hoi – thi – truong – von/phai – sinh – tai – chinh.

⑬ BIDV. Product Information – Cross currency swap [EB/OL]. (2024 – 08 – 06) [2024 – 08 – 06]. https://bidv.com.vn/en/doanh – nghiep/san – pham – dich – vu/ngoai – hoi – thi – truong – von/phai – sinh – tai – chinh.

续表

金融机构	汇率类					利率类			信用类
	即期	远期	期货	期权	货币互换	利率互换	外币利率互换	利率期权	违约衍生品
越南技术商业银行 Techcombank	有介绍①	有介绍②	无介绍	有介绍③	有介绍④	有介绍⑤	有介绍⑥	无介绍	无介绍
越南兴业银行 VPBank	有介绍⑦	有介绍⑧	无介绍	无介绍	有介绍⑨	有介绍⑩	无介绍	无介绍	无介绍
亚洲商业银行 ACB	有介绍⑪	有介绍⑫	无介绍	无介绍	无介绍	无介绍	无介绍	无介绍	无介绍

① Techcombank. Spot Foreign Exchange Service [EB/OL]. (2024 - 08 - 06) [2024 - 08 - 06]. https://techcombank.com/en/business/treasury/foreign - exchange/spot - trade - service.

② Techcombank. Forward Foreign Exchange Service [EB/OL]. (2024 - 08 - 06) [2024 - 08 - 06]. https://techcombank.com/en/business/treasury/foreign - exchange/forward - trade.

③ Techcombank. Foreign Currency Options [EB/OL]. (2024 - 08 - 06) [2024 - 08 - 06]. https://techcombank.com/en/business/treasury/capital - market/exchange - rate - derivative - products.

④ Techcombank. Foreign Exchange Swap [EB/OL]. (2024 - 08 - 06) [2024 - 08 - 06]. https://techcombank.com/en/business/treasury/foreign - exchange/foreign - exchange - swap.

⑤ Techcombank. Interest Rate Derivative - Single Cash Flow Interest Rate Swap Contracts [EB/OL]. (2024 - 08 - 06) [2024 - 08 - 06]. https://techcombank.com/en/business/treasury/derivatives - market/interest - rate - derivatives.

⑥ Techcombank. Interest Rate Derivative - Cross Currency Swap Contracts [EB/OL]. (2024 - 08 - 06) [2024 - 08 - 06]. https://techcombank.com/en/business/treasury/derivatives - market/interest - rate - derivatives.

⑦ VPBank. Foreign Exchange Spot Transaction [EB/OL]. (2024 - 08 - 06) [2024 - 08 - 06]. https://www.vpbank.com.vn/en/trang - chu _ doanh - nghiep - lon/san - pham - tai - chinh/san - pham - ngoai - hoi - giao - ngay.

⑧ VPBank. Foreign Exchange Forward Transaction [EB/OL]. (2024 - 08 - 06) [2024 - 08 - 06]. https://www.vpbank.com.vn/en/trang - chu _ doanh - nghiep - lon/san - pham - tai - chinh/san - pham - ngoai - hoi - ky - han.

⑨ VPBank. Foreign Exchange Swap [EB/OL]. (2024 - 08 - 06) [2024 - 08 - 06]. https://www.vpbank.com.vn/en/trang - chu _ doanh - nghiep - lon/san - pham - tai - chinh/san - pham - hoan - doi - ngoai - te.

⑩ VPBank. Interest Rate Swap [EB/OL]. (2024 - 08 - 06) [2024 - 08 - 06]. https://www.vpbank.com.vn/en/trang - chu _ doanh - nghiep - lon/san - pham - tai - chinh/san - pham - hoan - doi - lai - suat.

⑪ ACB. Foreign Exchange Spot (Spot) [EB/OL]. (2024 - 08 - 06) [2024 - 08 - 06]. https://acb.com.vn/en/personal - banking - with - acb/foreign - exchange - spot - spot.

⑫ ACB. Foreign Currency Exchange Forward (Forward) [EB/OL]. (2024 - 08 - 06) [2024 - 08 - 06]. https://acb.com.vn/en/personal - banking - with - acb/foreign - currency - exchange - forward.

数据来源：越南各大银行官方网站。

注：(1) 在 VietinBank，即期、远期和期权适用于个人和公司，其他适用于企业。(2) 表5－1中的银行选自“Top 10 Prestigious Vietnamese Commercial Banks in 2024”[①]。其中，本书仅从中选取了7家银行，因 Military Commercial Joint Stock Bank（MB）未介绍任何衍生品业务，Ho Chi Minh City Development Commercial Joint Stock Bank（HDBank）仅提及外汇和汇率，没有衍生品业务的详细介绍及 Tien Phong Commercial Joint Stock Bank（TPBank）网站无法正常登录而未被纳入表5－1的分析之中。

三、利率衍生品供给情况

2017年8月10日，河内证券交易所（HNX）衍生品市场正式开市运营。首个交易的衍生品品种为 VN30 指数期货合约[②]；5年期和10年期[③]国债期货合约分别在2019年7月4日和2021年6月28日上市[④]。10年期国债期货合约参加交易的对象包括符合规定的专业个人投资者，而5年期国债期货合约的交易对象只有机构投资者[⑤]。两份期货合约均有交易，但以5年期国债期货合约交易最为活跃（见表5－2）。

① VNR. Top 10 Prestigious Vietnamese Commercial Banks in 2024 [EB/OL].（2024－08－01）[2024－08－06]. https://toptenvietnam.vn/TopTen/Index/227.

② VN30 指数期货合约是以 VN30 指数为标的资产的期货合约。VN30 指数是越南胡志明证券交易所编制的一种股价指数，该指数的构成为胡志明证券交易所中最大的30家上市公司。

③ 10年期国债期货合约标的资产是10年期政府债券，面值10万越南盾，年均票面利率为5%，每年末付息一次，到期一次还本，共发行10亿越南盾。

④ 越通社 VietnamPlus. 10年期国债期货合约在 HNX 上进行首次交易 [EB/OL].（2021－06－29）[2024－08－06]. https://zh.vietnamplus.vn/10%E5%B9%B4%E6%9C%9F%E5%9B%BD%E5%80%BA%E6%9C%9F%E8%B4%A7%E5%90%88%E7%BA%A6%E5%9C%A8hnx%E4%B8%8A%E8%BF%9B%E8%A1%8C%E9%A6%96%E6%AC%A1%E4%BA%A4%E6%98%93/141643.vnp. 衍生品市场上交易的衍生品共3个，交易代码共10个，包括 VN30 股指期货合约产品的4个代码、5年期国债期货合约的3个代码、10年期国债期货合约的3个代码。2021年6月28日，10年期国债期货合约在 HNX 衍生品市场上正式交易。在第一次交易上，交易代码为 GB10F2109、GB10F2112 和 GB10F2203。

⑤ 越通社 VietnamPlus. 10年期国债期货合约在 HNX 上市 [EB/OL].（2021－04－25）[2024－08－06]. https://zh.vietnamplus.vn/10%E5%B9%B4%E6%9C%9F%E5%9B%BD%E5%80%BA%E6%9C%9F%E8%B4%A7%E5%90%88%E7%BA%A6%E5%9C%A8hnx%E4%B8%8A%E5%B8%82/138455.vnp.

表 5－2　　2022 年越南国债期货成交情况

月份	国债期货成交量/手		成交额/万亿越南盾
	5 年期国债期货合约	10 年期国债期货合约	
5 月	22102	2000	41.4
6 月	35266	4000	41.5
7 月	27132	4000	32.5

数据来源：越通社 VietnamPlus①。

注：（1）2022 年 7 月、8 月和 9 月国债期货合约交易由机构投资者进行，其中境外机构投资者分别占 50%，2022 年 8 月和 9 月国债期货合约的成交量和成交金额数据未统计到。（2）2022 年 5 月，10 年期和 5 年期国债期货合约恢复交易活动。

截至 2022 年 7 月底，投资者衍生品交易账户数超过 100 万户，较 2017 年增长 422 倍，交易活动仍以越南国内个人投资者为主，但投资者

① 越通社 VietnamPlus. 5 月份衍生品交易量创历史新高［EB/OL］.（2022－06－09）［2024－08－06］. https://zh.vietnamplus.vn/5%E6%9C%88%E4%BB%BD%E8%A1%8D%E7%94%9F%E5%93%81%E4%BA%A4%E6%98%93%E9%87%8F%E5%88%9B%E5%8E%86%E5%8F%B2%E6%96%B0%E9%AB%98/166821.vnp；越通社 VietnamPlus. 6 月份衍生品交易量达 50.6025 万手创历史新高［EB/OL］.（2022－07－23）［2024－08－06］. https://zh.vietnamplus.vn/6%E6%9C%88%E4%BB%BD%E8%A1%8D%E7%94%9F%E5%93%81%E4%BA%A4%E6%98%93%E9%87%8F%E8%BE%BE506025%E4%B8%87%E6%89%8B－%E5%88%9B%E5%8E%86%E5%8F%B2%E6%96%B0%E9%AB%98/170271.vnp；越通社 VietnamPlus. 7 月份衍生品市场：VN30 股指期货合约未平仓合约量创年初以来最高［EB/OL］.（2022－08－12）［2024－08－06］. https://zh.vietnamplus.vn/7%E6%9C%88%E4%BB%BD%E8%A1%8D%E7%94%9F%E5%93%81%E5%B8%82%E5%9C%BAvn30%E8%82%A1%E6%8C%87%E6%9C%9F%E8%B4%A7%E5%90%88%E7%BA%A6%E6%9C%AA%E5%B9%B3%E4%BB%93%E5%90%88%E7%BA%A6%E9%87%8F%E5%88%9B%E5%B9%B4%E5%88%9D%E4%BB%A5%E6%9D%A5%E6%9C%80%E9%AB%98/171364.vnp；越通社 VietnamPlus. 8 月份衍生品市场：VN30 股指期货未平仓合约量创下新纪录［EB/OL］.（2022－09－24）［2024－08－06］. https://zh.vietnamplus.vn/8%E6%9C%88%E4%BB%BD%E8%B6%8A%E5%8D%97%E8%A1%8D%E7%94%9F%E5%93%81%E5%B8%82%E5%9C%BAvn30－%E8%82%A1%E6%8C%87%E6%9C%9F%E8%B4%A7%E6%9C%AA%E5%B9%B3%E4%BB%93%E5%90%88%E7%BA%A6%E9%87%8F%E5%88%9B%E4%B8%8B%E6%96%B0%E7%BA%AA%E5%BD%95/174483.vnp；越通社 VietnamPlus. 9 月份衍生品市场：VN30 股指期货合约日均成交量环比增长近 30%［EB/OL］.（2022－10－22）［2024－08－06］. https://zh.vietnamplus.vn/9%E6%9C%88%E4%BB%BD%E8%A1%8D%E7%94%9F%E5%93%81%E5%B8%82%E5%9C%BAvn30－%E8%82%A1%E6%8C%87%E6%9C%9F%E8%B4%A7%E5%90%88%E7%BA%A6%E6%97%A5%E5%9D%87%E6%88%90%E4%BA%A4%E9%87%8F%E7%8E%AF%E6%AF%94%E5%A2%9E%E9%95%BF%E8%BF%9130/176007.vnp.

结构正朝着个人投资者交易比重下降、机构投资者交易比重上升的方向转变。衍生品交易会员从开市之初的 7 家发展到 2022 年 7 月底的 23 家[①]。

上述情况表明，在越南衍生品市场已经可以开展利率期货交易，且已具备一定的投资者基础；其中，5 年期国债期货交易较为活跃。因此，在越南国内已初步具备借助利率期货管理利率波动风险的条件。

---

① 越南人民报网．越南衍生品市场增长超出预期［EB/OL］．（2022－08－09）［2024－08－06］．https：//cn. nhandan. vn/%E8%B6%8A%E5%8D%97%E8%A1%8D%E7%94%9F%E5%93%81%E5%B8%82%E5%9C%BA%E5%A2%9E%E9%95%BF%E8%B6%85%E5%87%BA%E9%A2%84%E6%9C%9F－post102225. html.

第六章　滇越跨境人民币债券市场培育路径分析

第一节　满足云南省主体融资与越南主体投资需求

一、云南省主体在中国境内[①]面向越南主体发行人民币债券

为提高所持人民币外汇储备投资收益或改进所持美元外汇储备过度集中问题，越南货币当局可进入中国债券市场投资。

（一）在中国债券市场越南主体取得投资债券资格的方式

1. 申请取得合格境外机构投资者和/或人民币合格境外机构投资者资格。根据《合格境外机构投资者和人民币合格境外机构投资者境内证券期货投资管理办法》（中国证券监督管理委员会　中国人民银行　国家外汇管理局令第 176 号）第七条规定，使用来自境外资金进行境内证券期货投资的境外机构投资者包括境外基金管理公司、商业银行、保险公司、证券公司、期货公司、信托公司、政府投资机构、主权基金、养老基金、慈善基金、捐赠基金、国际组织等中国证监会认可的机构。

按照越南 "Ordinance on Foreign Exchange Control"[②]（No. 28/2008/

---

① 此处所讲"境内"为关境，海关法适用的范围。全文各处提及境内时，除非另有说明，否则皆为此意。

② "Ordinance on Foreign Exchange Control"，文件号为 No. 28/2008/PL－UBTVQH11，于 2005 年 12 月 13 日颁布。上述英文名称为越南官方公布的英文译文，本书给出的中文译文为《外汇控制条例》。

PL－UBTVQH11），越南国家银行[①]依法负责越南对外投资外汇的管理。截至2023年11月底，越南外汇储备的规模为881亿美元[②]。基于目前状况，建议越南货币当局通过以下两种方式取得在中国债券市场投资资格：一是从其大的国有商业银行中选取一家，使其取得中国合格境外机构投资者资格（QFII）和/或人民币合格境外机构投资者资格（RQFII）。随着越南可动用外汇储备规模的增加，可制定政策引导越南国内多家头部证券公司或商业银行分别取得中国合格境外机构投资者资格和/或人民币合格境外机构投资者资格，并通过招标等方式配置其持有的美元或人民币外汇储备。在初期，建议把越南外贸股份商业银行（Joint Stock Commercial Bank for Foreign Trade of Vietnam，Vietcombank）作为越南货币当局在中国债券市场投资管理其外汇储备的首选金融机构。具体理由为：该银行在对外业务方面具有相对优势，也开展了最为全面的衍生品业务，且其在中国香港有一家全资子公司 Vietnamese Financial Company Limited（VINAFICOHK）[③]，有快速进入中国境内市场和更熟悉中国境内债券市场运行规则的优势。二是根据"Law on the State Bank of Vietnam"[④] 第3章第4节第27条第1款规定，越南国家银行可在国外银行开立账户，并可通过该账户进行交易。因此，建议越南政府借鉴泰国和马来西亚等国做法（见附表1），由越南国家银行直接在中国境内债券市场申请合格境外机构投资者资格和/或人民币合格境外机构投资者资格。具体外汇投资管理工作，可通过直接指定或招标等方式，从众多投标机构中选取一至两家专业全球固定收益投资管理机构并由其负责。

---

① 官方公布的越南国家银行的英文翻译为 The State Bank of Vietnam，简称为 SBV。

② Trading Economics. Vietnam Foreign Exchange Reserves [EB/OL].（2024－08－06）[2024－08－06]. https：//tradingeconomics. com/vietnam/foreign－exchange－reserves.

③ 根据 Joint Stock Commercial Bank for Foreign Trade of Vietnam（Vietcombank）披露的2021年年报，VINAFICOHK位于洛克道20号（Lockhart），金星大厦（Golden Star Building）16层。由Vietcombank100%持股，投资资本为1169亿越南盾（按照2024年7月31日汇率计算，约合人民币3346.0万元）。

④ "Law on the State Bank of Vietnam"，文件号为 No. 46/2010/QH12，于2010年6月16日颁布。"Law on the State Bank of Vietnam"为官方英文翻译，本书给出的中文翻译为《越南国家银行法》。

根据《境外机构投资者境内证券期货投资资金管理规定》①（中国人民银行 国家外汇管理局公告〔2020〕第2号）相关规定，在取得中国合格境外机构投资者资格和/或人民币合格境外机构投资者资格后，可先从中国资本市场认可的22家托管银行中选择一家②（见附表5），通过其代为向中国证券监督管理委员会申请中国合格境外机构投资者资格和/或人民币合格境外机构投资者资格。在取得了中国合格境外机构投资者资格和/或人民币合格境外机构投资者资格后，越南政府的外汇储备即可顺利进入包括债券在内的中国资本市场进行投资。具体可从事以下类型的投资活动：

（1）在上海证券交易所可从事的投资活动。根据《上海证券交易所证券交易规则适用指引第1号——合格境外机构投资者和人民币合格境外机构投资者》③（上证发〔2020〕82号）第十一条规定：合格境外投资者可以投资于在本所交易或者转让的以下证券及其衍生品种：（一）股票，包括普通股、优先股和本所认可的其他股票；（二）存托凭证；（三）债券，包括国债、国债预发行、地方政府债、政府支持债券、公司债券、企业债券、可转换公司债券、分离交易可转换公司债券、可交换公司债券、政策性金融债、次级债和本所认可的其他债券品种；（四）资产支持证券；（五）基金，包括各类交易型开放式指数基金（ETF）、封闭式基金、上市开放式基金（LOF）、货币市场基金和本所认

① 中国人民银行，国家外汇管理局．境外机构投资者境内证券期货投资资金管理规定［EB/OL］．（2020－05－07）［2024－08－06］．https：//www. gov. cn/zhengce/zhengceku/2020－05/07/content_5509577. htm.

② 本书建议在选择托管行时参考附表6（银行间债券市场结算代理人名单）。应选择同时出现在附表5和附表6中的银行，这样的选择会为合作带来很多便利。这样的中资银行有14家，外资银行有5家。它们分别为中国工商银行、中国农业银行、中国银行、中国建设银行、交通银行、招商银行、中国民生银行、中国光大银行、中信银行、华夏银行、兴业银行、上海浦东发展银行、平安银行和宁波银行14家中资银行；汇丰银行（中国）有限公司、渣打银行（中国）有限公司、法国巴黎银行（中国）有限公司、德意志银行（中国）有限公司和花旗银行（中国）有限公司5家外资银行。

③ 上海证券交易所．关于发布《上海证券交易所证券交易规则适用指引第1号——合格境外机构投资者和人民币合格境外机构投资者》的通知（上证发〔2020〕82号）［EB/OL］．（2020－10－30）［2024－08－06］．https：//www. sse. com. cn/lawandrules/sselawsrules/trade/universal/c/c_20210128_5312094. shtml.

可的其他基金品种；（六）股票期权；（七）中国证监会允许的其他证券及其衍生品种。

（2）在深圳证券交易所可从事的投资活动。根据《深圳证券交易所合格境外机构投资者和人民币合格境外机构投资者证券交易实施细则（2020年修订）》[①]（深证会〔2020〕583号）第二章第七条规定：合格境外投资者可以投资于在本所交易或者转让的以下证券及其衍生品种：（一）股票，包括普通股、优先股和本所认可的其他股票；（二）存托凭证；（三）债券，包括国债、国债预发行、地方政府债、政府支持债券、公司债券、企业债券、可转换公司债券、分离交易可转换公司债券、可交换公司债券、政策性金融债、次级债和本所认可的其他债券品种；（四）资产支持证券；（五）基金，包括各类交易型开放式基金（ETF）、上市开放式基金（LOF）、封闭式基金和本所认可的其他基金品种；（六）股票期权；（七）中国证监会允许的其他证券及其衍生品种。

（3）在北京证券交易所可从事的投资活动。根据《北京证券交易所合格境外机构投资者和人民币合格境外机构投资者证券交易实施细则》[②]（北证公告〔2021〕52号）第三章第九条规定：合格境外投资者可以投资在本所上市交易的股票、债券等证券，可以参与本所股票、债券等证券发行的申购，及中国证监会、本所认定的交易业务。

（4）在中国金融期货交易所可从事的投资活动。根据《关于合格境外机构投资者和人民币合格境外机构投资者参与股指期货交易有关事项的通知》（中金所发〔2020〕20号）[③] 规定：合格境外投资者可以参与中金所股指期货交易。

---

① 深圳证券交易所．关于发布《深圳证券交易所合格境外机构投资者和人民币合格境外机构投资者证券交易实施细则（2020年修订）》的通知（深证会〔2020〕583号）[EB/OL].（2020-10-30）[2024-08-06]. https://www.szse.cn/disclosure/notice/general/t20201030_582824.html.

② 北京证券交易所．关于发布《北京证券交易所合格境外机构投资者和人民币合格境外机构投资者证券交易实施细则》的公告（北证公告〔2021〕52号）[EB/OL].（2021-11-12）[2024-08-06]. https://www.bse.cn/jygl_list/200011017.html.

③ 中国金融期货交易所．关于合格境外机构投资者和人民币合格境外机构投资者参与股指期货交易有关事项的通知（中金所发〔2020〕20号）[EB/OL].（2020-10-30）[2024-08-06]. https://www.cffex.com.cn/jystz/20201030/24790.html.

（5）在大连商品交易所可从事的投资活动。根据《关于合格境外机构投资者和人民币合格境外机构投资者参与商品期货、期权合约的公告》[①]（〔2022〕68号）规定：合格境外机构投资者和人民币合格境外机构投资者可以参与大连商品交易所以下商品期货、期权合约的交易：一、黄大豆1号、黄大豆2号、豆粕、豆油、棕榈油、铁矿石、线型低密度聚乙烯期货合约。二、黄大豆1号、黄大豆2号、豆粕、豆油、棕榈油、铁矿石、线型低密度聚乙烯期权合约。

（6）在郑州商品交易所可从事的投资活动。根据《关于合格境外机构投资者和人民币合格境外机构投资者参与商品期货、期权合约的公告》[②]（〔2022〕76号）规定：合格境外机构投资者和人民币合格境外机构投资者可以参与郑州商品交易所以下商品期货、期权合约的交易：一、PTA期货合约。二、PTA期权合约。三、甲醇期货合约。四、甲醇期权合约。五、白糖期货合约。六、白糖期权合约。七、菜籽油期货合约。八、菜籽油期权合约。九、短纤期货合约。

（7）在上海国际能源交易中心可从事的投资活动。根据《上海国际能源交易中心发布关于合格境外机构投资者和人民币合格境外机构投资者参与商品期货、期权合约的公告》[③]（〔2022〕30号）规定：合格境外机构投资者和人民币合格境外机构投资者可以参与上海国际能源交易中心以下商品期货、期权合约交易：一、原油、20号胶、低硫燃料油、国际铜期货合约。二、原油期权合约。

根据上述交易平台发布的指引、细则、通知和公告，在取得合格境外机构投资者资格和/或人民币合格境外机构投资者资格后，越南外汇储

---

① 大连商品交易所．关于合格境外机构投资者和人民币合格境外机构投资者参与商品期货、期权合约的公告（〔2022〕68号）[EB/OL]．（2020-09-02）[2024-08-06]．http://www.dce.com.cn/dalianshangpin/ywfw/jystz/ywtz/8513647/index.html.

② 郑州商品交易所．关于合格境外机构投资者和人民币合格境外机构投资者参与商品期货、期权合约的公告（〔2022〕76号）[EB/OL]．（2022-09-02）[2024-08-06]．http://www.czce.com.cn/cn/gyjys/jysdt/ggytz/webinfo/2022/09/1655821720751484.htm.

③ 上海国际能源交易中心．关于合格境外机构投资者和人民币合格境外机构投资者参与商品期货、期权合约的公告（〔2022〕30号）[EB/OL]．（2022-09-02）[2024-08-06]．https://www.ine.cn/news/notice/6194.html.

备可直接进入上海证券交易所、深圳证券交易所和北京证券交易所买卖在这三家交易所上市的债券以及在北京证券交易所参与债券的发行申购。

2. 申请直接进入中国银行间债券市场。《中国人民银行关于合格境外机构投资者投资银行间债券市场有关事项的通知》（银发〔2013〕69号）的发布标志着境外机构投资者正式获准投资中国银行间债券市场，汇丰中国①成为第一家协助合格境外机构投资者投资中国银行间债券市场的托管行②。

根据《债券账户业务操作须知》（2023年10月更新）③规定：境外机构投资者④可委托合格结算代理人（见附表6）以自身法人名义或非法人产品名义申请开立债券账户和资金结算专户，签署《间接结算成员协议》；境外央行类机构投资者可通过央行或具有国际结算代理资格的商业银行代理，也可直接投资。境外机构投资者进入银行间债券市场，应先向中国人民银行上海总部申请备案⑤。待收到中国人民银行上海总部准入备案通知书后，若委托合格结算代理人的应向上海清算所提交申请材料。若以境外央行、国际金融组织、主权财富基金进入银行间市场办理开户手续，具体办理流程参照《关于发布〈相关境外机构投资者进入银行间市场联网和开户业务指引〉的通知》⑥（发布于2015年9月25

---

① 汇丰中国的全称为汇丰银行（中国）有限公司。

② 钟咏苓. 从结算代理机构角度浅谈中国债券市场对外开放［J］. 债券，2022（2）：24－27.

③ 上海清算所. 债券账户业务操作须知（2023年10月更新）［EB/OL］.（2023－10－16）［2024－08－06］. https：//www.shclearing.com.cn/cpyyw/czxzjzn/zhgl/201901/t20190127_478661.html.

④ 境外机构投资者，包括在境外依法注册成立的商业银行、保险公司、证券公司、基金管理公司及其他资产管理机构等各类金融机构，上述金融机构依法合规面向客户发行的投资产品，以及养老基金、慈善基金、捐赠基金等中国人民银行认可的其他中长期机构投资者；还包括境外央行或货币当局、国际金融组织、主权财富基金、QFII和RQFII等。

⑤ 根据《中国人民银行　国家外汇管理局关于进一步便利境外机构投资者投资银行间债券市场有关事项的通知》（银发〔2019〕240号），同一境外机构投资者可以分别通过QFII/RQFII和直接投资渠道投资境内银行间债券市场，且只需通过QFII/RQFII境内托管行或者直接投资结算代理人向中国人民银行上海总部备案一次。

⑥ 中央国债登记结算有限责任公司，全国银行间同业拆借中心，银行间市场清算所股份有限公司. 关于发布《相关境外机构投资者进入银行间市场联网和开户业务指引》的通知［EB/OL］.（2015－09－25）［2024－08－06］. https：//www.shclearing.com.cn/cpyyw/czxzjzn/detail_38.html?productDocClient/detail/40285281688bb7ba01688cb97f2e019c.

日）。若以境外机构法人、非法人产品投资者、QFII、RQFII 进入银行间市场办理开户手续，具体办理流程参照《关于发布〈境外机构投资者进入银行间市场联网和开户操作指引〉的通知》（中债字〔2016〕52号）[①]。

关于资金账户的开立，《中国人民银行　国家外汇管理局关于印发〈境外机构投资者投资中国债券市场资金管理规定〉的通知》（银发〔2022〕258 号）[②] 规定：本规定所称境外机构投资者是指符合《中国人民银行　中国证券监督管理委员会　国家外汇管理局公告》[③]（〔2022〕第 4 号）规定，通过多级托管、结算代理等模式直接投资中国债券市场的境外机构[④]。境外机构投资者应在取得相关金融监管部门出具的中国债券市场投资备案通知书或其他同等效力文件后 10 个工作日内，指定托管人或结算代理人凭上述文件通过国家外汇管理局资本项目信息系统（以下简称资本项目信息系统）代境外机构投资者办理登记。托管人或结算代理人应凭在资本项目信息系统生成的业务登记凭证，为境外机构投资者开立中国债券市场投资专用资金（人民币和/或外汇）账户。

中国政府非常鼓励境外机构投资者在中国的投资活动。2021 年 10 月，国务院常务会议正式决定延长境外机构投资者投资境内债券市场免征企业所得税和增值税政策至 2025 年末。2022 年 5 月 27 日发布的《关

---

① 中央国债登记结算有限责任公司，全国银行间同业拆借中心，银行间市场清算所股份有限公司．关于发布《境外机构投资者进入银行间市场联网和开户操作指引》的通知（中债字〔2016〕52号）［EB/OL］．（2016－05－27）［2024－08－06］．https：//www.chinamoney.org.cn/chinese/bbqtglgdlwkh/20160527/2779702.html.

② 中国人民银行，国家外汇管理局．中国人民银行　国家外汇管理局关于印发《境外机构投资者投资中国债券市场资金管理规定》的通知（银发〔2022〕258 号）［EB/OL］．（2022－11－10）［2024－08－06］．https：//www.gov.cn/zhengce/zhengceku/2022－11/18/content_5727780.html.

③ 中国人民银行，中国证券监督管理委员会，国家外汇管理局．中国人民银行　中国证券监督管理委员会　国家外汇管理局公告（〔2022〕第 4 号）［EB/OL］．（2022－05－27）［2024－08－06］．http：//www.csrc.gov.cn/csrc/c100028/c3046596/content.shtml.

④ 包括境外央行或货币当局、国际金融组织、主权财富基金（以下合称主权类机构），在中华人民共和国境外依法注册成立的商业银行、保险公司、证券公司、基金管理公司、期货公司、信托公司及其他资产管理机构等各类金融机构，以及养老基金、慈善基金、捐赠基金等中长期机构投资者（以下合称商业类机构）。

于进一步便利境外机构投资者投资中国债券市场有关事宜》[1]（中国人民银行　中国证监会　国家外汇管理局公告〔2022〕第4号）使进入银行间债券市场境外机构投资者可直接或通过互联互通方式投资交易所债券市场。

3. 通过债券通“北向通”进入中国银行间债券市场。债券通“北向通”是境外投资者直接参与中国债券市场的渠道之一。截至2024年7月底，共有1139家境外机构主体进入中国银行间债券市场。其中，572家通过直接投资入市、825家通过债券通渠道入市、258家通过两个渠道同时入市[2]。债券通已成为境外投资者投资中国银行间债券市场的重要渠道。

在债券通“北向通”下，合资格境外投资者可直接通过其熟悉和认可的离岸国际交易平台[3]进行交易，并通过其现有的国际托管或本地托管行服务进行结算交收。其在银行间市场购买的债券通过债务工具中央结算系统（The Central Moneymarkets Unit，CMU）在上海清算所及中央国债登记结算有限责任公司开立的境内名义持有人账户持有，境外投资者无须在境内设立账户。

合资格投资者如符合CMU会员资格，应在CMU开立账号或联系已为CMU会员的全球或本地托管机构并由其向债券通有限公司（Bond Connect Company Limited，BCCL）提交申请表格进行审查（CMU会员名录见附表7）。债券通有限公司（BCCL）会将合资格申请提交至中国外汇交易中心暨全国银行间同业拆借中心（CFETS）和中国人民银行（PBOC）申请备案。完成后，投资者即可通过认可的电子交易平台进行交易。在债券通“北向通”下，境外投资者的开户申请流程得到简化和

---

① 中国人民银行，中国证监会，国家外汇管理局．中国人民银行　中国证监会　国家外汇管理局公告〔2022〕第4号（关于进一步便利境外机构投资者投资中国债券市场有关事宜）［EB/OL］．(2022－05－27)［2024－08－06］．https：//www.safe.gov.cn/safe/2022/0527/21019.html.

② 上述数据来自2024年8月16日债券通微信公众号上发布的《2024年7月份境外机构投资银行间债券市场简报》。

③ 认可的电子交易平台包括Tradeweb、彭博以及MarketAxess。

缩短①。

4. 直接设立外资金融机构投资中国债券市场。如越南当局计划在中国设立全资或控股外资金融机构，须按最新修订的《中华人民共和国外资保险公司管理条例》②、《中国银保监会关于修改〈中华人民共和国外资保险公司管理条例实施细则〉的决定》③、最新修订的《中华人民共和国外资银行管理条例》④ 和《外商投资证券公司管理办法》⑤ 等相关规定，通过新设或收购等方式成立从事银行、保险或证券等业务的中国境内外资法人。此后，越南外资金融机构只需按照境内账户开户要求开户及进行债券投资。

（二）在中国境内市场越南主体投资与云南省主体融资面临的风险管理

从越南当局角度看，实现外汇储备的保值增值是其要考虑的首要因素。在动用外汇储备投资中国债券市场时，越南当局会面临汇率波动的风险、利率波动的风险和发债主体的违约风险。

1. 汇率风险管理。在投资的过程中主要涉及两个环节的汇率风险：一是已被列入投资中国境内债券市场额度但暂未进入相关投资账户进行管理的外汇储备面临的汇率风险；二是已被列入投资中国境内债券市场额度且已进入相关投资账户的外汇储备面临的汇率风险。

（1）已被列入投资中国境内债券市场额度但暂未进入相关投资账户的外汇储备。这部分外汇储备已被决定用于投资中国债券市场，但暂未

---

① 债券通的审批时间是目前所有渠道中最快的。

② 中华人民共和国国务院．国务院关于修改《中华人民共和国外资保险公司管理条例》和《中华人民共和国外资银行管理条例》的决定［EB/OL］.（2019－10－15）［2024－08－06］. https：//www. gov. cn/zhengce/content/2019－10/15/content _ 5439956. htm.

③ 中国银行保险监督管理委员会．中国银保监会关于修改《中华人民共和国外资保险公司管理条例实施细则》的决定［EB/OL］.（2021－03－10）［2024－08－06］. https：//www. gov. cn/zhengce/zhengceku/2021－03/19/content _ 5594027. htm.

④ 中华人民共和国国务院．国务院关于修改《中华人民共和国外资保险公司管理条例》和《中华人民共和国外资银行管理条例》的决定［EB/OL］.（2019－10－15）［2024－08－06］. https：//www. gov. cn/zhengce/content/2019－10/15/content _ 5439956. htm.

⑤ 中国证券监督管理委员会．外商投资证券公司管理办法［EB/OL］.（2020－03－20）［2024－08－06］. http：//www. csrc. gov. cn/csrc/c106256/c1653966/content. shtml.

进入相关投资账户。其具体表现的币种形式可为美元、欧元、英镑、日元或港元等可自由兑换货币，也可为其持有的人民币外汇。为管理这部分外汇面临的汇率风险，有三种方式可供考虑：其一，在越南国内市场上管理外汇储备面临的汇率风险。在越南国内市场上，交易的主要货币对为 USD/VND，其余外币兑越南盾或其他外币兑外币的交易较少，不便于外汇储备保值增值管理。因此，不建议在越南国内市场完成这一工作。其二，在美国、英国或中国香港等主要国际金融市场上完成汇率风险管理。越南国家银行可根据外汇储备规模，选择进入美国、英国或中国香港等主要国际市场，借助市场上丰富的外汇衍生品完成汇率风险管理，实现外汇组合的保值增值。其三，在中国境内市场上进行汇率风险管理。按照《国家外汇管理局关于完善银行间债券市场境外机构投资者外汇风险管理有关问题的通知》[①]（汇发〔2020〕2 号）所反映的衍生品管理思路，未进入中国债券投资账户的外汇较难获得在国内银行间市场开展衍生品交易的资格。

根据上述分析，对这部分外汇储备的套期保值操作，建议越南当局在中国香港市场上完成。由于这部分外汇储备投资面临的汇率风险管理在每种路径下都相同，因此，后续讨论每种路径下的汇率风险管理时，不再就已被列入投资范畴但暂未进入相关账户的外汇储备面临的汇率风险管理进行分析。

（2）已被列入投资中国境内债券市场额度且已进入相关投资账户的外汇储备。根据《国家外汇管理局关于完善银行间债券市场境外机构投资者外汇风险管理有关问题的通知》（汇发〔2020〕2 号）规定，境外投资者可使用境内人民币对外汇衍生产品（以下简称外汇衍生品），按照套期保值原则管理投资银行间债券市场产生的外汇风险敞口。

第一，境外机构投资者参与外汇衍生品交易的渠道。根据《国家外

---

① 国家外汇管理局．国家外汇管理局关于完善银行间债券市场境外机构投资者外汇风险管理有关问题的通知（汇发〔2020〕2 号）［EB/OL］.（2020－01－13）［2024－08－06］. https://www.gov.cn/zhengce/zhengceku/2020－01/14/content_5468851.htm.

汇管理局关于完善银行间债券市场境外机构投资者外汇风险管理有关问题的通知》（汇发〔2020〕2号）规定：二、境外银行类投资者可自行选择下列一种渠道开展外汇衍生品交易：（一）作为客户与境内金融机构直接交易。（二）申请成为中国外汇交易中心会员直接进入银行间外汇市场交易。（三）申请成为中国外汇交易中心会员通过主经纪业务进入银行间外汇市场交易。三、境外非银行类投资者可以自行选择下列一种渠道开展外汇衍生品交易：（一）作为客户与境内金融机构直接交易。（二）申请成为中国外汇交易中心会员通过主经纪业务进入银行间外汇市场交易。

与境外银行类金融机构不同，境外非银行类金融机构无法作为中国外汇交易中心会员直接参与银行间外汇市场交易，这也是为什么本书要将一家银行推荐为越南初期外汇管理机构的主要原因。

第二，境外机构投资者可选择的外汇衍生品类型。根据具体风险管理需要，进入中国债券市场的境外机构投资者可选择以下产品进行风险管理：人民币外汇即期①。可选择的人民币外汇即期产品包括USD/CNY、EUR/CNY、JPY/CNY、HKD/CNY、GBP/CNY、AUD/CNY、NZD/CNY、SGD/CNY、CHF/CNY、CAD/CNY、CNY/MOP、CNY/MYR、CNY/RUB、CNY/ZAR、CNY/KRW、CNY/AED、CNY/SAR、CNY/HUF、CNY/PLN、CNY/DKK、CNY/SEK、CNY/NOK、CNY/TRY、CNY/MXN、CNY/THB、CNY/KZT、CNY/MNT、CNY/KHR和CNY/IDR。人民币外汇远期②。可选择的人民币外汇远期产品包括USD/CNY、EUR/CNY、JPY/CNY、HKD/CNY、GBP/CNY、AUD/CNY、NZD/CNY、SGD/CNY、CHF/CNY、CAD/CNY、CNY/MOP、CNY/MYR、CNY/RUB、CNY/ZAR、CNY/KRW、CNY/AED、CNY/SAR、CNY/HUF、CNY/PLN、CNY/DKK、CNY/SEK、CNY/NOK、CNY/TRY、CNY/

---

① 人民币外汇即期交易指交易双方以约定的外汇币种、金额、汇率，在成交日后第二个营业日或第二个营业日以内交割的人民币外汇交易。

② 人民币外汇远期交易指交易双方以约定的外汇币种、金额、汇率，在约定的未来某一日期（成交日后两个营业日以上）交割的人民币外汇交易。

MXN、CNY/THB 和 CNY/IDR。人民币外汇掉期[①]。可选择的人民币外汇掉期产品包括 USD/CNY、EUR/CNY、JPY/CNY、HKD/CNY、GBP/CNY、AUD/CNY、NZD/CNY、SGD/CNY、CHF/CNY、CAD/CNY、CNY/MOP、CNY/MYR、CNY/RUB、CNY/ZAR、CNY/KRW、CNY/AED、CNY/SAR、CNY/HUF、CNY/PLN、CNY/DKK、CNY/SEK、CNY/NOK、CNY/TRY、CNY/MXN、CNY/THB 和 CNY/IDR。人民币外汇货币掉期[②]。可选择的人民币外汇货币掉期产品包括 USD/CNY、EUR/CNY、JPY/CNY、HKD/CNY、GBP/CNY、AUD/CNY 和 CNY/IDR。人民币外汇期权[③]。可选择的人民币外汇期权产品包括 USD/CNY、EUR/CNY、JPY/CNY、HKD/CNY 和 GBP/CNY。外币对[④]。可选择的外币对产品包括 EUR/USD、AUD/USD、GBP/USD、USD/CHF、USD/HKD、USD/CAD、USD/JPY、EUR/JPY、USD/SGD、NZD/USD、EUR/GBP、USD/MOP 和 HKD/MOP 共 13 个货币对的即期、远期与掉期交易；AUD/USD、EUR/USD、GBP/USD、USD/HKD 和 USD/JPY 共 5 个货币对的货币掉期交易；EUR/USD、USD/JPY、GBP/USD、AUD/USD 和 USD/HKD 共 5 个货币对的普通欧式期权和美式期权及其期权组合交易、亚式期权、欧式障碍期权与欧式数字期权。外币拆借[⑤]。可选择的外币拆借产品包

---

① 人民币外汇掉期交易指交易双方约定在一前一后两个不同的起息日进行方向相反的两次本外币交换。在第一次货币交换中，一方按照约定的汇率用人民币交换外汇；在第二次货币交换中，该方再按照另一约定的汇率用相同币种的外汇交换人民币。

② 人民币外汇货币掉期交易指在约定期限内交换约定数量两种货币本金，同时定期交换两种货币利息的交易。本金交换的形式包括：（一）在协议生效日双方按约定汇率交换两种货币的本金，在协议终止日双方再以相同的汇率、相同金额进行一次本金的反向交换；（二）在协议生效日和终止日均不实际交换两种货币的本金交换形式；（三）在协议生效日或终止日仅进行一次两种货币的本金交换；（四）主管部门规定的其他形式。利息交换指交易双方定期向对方支付以换入货币计算的利息金额，交易双方可以按照固定利率计算利息，也可以按照浮动利率计算利息。

③ 人民币对外汇期权交易（以下简称期权交易）指在未来某一交易日以约定汇率买卖一定数量外汇资产的权利。期权买方以支付期权费的方式拥有权利；期权卖方收取期权费，并在买方选择行权时履行义务（普通欧式期权）。期权交易币种、金额、期限、定价参数（波动率、执行价格、即期价格/远期汇率、本外币利率等）、成交价格（期权费）和结算安排等由交易双方协商议定。

④ 外币对交易指通过交易中心进行的不涉及人民币的外汇对外汇的交易。

⑤ 外币拆借指金融机构之间为解决外币资金余缺而进行的短期外币资金融通行为。交易中心外币货币市场会员可通过外汇交易系统进行外币拆借交易。

括 USD、EUR、HKD、JPY、AUD、GBP、CAD、NZD、SGD、CHF、RUB 和 KRW。外币回购[①]。可选择的外币回购产品包括 USD、EUR、HKD、JPY、AUD、GBP、CAD、NZD 和 SGD。外币利率互换[②]。可选择的外币利率互换产品包括 USD、EUR、GBP、JPY、HKD 和 AUD。外币同业存款[③]。可选择的外币同业存款产品包括 USD、EUR、HKD、JPY、AUD、GBP、CAD、NZD、SGD、CHF、RUB 和 KRW。[④]

第三，管理汇率风险。越南投资主体可通过以下方式管理汇率风险：其一，在中国境内投资面临的汇率风险管理。购买债券时，可在即期市场将美元等外汇换成人民币用于购买债券，与此同时在中国境内买入远期美元，也可以直接使用人民币外汇掉期业务完成此过程，这样就可在投资时锁定人民币债券投资的收益。远期交易的期限取决于债券持有期。按现行做法，在中国境内可签订最长达三年的外汇远期合约[⑤]，对持有期在三年及以内的债券投资可完美管理汇率风险。从表 6 - 1 可发现，以 2023 年为例，中国的外汇远期交易品种齐全。其中，以期限品种为其他的合约占比最高，达 52.7%，市场规模大，2023 年的成交量达 445643.6 亿元，足以满足市场的汇率风险管理需求。如投资者担心市场承接能力，也可借助中国香港衍生品市场完成汇率风险管理。由于越南当局人民币外汇储备规模不大，到期很可能没有可用人民币进行实物交割，因此，

---

① 外币回购指金融机构之间基于抵押品的外币资金融通行为。交易中心外币货币市场会员可通过外汇交易系统进行外币回购交易。

② 外币利率互换指交易双方在约定期限内，根据约定币种（外币）的名义本金和利率，定期互相交换利息的合约。交易中心外币利率互换会员可通过外汇交易系统进行外币利率互换交易。

③ 外币同业存款指金融机构之间开展的外币同业资金存入与存出业务，其中资金存入方仅为具有吸收存款资格的金融机构。外币货币市场会员签署承诺函后可进行外币同业存款交易。

④ 本段中各货币缩写释义如下：CNY，人民币；USD，美元；EUR，欧元；JPY，日元；HKD，港元；GBP，英镑；AUD，澳大利亚元；NZD，新西兰元；SGD，新加坡元；CHF，瑞士法郎；CAD，加拿大元；MYR，马来西亚林吉特；RUB，俄罗斯卢布；ZAR，南非兰特；KRW，韩元；AED，阿联酋迪拉姆；SAR，沙特里亚尔；HUF，匈牙利福林；PLN，波兰兹罗提；DKK，丹麦克朗；SEK，瑞典克朗；NOK，挪威克朗；TRY，新土耳其里拉；MXN，墨西哥比索；THB，泰铢；KZT，哈萨克斯坦坚戈；MNT，蒙古图格里克；KHR，柬埔寨瑞尔；IDR，印度尼西亚卢比。

⑤ 中国银行．远期外汇买卖［EB/OL］.（2024 - 08 - 06）［2024 - 08 - 06］. https://www.boc.cn/cbservice/cb3/202105/t20210525_19452704.html.

完全可选择中国香港衍生品市场上的不交收远期外汇合约①，而非外汇合约—远期外汇进行汇率风险管理。对于账户中暂未被用于债券投资的美元等非人民币外汇，来自越南的投资者可暂不急于换成人民币，而是借助外币同业存款等业务实现外汇资产的保值增值。其二，借助债券通“北向通”投资面临的汇率风险。如境外投资者选择通过债券通“北向通”渠道进入中国内地银行间债券市场，可在中国香港市场上管理汇率风险。具体操作在后面章节关于越南主体在中国香港市场管理汇率风险环节会有专门分析。

表 6 – 1　　2023 年中国市场外汇远期交易统计

期限品种	折合成人民币		其中：人民币兑美元	
	成交金额/百万元人民币	占比/%	成交金额/百万元美元	占比/%
1D	76653.9	9.1	62159.5	81.1
1W	28532.7	3.4	28193.4	98.8
1M	78761.6	9.3	74235.1	94.3
3M	100096.9	11.8	99815.3	99.7
6M	45885.5	5.4	44778.2	97.6
9M	22533.4	2.7	22451.8	99.6
1Y	47676.7	5.6	47285.7	99.2
其他	445643.6	52.7	418575.2	93.9

数据来源：中国外汇交易中心②。

注：（1）表中期限品种中字母的解释为：D 指 day，日；W 指 week，周；M 指 month，月；Y 指 year，年。（2）第二列至第五列数据是根据 2023 年 1 月至 12 月的月报数据汇总而来。（3）第二列和第三列数据反映全部外汇远期交易。（4）第四列和第五列数据仅反映人民币兑美元外汇远期交易。

对云南省发债主体而言，在中国境内发行人民币债券不会面临汇率风险。因此，无须专门作汇率风险管理操作。

2. 利率风险管理。债券，特别是长期债券的价格对利率波动较为

① 香港交易所．不交收遠期外匯合約［EB/OL］．（2024 – 08 – 06）［2024 – 08 – 06］．https：//www. hkex. com. hk/Products/OTC – Derivatives/Non – Deliverable – Forwards？ sc _ lang = zh – HK.

② 中国外汇交易中心．人民币外汇远期月报［EB/OL］．（2022 – 12 – 31）［2024 – 08 – 06］．https：//www. chinamoney. com. cn/chinese/mtmoncjgl/.

敏感，可考虑借助利率期货管理利率变动带来的不利影响。在中国境内市场上，越南投资主体可采取以下措施管理利率风险：（1）借助债券远期交易[①]或标准债券远期交易[②]管理利率风险。在购入债券时，就在债券远期市场售出债券，从而锁定持有期投资收益。债券远期交易和标准债券远期交易分别通过全国银行间同业拆借中心交易系统和全国银行间同业拆借中心 X－Swap 系统进行。尽管远期交易从成交日至结算日的期限（含成交日不含结算日）由交易双方确定，但最长不得超过 365 天，期限相对较短，不便于管理更长期限投资面临的利率风险。且这一做法只管理了债券买卖价差，未处理利率波动。（2）借助利率上/下限期权[③]管理利率风险。对按照浮动利率收取利息的越南投资主体，为防范利率下滑到自己能接受的水平以下，可买入利率下限期权。一旦参考利率低于执行利率，可从利率下限期权的出售方获得利息补偿。对以固定利率计息债券的投资者，为防止利率上升造成的不利影响，可考虑买入利率上限期权。一旦参考利率高于执行利率，可从利率上限期权的出售方获得利息补偿从而减少投资损失。（3）借助国债期货对冲利率风险。目前，在中国金融期货交易所已有 2 年期[④]、5 年期[⑤]和 10 年期[⑥]等四种国债期货品种可供投资者做部分利率风险对冲[⑦]。投资者可根据在购买债券时债券的发行期限和首日剩余期限的长短，选择售出适当

---

① 债券远期交易，是指交易双方约定在未来某一日期，以约定价格和数量买卖标的债券的行为。

② 标准债券远期，是指在银行间市场交易的标的债券、交割日等产品要素标准化的债券远期合约。

③ 利率上/下限期权是指期权买方在约定期限内有权要求期权卖方支付由于参考利率高于/低于约定的利率水平而产生的差额利息的期权合约。期权买方向卖方支付期权费，期权卖方在参考利率高于/低于执行利率水平时向买方支付差额部分利息。

④ 中国金融期货交易所．2 年期国债期货合约表［EB/OL］．（2024－08－06）［2024－08－06］．http：//www. cffex. com. cn/2ts/.

⑤ 中国金融期货交易所．5 年期国债期货合约表［EB/OL］．（2024－08－06）［2024－08－06］．http：//www. cffex. com. cn/5tf/.

⑥ 中国金融期货交易所．10 年期国债期货合约表［EB/OL］．（2024－08－06）［2024－08－06］．http：//www. cffex. com. cn/10tf/.

⑦ 中国金融期货交易所已于 2023 年 4 月 21 日推出了 30 年期国债期货。因其推出较晚，本书重点介绍借助 2 年期、5 年期和 10 年期国债期货对冲利率风险的方法。

数量[①]、合适期限的国债期货合约；在售出国债时，再对上述合约进行平仓。如表6－2所示，如所投债券是发行期限不高于5年、合约到期月份首日剩余期限为1.5～2.25年的记账式附息国债，可选2年期国债期货；如所投债券是发行期限不高于7年、合约到期月份首日剩余期限为4～5.25年的记账式附息国债，可选5年期国债期货；如所投债券是发行期限不高于10年、合约到期月份首日剩余期限不低于6.5年的记账式附息国债，可选10年期国债。由于每种国债期货的交易月份只有三个季月，因此，每份合约从上市至到期大约为9个月，如投资者计划的投资持有期限在9个月以内，借助一份合约即可对冲利率风险；如债券持有期限超过9个月，则需通过移仓换月延续国债期货的期限。图6－1以2年期国债期货为例给出了其2023年3月到期合约、2023年6月到期合约和2023年9月到期合约的走势。从中可发现，2023年3月到期的合约（TS2303）在2022年6月上市，2023年6月到期的合约（TS2306）在2022年9月上市，2023年9月到期的合约（TS2309）在2022年12月上市；在2022年9月至2022年12月，TS2303与TS2306在同时交易；在2022年12月至2023年3月，TS2303、TS2306和TS2309在同时交易；在同时交易时段，不同期货价格走势基本一致，但存在价差，价差的绝对值不是特别大。因此，通过移仓换月延迟用于对冲利率风险的期货合约的持有期限总体上是可行的。

表6－2 中国国债期货合约的基本信息

产品名称	2年期国债期货	5年期国债期货	10年期国债期货
交易代码	TS	TF	T
合约标的	面值为200万元人民币、票面利率为3%的名义中短期国债	面值为100万元人民币、票面利率为3%的名义中期国债	面值为100万元人民币、票面利率为3%的名义长期国债
可交割国债	发行期限不高于5年、合约到期月份首日剩余期限为1.5～2.25年的记账式附息国债	发行期限不高于7年、合约到期月份首日剩余期限为4～5.25年的记账式附息国债	发行期限不高于10年、合约到期月份首日剩余期限不低于6.5年的记账式附息国债

① 具体售出的数量取决于手中国债的转换因素。

续表

产品名称	2 年期国债期货	5 年期国债期货	10 年期国债期货
报价方式	百元净价报价		
合约月份	最近的三个季月（3 月、6 月、9 月和 12 月中的最近 3 个月循环）		
交易时间	9：30—11：30，13：00—15：15		
最后交易日交易时间	9：30—11：30		
最后交易日	合约到期月份的第二个星期五		
最后交割日	最后交易日后的第三个交易日		
交割方式	实物交割		

数据来源：中国金融期货交易所。

图 6－1　国债期货移仓换月的成本

［数据来源：东方财富行情软件（经典版）］

中国云南省发债主体也有管理利率风险的需求。具体来讲，可借助如下方式管理：（1）借助中国外汇交易中心人民币利率互换①管理利率风险。对以固定利率计息的债券发行人，可通过出售利率互换，将固定利率计息债券变为浮动利率计息债券，以满足现金流不稳定或处于现金流不稳定期企业的需求。（2）借助利率互换期权管理利率风险。如果不确定是否进行利率互换，只是想给自己一个进行利率互换的机会，发债主体可考虑借助利率互换期权管理利率风险。（3）借助利率上/下限期

① 人民币利率互换交易是指交易双方约定在未来的一定期限内，根据约定的人民币本金和利率计算利息并进行利息交换的金融合约。

权管理利率风险。如采用固定利率计息，又担心市场利率继续下滑，发债主体可通过买入利率下限期权管理这一风险。

3. 违约风险管理。债券投资面临的另一个重要风险是债券发行人违约风险。中国外汇交易中心通过本币交易系统可为信用违约互换（Credit Default Swap，CDS）[①] 和信用风险缓释凭证（Credit Risk Mitigation Warrant，CRMW）[②] 提供报价、交易及信息披露等服务。通过信用违约互换和信用风险缓释凭证等衍生品的提供，信用保护卖方向信用保护买方提供了违约风险保护。因此，企业、公司、合伙[③]、主权国家或国际多边机构可以通过购买信用违约互换产品和信用风险缓释凭证[④]来降低标的债券发行人违约而面临的风险。对发债主体来说，信用违约互换和信用风险缓释凭证的提供极大地提高了债券和发债主体的信用评级，不但降低了债券发行的成本，还使其所发债券更容易获得追求高安全性长线投资者的青睐。

（三）投融资需符合的规定

1. 来自越南方面的规定。如越南当局拟通过在中国境内设立外资金融机构办理外汇储备投资，须遵守"Law on Investment"[⑤] 相关规定。"Law on Investment"第 5 章第 1 节第 51 条第 1 款规定：为探索、开发和拓展市场，为改善商品和服务出口，为赚取外汇，为接入现代技术，为提高管理能力和开发社会经济发展所需资源，国家鼓励外向投资。越南"Law on Investment"第 5 章第 1 节第 52 条第 1 款 d 项规定：投资者可采取以下形式实施外向投资：d）在外国买卖证券、其他金融工具，或通

---

① 信用违约互换是指交易双方达成的，约定在未来一定期限内，信用保护买方按照约定的标准和方式向信用保护卖方支付信用保护费用，由信用保护卖方就约定的一个或多个参考实体向信用保护买方提供违约风险保护的金融合约。

② 信用风险缓释凭证是指由标的实体以外的机构创设的，为凭证持有人就标的债务提供违约风险保护的，可交易流通的有价凭证。

③ 中国外汇交易中心官方表述。

④ 只有签署了中国银行间市场交易商协会发布的《中国银行间市场金融衍生产品交易主协议（凭证特别版）》的机构用户才可以进行信用风险缓释凭证交易。

⑤ "Law on Investment"，文件号为 No. 61/2020/QH14，于 2020 年 6 月 17 日颁布。"Law on Investment"为越南官方公布的英文译名，本书给出的中文翻译为《投资法》。

过证券投资基金和其他金融中介机构进行投资。“Law on Investment” 第5章第2节第56条第1款a项规定：外向投资资金在200000亿越南盾①或以上投资项目需得到越南国会批准。“Law on Investment” 第5章第2节第56条第2款a项规定：银行、保险、证券、媒体、广播、电视和通信领域4000亿越南盾②或以上规模外向投资，其投资指引需获得越南总理批准。如越南当局拟借助证券公司或基金管理公司完成外汇储备投资，须遵守越南 “Law on Securities”③ 第6章第2节第87条第1款c项规定：一家证券公司或基金管理公司要启动以下投资活动须取得SSC④批准：c）进行间接对外投资。

2. 来自中国方面的规定。《合格境外机构投资者和人民币合格境外机构投资者境内证券期货投资管理办法》⑤ （中国证券监督管理委员会 中国人民银行 国家外汇管理局令第176号）第二条规定：本办法所称合格境外机构投资者和人民币合格境外机构投资者（以下统称合格境外投资者），是指经中国证券监督管理委员会（以下简称中国证监会）批准，使用来自境外的资金进行境内证券期货投资的境外机构投资者，包括境外基金管理公司、商业银行、保险公司、证券公司、期货公司、信托公司、政府投资机构、主权基金、养老基金、慈善基金、捐赠基金、国际组织等中国证监会认可的机构。该办法第三条规定：合格境外投资者应当委托符合要求的境内机构作为托管人托管资产，依法委托境内证券公司、期货公司办理在境内的证券期货交易活动。该办法第六条规定：申请合格境外投资者资格，应当具备下列条件：（一）财务稳健，资信良

---

① 按照2024年7月最后一个交易日，即2024年7月31日新浪财经发布的人民币兑越南盾汇率收盘价，1元人民币等于3493.7越南盾，200000亿越南盾约为57.2亿元人民币。

② 按照2024年7月最后一个交易日，即2024年7月31日新浪财经发布的人民币兑越南盾汇率收盘价，1元人民币等于3493.7越南盾，4000亿越南盾约为1.1亿元人民币。

③ “Law on Securities”，文件号为No. 54/2019/QH14，于2019年11月26日颁布，2021年1月1日生效。“Law on Securities” 为越南官方公布的英文译名，本书给出的中文译名为《证券法》。

④ SSC是指State Securities Commission of Vietnam，它是越南的证监会。

⑤ 中国证券监督管理委员会，中国人民银行，国家外汇管理局．［第176号令］《合格境外机构投资者和人民币合格境外机构投资者境内证券期货投资管理办法》［EB/OL］.（2020－09－25）［2024－08－06］. http：//www. csrc. gov. cn/csrc/c101862/c1022466/content. shtml.

好，具备证券期货投资经验；（二）境内投资业务主要负责人符合申请人所在境外国家或者地区有关从业资格的要求（如有）；（三）治理结构、内部控制和合规管理制度健全有效，按照规定指定督察员负责对申请人境内投资行为的合法合规性进行监督；（四）经营行为规范，近3年或者自成立以来未受到监管机构的重大处罚；（五）不存在对境内资本市场运行产生重大影响的情形。

不论是以合格境外投资者[①]身份取得中国境内债券市场投资资格，还是借助债券通[②]或直接在银行间市场开户交易，都已取消了投资管制。

（四）引导越南主体更多投资云南省主体发行的债券

1. 多借助非公开发行完成债券定向销售。不论是在交易所债券市场，还是在银行间债券市场，可选择的债券都非常多。只有引导越南外汇储备多购买云南省主体发行的债券，特别是云南省地方政府债券或由地方政府担保发行的债券，才能更好地支持云南地方经济发展。其中，可借助的手段包括在滇越间的债券发行采取定向方式完成，仅把交易所债券市场或银行间债券市场作为挂牌、转让的场所；还可通过将更多优质高收益债券预留给越南债券投资者来稳定双边合作基础。

2. 加强云南省财政部门与越南财政或银行部门的沟通和交流。债券投资面临的一个关键问题是发行人违约风险。尽管可借助信用违约互换和信用风险缓释凭证等衍生品进行管理，但这只是增加了一层保险。防范违约风险最有效的手段是了解发行人，对其有信心。因此，作为债券发行主体的云南省政府、金融机构和企业，应多渠道、采取形式多样的方式加强与越南投资主体间的沟通以增进相互了解，包括但不限于请中国外交部驻越南大使馆推荐，发挥越南中国商会云南企业联合会的联络和宣传作用，以及借助省级财政激励政策引入一家越南金融机构在中国（云南）自由贸易试验区内独资或合作设立一家分支机构作为双边交流

---

① 国家外汇管理局．外汇局就取消合格境外投资者（QFII/RQFII）投资额度限制答问［EB/OL］．（2019－09－10）［2024－08－06］．https：//www.gov.cn/zhengce/2019－09/10/content_5428850.htm.

② 香港金融管理局．债券通「北向通」［EB/OL］．（2024－01－22）［2024－08－06］．https：//www.cmu.org.hk/sc/bond－connect－northbound.

交往的桥梁与纽带①。

二、云南省主体进入越南债券市场发行人民币债券

（一）云南省主体在越南市场取得发行人民币债券资格

1. 以境外机构身份在越南债券市场发行债券。越南“Law on Securities”第2章第1节第13条第1款规定：在越南领土范围内发行的证券面值应以越南盾计价。根据越南债券市场协会（VBMA）发布的2018年至2021年年报、2022年和2023年债券市场报告②，暂未发现有关境外机构在越南境内发行债券的记录。也就是说，依照越南国内现行法律法规，境外机构暂不具备在越南国内直接发行人民币计价债券的现实可行性。

2. 非金融企业法人通过在越南设立子公司取得在越发债资格。根据

---

① 根据《云南省人民政府关于支持中国（云南）自由贸易试验区高质量发展的若干意见》（云政发〔2020〕15号），云南省人民政府正积极引导外资金融机构入驻自贸区，对新设立的外商独资法人金融机构，或境外金融分支机构（分行、分公司）还将给予资金奖励。云南对新设立的外商独资法人金融机构，或境外金融分支机构（分行、分公司），省财政给予一次性奖励500万元人民币；对新设立的合资法人金融机构，省财政给予一次性奖励300万元人民币；对新设立的合资金融机构分支机构（分行、分公司），省财政给予一次性奖励100万元人民币。除了省财政的奖励，2020年昆明片区也出台《中国（云南）自贸试验区昆明片区促进银行机构发展若干政策规定》，对入驻昆明片区内的外资银行法人机构或一级分支机构租用自用办公用房的，每年按其年实际租金的50%补助（按租用面积不高于5000平方米部分），最高不超过150万元；对入驻昆明片区内的外资银行二级分支机构租用自用办公用房的，每年按其年实际租金的50%补助（按租用面积不高于2000平方米部分），最高不超过100万元。上述补助资金每年一付，享受补贴期限不超过三年。

② VBMA. Annual Report 2018 - MOF [EB/OL]. (2021 - 06 - 01) [2024 - 08 - 06]. https://vbma.org.vn/storage/reports/June2021/Vietnam%20Bond%20Market%202018_English.pdf; VBMA. Annual Report 2019 - MOF [EB/OL]. (2021 - 06 - 01) [2024 - 08 - 06]. https://vbma.org.vn/storage/reports/June2021/Vietnam%20Bond%20Market%202019.pdf; VBMA. Annual Report 2020 - MOF [EB/OL]. (2021 - 09 - 01) [2024 - 08 - 06]. https://vbma.org.vn/storage/reports/September2021/Annual-report-2020_22.9.pdf; VBMA. Annual Report 2021 - MOF [EB/OL]. (2023 - 03 - 01) [2024 - 08 - 06]. https://vbma.org.vn/storage/reports/March2023/Bao%20cao%20thuong%20nien%20TTTP%202021_EN.pdf; VBMA. Vietnam Bond Market Report 2022 - VBMA [EB/OL]. (2024 - 04 - 01) [2024 - 08 - 06]. https://vbma.org.vn/storage/reports/April2024/ENGLISH%20VBMA_ANNUAL%20REPORT%202022%20-%20revised%20-%20Copy%202.pdf; VBMA. Vietnam Bond Market Report 2023 - VBMA [EB/OL]. (2024 - 04 - 01) [2024 - 08 - 06]. https://vbma.org.vn/storage/reports/April2024/VBMA_BOND%20MARKET%20REPORT%202023.pdf.

越南“Law on Enterprises”[①] 第3章第1节第46条第4款和第2节第74条第4款规定，多成员有限责任公司、单成员有限责任公司和股份有限公司在满足一定条件和遵循一定程序情况下可发行公募或私募债券。因此，在越南有较大销售业务的云南省非金融企业，可通过在越南设立子公司取得发债资格。

3. 取得在越南发行集合资产管理计划或证券投资基金资格。按照越南“Law on Securities”第6章第1节第76条规定，外国证券公司和外国基金管理公司在满足相关条件情况下可得到交易许可证。届时证券公司和基金管理公司的分支机构可通过发行专注于投资云南债券市场的集合资产管理计划或证券投资基金，争取货币当局的外汇投资额度或吸收分散在居民和企业手中的人民币外汇。为使滇越跨境债券发行更好服务云南本土债券发行，建议云南省政府制定政策引导红塔证券和太平洋证券等云南省本土证券公司通过新设、合资或并购等方式直接在越南设立分支机构，或者由它们在越南国内找一家实力较强的证券公司与之建立战略伙伴关系。其中，建立战略伙伴关系是最快捷的策略。如果选择直接设立分支机构，就可直接在越南市场发行集合资产管理计划和证券投资基金；如选择通过建立战略伙伴关系合作拓展越南市场，可由云南省本土券商根据云南本土发展需要开发集合资产管理计划或证券投资基金，由越南合作伙伴在越南国内进行代售。根据产品投资标的不同，可设计面向越南货币当局外汇储备管理机构的集合资产管理计划或证券投资基金和面向普通企业和居民的产品。无论选择何种方式设立基金，其募集资金在投向中国云南省时都要遵守越南国内关于外汇使用的相关规定。

（二）在越南市场云南省主体融资与越南主体投资面临的风险管理

1. 汇率风险管理。不论是在越南国内直接购买中国企业在越南发行的人民币计价债券，还是在越南国内购买由证券公司发行的集合资产管理计划或由基金管理公司发行的证券投资基金，包括货币当局在内的越南投资主体都会面临手中所持非人民币外汇兑人民币汇率波动的风险。

---

① “Law on Enterprises”，文件号为 No. 59/2020/QH14，于2020年6月17日颁布。“Law on Enterprises”为越南官方公布的英文译名，本书给出的中文翻译为《企业法》。

总体上，越南国内市场可提供外汇即期、外汇远期、外汇期货和外汇期权业务。其中，部分银行的外汇衍生品业务还向个人投资者开放。越南债券市场上的投资者可将手中非人民币外汇（比如美元）在即期市场换成人民币，同时在远期或期货市场上买入远期美元或美元期货。如投资者愿意，还可买入合适数量的外汇（如美元）兑人民币期权，在锁定收益的同时获得可能的增值机会①。然而，由于越南国内衍生品具体币种不够丰富，主要围绕越南盾兑美元提供衍生品，人民币兑美元相关衍生品较少或交易规模不够，不足以满足汇率风险管理需求，因此，越南国内机构投资者可借助越南外贸股份商业银行在中国香港的全资子公司Vietnamese Financial Company Limited（VINAFICOHK）办理外汇衍生品交易，即由该子公司开辟越南客户在中国香港进行衍生品交易的经纪通道，使越南客户可以在中国香港市场上完成外汇衍生品交易，或以做市商身份与越南投资者进行直接外汇衍生品交易，之后再就净头寸到中国香港衍生品市场与其他会员进行反向外汇衍生品交易。

对前往越南发行债券、集合资产管理计划或证券投资基金的中国云南省主体来说，因从越南融入的为人民币，最终投资的也是人民币计价债券，因此，整个过程不存在汇率风险，无须就汇率风险进行专门管理。

2. 利率风险管理。越南投资主体可能会面临人民币利率波动对债券价格的影响。因此，管理人民币计价债券投资面临的利率风险是十分必要的。在这种情况下，可借助外币利率互换管理。在越南国内，越南工

---

① 比如，在即期市场上1美元=6.752元人民币，在1年期的远期市场上1美元=6.749元人民币。如果准备投资某人民币计价债券1年，当年的买入价格为98.05元，其间收到利息3.5元，一年后的卖出价格为99.02元，假设利息和卖价一同收到。如果交易单位为100张，需要在买入时投入100×98.05/6.752=1452.16美元，卖出时收到（99.02+3.50）×100/6.749=1519.04美元。假设暂不考虑税费影响，该投资的收益率是（1519.04-1452.16）/1452.16=4.61%。因在用人民币换成美元时提前做了远期交易，两次汇率都是已知的，因此不存在汇率风险。如果投资者购买了美元兑人民币外汇看跌期权，假设行权价为1美元=6.675元人民币，在可行权日，如果1美元可兑换的人民币数量低于6.675元，则行权具有价值，否则无价值。在远期交割日，考虑是否行权时，假设实际汇率为1美元=6.595元人民币，如果行权，则可以收到正的100×（99.02+3.5）/6.595-100×（99.02+3.5）/6.675=18.63美元，只要期权买入费用低于此数值就应该行权；如果实际汇率为1美元=6.695元人民币，行权则会收到负收益，因此应该放弃，损失的只是期权买入费用。因此，只要期权费用不高，完全可以通过买入外汇看跌期权来以较低的费用获取额外收益的机会。

贸股份商业银行（VietinBank）和越南技术商业银行（Techcombank）均提供外币利率互换产品。越南投资主体可以将固定利率计息人民币债券变为浮动利率计息人民币债券。

对赴越南发行债券的中国云南省融资主体而言，一般以固定利率计息发行债券。由于发行债券时点不同，发行时票面利率也会有所不同。为管理利率波动带来的风险，可采取以下措施：（1）借助利率互换或利率互换期权管理利率风险。如中国云南省发债主体面临的未来收入变得不确定了，更偏好于浮动利率。此时可借助利率互换将固定利率计息债券变为浮动利率计息债券。对于一般企业而言，直接与可提供利率互换衍生品且为中国外汇交易中心会员的银行进行交易即可。如不确定是否采取上述做法，只想给自己一个选择的机会，可借助利率互换期权完成。（2）借助利率下限期权管理利率风险。对按固定利率计息的债券，如担心市场利率下滑过多，可买入利率下限期权。一旦参考利率低于执行利率，可要求利率下限期权卖出方予以利息补偿。

3. 违约风险管理。越南投资主体可能面临中国融资主体违约风险。但是，在越南国内暂无商业银行提供违约衍生品的介绍。为管理违约风险，越南投资者要么与越南国内保险公司等金融机构联系创设类似衍生品，要么借助中国金融机构在越分支机构参与中国国内违约衍生品交易。如前所述，越南投资主体也会面临是否有资格参与中国银行间市场衍生品业务的问题。

对赴越南发行债券、集合资产管理计划或证券投资基金的主体而言，特别是债券发行企业，如果信用评级不够高，须在中国银行间市场联系创设信用违约互换或信用风险缓释凭证等衍生品，以满足越南货币当局等投资者对稳健性较高的门槛要求。

（三）投融资需符合的规定

1. 来自越南方面的规定。

（1）关于机构设立方面。

第一，中国证券公司或基金管理公司在越南设立分支机构。根据越南“Law on Securities”第6章第1节第76条第1款规定：只有当一家外国证券公司满足以下要求时才可在越南设立一家分支机构：a）这家外国证券公司须完全满足越南“Law on Securities”第77条第2款规定①，且不得持有任何一家越南证券公司或基金管理公司注册资本的49%。b）这家外国证券公司为越南分支机构提供的资本能满足“Law on Securities”第74条第1款规定②的要求。c）在越南分支机构应满足“Law on Securities”第74条第4款和第5款规定的基础设施和人员配备要求③。根据越南“Law on Securities”第6章第1节第76条第2款规定：当一家基金管理公司满足以下要求时可在越南设立一家分支机构。a）由基金管理公司母国监管当局颁发了公募基金管理执照；b）基金管理公司母国发证当局与越南证券监督管理委员会（SSC）已就证券活动和证券市场的信息交换、管理、检查、监督达成了双边或多边协议，且至少还有五年的合作；c）外国基金管理公司持有一家越南基金管理公司不超过5%的注册资本，不论是直接持有还是间接持有，也不论是否有相关人；d）为越南分支机构提供的资本满足“Law on Securities”第75条第1款要求④；dd）越南分支机构应满足“Law on Securities”第75条第4款和第5款指

---

① 越南“Law on Securities”第77条第2款规定：为通过出资、购买股票或股份方式持有一家证券公司或基金管理公司100%注册资本，在出资、购买股票或股份前这家外国组织应该：a）拥有执照并在银行、证券、保险行业运营2年。b）这家公司母国的发证当局与越南证券监督管理委员会（SSC）已就证券活动和证券市场的信息交换、管理、检查、监督达成了双边或多边协议。c）该组织的业务要在出资或者股票或股份的购买年度的前两年盈利，且最新年度财务报表已被审计，且审计意见类型为无保留意见。中国与越南在2005年6月27日已签署证券期货监管合作谅解备忘录，中越双方的签署机构分别为中国证券监督管理委员会和越南证券监督管理委员会。

② 越南“Law on Securities”第74条第1款规定：出资应该是越南盾，证券公司的每一个运营的最低资本要求应该遵守政府的规定。

③ 越南“Law on Securities”第74条第4款规定：关于基础设施方面，营业场所应能满足证券交易需要，设备和技术应能满足证券交易的处理需要。第5款规定：有董事长（董事）和至少三名有开展许可业务运营证券交易证书的员工，且至少有一名雇员负责合规管理。董事长（董事）：a）没有正面临刑事处罚，在接受监禁服刑或正被禁止从事证券交易；b）有在金融、证券、银行和保险机构专业部门，或其他组织金融、会计或投资部门至少两年的工作经验；c）有金融分析或资产管理方面的职业资格证书；d）在过去的6个月未出现任何因证券违规而遭受行政处罚的情形；负责具体运营的副董事长（副董事）也要满足本款a）、b）和d）的要求，且要有适合他或她们运营的职业资格证书。

④ 越南“Law on Securities”第75条第1款规定：出资应该是越南盾，基金管理公司每一个运营的最低资本要求应遵守政府规定。

定的基础设施和人员配备要求；e）“Law on Securities”第 77 条第 2 款 c 项的所有要求都应满足，即在出资、购买股份或股权之前的两年，组织的业务要有盈利，且最新的年度财务报表已被审计且接到了无保留审计意见。

第二，投资越南本土证券公司或基金管理公司。如红塔证券、太平洋证券或它们的基金管理公司不打算在越南新设一家分支机构，根据越南“Law on Securities”第 6 章第 1 节第 77 条第 1 款规定：它们可按如下方式出资、购买证券公司或基金管理公司的股份或股权：a）满足“Law on Securities”第 77 条第 2 款指定要求①的外国机构投资者和它的关联人持股可以达到一家证券公司或基金管理公司注册资本的 100%；如果第 77 条第 2 款的要求无法得到满足，这家机构投资者和它的关联人持股不得超过拟入股越南证券公司或基金管理公司注册资本的 49%。b）外国个人投资者和它的关联人持股不得超过拟入股越南证券公司或资产管理公司注册资本的 49%。c）外国投资者应满足“Law on Securities”第 74 条第 2 款 c 项②和第 75 条第 2 款 c 项③规定。

（2）关于产品发行方面。在上述分析中，本书提及了三类资产：私募或公募一般债券、可转换债券和证券投资基金。按照越南“Law on Securities”相关规定，在越南发行上述金融产品需要满足相关要求。

公开发行一般债券。根据越南“Law on Securities”第 2 章第 1 节第 15 条第 3 款规定：申请一般债券首次公开发行企业应满足以下条件：a）根据会计账簿，其注册资本应该在 300 亿越南盾（约合 858.7 万元人民

---

① 越南“Law on Securities”第 77 条第 2 款规定：为通过出资、购买股份或股权方式持有一家证券公司或基金管理公司 100% 注册资本，一家外国组织应该：a）在出资或购买股份或股权之前已被颁发执照，且在银行、证券或保险领域已连续运营 2 年。b）母国发证机构与 SSC 已就证券活动和证券市场的信息交换、管理、检查和监督达成了双边或多边协议。c）在出资、购买股份或股权之前的两年，组织的业务要有盈利，且最新的年度财务报表已被审计且接到了无保留审计意见。

② 根据“Law on Securities”第 74 条第 2 款 c 项规定，股东和出资成员应持有一家证券公司至少 10% 的注册资本；而它们的关联人（如有）不得持有超过另一家证券公司注册资本的 5%。

③ 根据“Law on Securities”第 75 条第 2 款 c 项规定，股东和出资成员应持有一家基金管理公司至少 10% 的注册资本；而它们的关联人（如有）不得持有超过另一家基金管理公司注册资本的 5%。

币）及以上①；b）在发行的前一年应该盈利且在发行日没有累计损失，没有超期一年以上的债务；c）有一份经股东大会、董事会、股东会或总裁批准的发行所融得资本的发行、使用和偿付计划；d）发行人要承诺履行对投资者的义务；dd）除非发行人是证券公司，否则需聘请一家证券公司作为顾问；e）发行人未处于被刑事起诉中，没有未到期的经济犯罪处罚；g）如果政府要求，发行人还需要提供一份信用评级报告；h）发行人还需要一个代管账户用于接收发行债券的付款；i）发行人承诺在发行结束时让股份在证券交易系统上市。

发行可转换债券。根据越南“Law on Securities”第2章第1节第15条第4款规定，发行可转换债券的要求与第15条第2款和第3款d项相同。根据会计账簿，其注册资本应该至少为300亿越南盾；有一份经股东大会批准的发行所融得资本的发行和使用计划；发行人未处于被刑事起诉中，没有未到期的经济犯罪处罚；除非发行人是证券公司，否则需聘请一家证券公司作为顾问；发行人承诺在股票发行结束后让股票在证券交易系统上市或注册；发行人还需要一个代管账户用于接收发行的付款；在发行的前一年应该盈利且在发行日没有累计损失；除非承诺买下所有发行人的股份再重新出售或承诺买下所有发行人未售出的股份，否则，以面值计算，新股的价值不得超过股份余额的总值。股份发行是通过股权的方式融得更多资本，发行的股份被用于互换或者企业的并购。如果公开发行融资用于执行一个发行人项目，至少有70%的发行股份要卖给投资者，一旦发行募资不足，发行人要有一个补充资金缺口的计划；发行人要承诺履行对投资者的义务。

私募发行一般债券。私募发行包括两种情形：一种是公众公司之外的发行人进行的私募发行；另一种是公众公司进行的私募发行。

根据越南“Law on Securities”第2章第2节第30条规定：公众公司之外发行人进行的私募发行，应遵守越南“Law on Enterprises”及相关法律法规。根据越南“Law on Enterprises”第5章第128条第2款规定：

---

① 按照2024年7月最后一个交易日，即2024年7月31日新浪财经发布的人民币兑越南盾汇率收盘价，1元人民币等于3493.7越南盾，300亿越南盾约为858.7万元人民币。

由公众公司之外股份公司私募发行债券意味着没有经由大众媒介向少于100位投资者发行债券①。根据第128条第3款规定，这样的发行应满足以下条件：a）公司已全额支付了已发行且到期债券的本金和利息，或已全额支付在发行当年前三年到期的债务；b）公司有发行当年之前一年经审计的财务报表；c）流动比率和稳健性比率符合要求；d）相关法律规定的其他条件。

关于公众公司，越南“Law on Securities”第3章第1节第32条第1款规定：一家股份公司在以下一种情况下将成为公众公司：a）公司有至少300亿越南盾注册资本，且至少10%的投票权股份被至少100位非主要股东持有；b）越南“Law on Securities”第16条第1款规定公司已在越南证监会注册成功并实施了IPO。根据“Law on Securities”第32条第2款规定：在第32条第1款情形a）中提及的股份公司在满足情形a）所述条件的90天内应该按第33条第1款规定向越南证监会提交公众公司注册申请。根据“Law on Securities”第32条第3款规定：在收到第32条第1款情形a）中所提交股份公司有效注册申请或第32条第1款情形b）所描述的发行完成报告后的15日内，越南证监会应确认公众公司注册，并在越南证监会媒体上公布公司的名称、运营和其他信息。

关于公开发行，根据越南“Law on Securities”第1章第4条第19款规定，公开发行意味着以下证券的发行：a）通过大众媒介；b）至少面向100位投资者，不包括职业投资者；c）面向不确定的投资者。

由公众公司、证券公司和基金管理公司进行的私募发行。根据越南“Law on Securities”第2章第2节第31条第1款规定：为进行股票、可转债和与认股权证挂钩债券的发行，一家公众公司应满足下列条件：a）有一份股东大会批准的发行计划和通过私募发行融得资本的使用计划，同时附上具体的投资者筛选标准和确定的投资者数量；b）私募只面向战略投资者和职业投资者；c）关于私募股份、可转债和认股权证挂钩债券转让，从私募发行结束之日起，战略投资者受3年禁售限制，职业投

① 上述100位投资者不包括职业证券投资者。

资者受 1 年禁售限制，但职业投资者之间的转移，基于一个有效法院判决、仲裁裁决和遗产继承的股份转移不受此限制；d）两次股票、可转债和认股权证挂钩债券发行至少间隔 6 个月；dd）外国投资者股票持有比率、可转债的转换和认股权证的执行须遵循法律要求。根据越南“Law on Securities”第 31 条第 2 款规定：为进行第 31 条第 1 款规定情形之外的私募债券发行，一家公众公司应满足以下要求：a）有一份股东大会或董事会批准发行的计划和通过私募发行融得资本的使用计划，同时附上具体的投资者筛选标准和确定的投资者数量；b）私募只面向职业投资者；c）私募债券的转移只限于职业投资者之间，但基于一个有效法院判决、仲裁裁决和遗产继承的股份转让不受此限制；d）私募发行前的已发行债券，或者过去三年到期债券的本金和利息都已全额支付，当然不包括债权人为提前选定的金融机构；dd）债券发行年份前一年的财务报表接受了经认证审计机构审计；e）稳健比率和营运安全比率符合法律规定。

发行证券投资基金。越南“Law on Securities”第 7 章第 1 节第 99 条第 1 款规定：证券投资基金分为公募基金和私募基金。如果计划设立公募基金，根据越南“Law on Securities”第 108 条第 1 款规定：以下条件应得到满足：a）至少要有 100 位职业投资者以外的投资者（ETF 基金除外）；b）售出的基金份额至少要有 500 亿越南盾①。如果计划设立私募基金，根据越南“Law on Securities”第 113 条第 1 款规定：私募基金的设立应该通过成员基于资本出资合同设立，须满足以下条件：a）出资资本不小于 500 亿越南盾；b）出资者人数在 2 ~ 99 位之间，且全部为职业证券投资人；c）基金由一家基金管理公司管理；d）私募基金的资产被 1 家独立于该基金管理公司的银行托管。

尽管“Law on Securities”要求越南国内债券发行要以越南盾计价，但是“Decree on Issuance of Government Bond, Government – Guaranteed Bonds and Local Government Bonds”（No. 01/2011/ND – CP）第 6 条第 4 款 a）项却明确写道：政府债券、政府担保债券或市政债券在越南国内

---

① 按照 2024 年 7 月最后一个交易日，即 2024 年 7 月 31 日新浪财经发布的人民币兑越南盾汇率收盘价，1 元人民币等于 3493.7 越南盾，500 亿越南盾约合 1431.1 万元人民币。

以越南盾发行，如以可自由兑换外币发行需遵守总理批准的发行计划。也就是说，越南国内技术系统支持外币计价债券发行。如越南中央政府对境外机构在越南国内发行人民币计价债券持开放态度，可申请特事特办。此时，云南省政府、金融机构和企业等主体赴越南直接发行人民币计价债券变得更加可行。

2. 来自中国方面的规定。

（1）关于机构设立方面。2021 年 1 月 15 日，中国证监会发布了《证券公司和证券投资基金管理公司境外设立、收购、参股经营机构管理办法》[①]（证监会令第 179 号）。就设立证券公司，该办法第七条规定：证券公司在境外设立、收购子公司或者参股经营机构，应当向中国证监会备案。就设立证券投资基金管理公司，根据该办法第七条规定：证券投资基金管理公司在境外设立、收购子公司或者参股经营机构，应当经中国证监会批准。同时该办法第八条规定：存在下列情形之一的，不得在境外设立、收购子公司或者参股经营机构：（一）最近 3 年因重大违法违规行为受到行政或刑事处罚，最近 1 年被采取重大监管措施或因风险控制指标不符合规定被采取监管措施，因涉嫌重大违法违规行为正在被立案调查或者正处于整改期间；（二）拟设立、收购子公司和参股经营机构所在国家或者地区未建立完善的证券法律和监管制度，或者该国家或者地区相关金融监管机构未与中国证监会或者中国证监会认可的机构签订监管合作谅解备忘录，并保持有效的监管合作关系；（三）中国证监会规定的其他情形。证券投资基金管理公司在境外设立、收购子公司或者参股经营机构的，净资产应不低于 6 亿元，持续经营原则上应当满 2 年。

该办法第九条还规定：证券基金经营机构设立境外子公司的，应当财务状况及资产质量良好，具备对子公司的出资能力且全资设立，中国证监会认可的除外。

---

① 中国证券监督管理委员会．证券公司和证券投资基金管理公司境外设立、收购、参股经营机构管理办法［EB/OL］．（2021－01－15）［2024－08－06］．http：//www.csrc.gov.cn/csrc/c106256/c1653890/1653890/files/3771673301a548a6bc30ae4f95def572.pdf.

（2）关于外汇使用方面。对外投资用汇须遵循《资本项目外汇业务指引》（2024 年版）[①] 相关规定。

（3）关于直接发行外债方面。关于企业借用中长期外债，国家发展和改革委员会已制定并颁布了《企业中长期外债审核登记管理办法》[②]（以下简称《办法》）。《办法》第八条规定：企业可根据自身资信情况和实际需要，自主决策在境内外使用外债资金。《办法》第六条规定：国家发展和改革委根据国民经济和社会发展需要，以及国际收支状况和外债承受能力，合理调控企业外债总量与结构。《办法》第十条规定：企业应当在借用外债前取得《企业借用外债审核登记证明》（以下简称《审核登记证明》），完成审核登记手续。未经审核登记的，不得借用外债。《办法》第十六条规定：《审核登记证明》自出具之日起有效期 1 年，过期自动失效。《办法》第十七条规定：企业凭《审核登记证明》按规定办理外汇登记、账户开立、资金收付和汇兑、资金使用等相关手续。2021 年 10 月，广东省政府首次在澳门特别行政区发行了 22 亿元离岸人民币地方政府债券，该债券为首笔在澳门本地簿记发行、登记托管并上市交易的地方政府债券[③]。

第二节　满足云南省主体投资与越南主体融资需求

一、云南省主体在中国境内投资越南主体发行的熊猫债

（一）越南主体取得在中国境内发债资格

越南主体可申请进入中国境内债券市场发行人民币债券。这类债券

---

① 国家外汇管理局．国家外汇管理局关于印发《资本项目外汇业务指引（2024 年版）》的通知（汇发〔2024〕12 号）［EB/OL］．（2024－04－12）［2024－08－06］．https：//www. safe. gov. cn/safe/2024/0412/24226. html.

② 中华人民共和国国家发展和改革委员会．《企业中长期外债审核登记管理办法》（2023 第 56 号令）［EB/OL］．（2023－01－05）［2024－08－06］．https：//www. ndrc. gov. cn/xxgk/zcfb/fzggwl/202301/t20230110_1346285. html.

③ 中债研发中心．2021 年债券市场分析研究报告［R］．北京：中债研发中心，2022：40，48－49，90.

被称为熊猫债，属于外国债券。截至2022年末，中国境内市场已累计发行熊猫债6308亿元，涵盖了银行间债券市场和交易所债券市场①。在银行间债券市场，债券类型包括超短期融资券、短期融资券、中期票据、定向工具和金融债券等；在交易所债券市场，债券类型包括公募公司债券和私募公司债券。从发行市场看，银行间债券市场发挥了主导作用。从发行主体看，两个市场已涵盖了主要发行主体类型，有国际金融公司（International Finance Corporation，IFC）和亚洲开发银行（The Asian Development Bank，ADB）等超主权机构，有韩国、匈牙利、波兰、葡萄牙和菲律宾等主权国家，有加拿大不列颠哥伦比亚省（British Columbia，BC省）等境外地方政府，有马来西亚银行、意大利存款与贷款机构股份有限公司和法国农业信贷银行等境外银行或非银行类金融机构，还有像戴姆勒股份有限公司等众多非金融企业法人。截至2024年7月31日，未见越南各级政府、金融机构或非金融企业法人发行熊猫债信息。下面将按市场、分板块分析越南政府、金融机构和非金融企业如何在中国市场发行熊猫债。

1. 在银行间债券市场发行熊猫债。在银行间债券市场，与熊猫债发行有关的主要管理办法包括《全国银行间债券市场境外机构债券发行管理暂行办法》②（中国人民银行　财政部公告〔2018〕第16号）和《境外非金融企业债务融资工具业务指引（2023版）》（中国银行间市场交易商协会公告〔2023〕17号）。《全国银行间债券市场境外机构债券发行管理暂行办法》第二条规定：本办法所称境外机构是指在全国银行间债券市场发行债券的外国政府类机构、国际开发机构、在中华人民共和国境外合法注册的金融机构法人和非金融企业法人等。如越南各级政府、金融机构或非金融机构企业法人计划在中国发行债券，须按照《全国银行间债券市场境外机构债券发行管理暂行办法》要求

---

① 中国人民银行．2023年人民币国际化报告［EB/OL］.（2023-10-27）［2024-08-06］. http://www.pbc.gov.cn/huobizhengceersi/214481/3871621/5114765/2023102720175126516.pdf.

② 中国人民银行，中华人民共和国财政部．中国人民银行　中华人民共和国财政部公告〔2018〕第16号［EB/OL］.（2018-09-08）［2024-08-06］. https://www.gov.cn/gongbao/content/2019/content_5362059.htm.

进行。

为顺利发行熊猫债，境外机构需完成以下工作：（1）向中国银行间市场交易商协会提交入会申请。具体办理依据为2020年7月3日发布的《关于境外机构加入交易商协会相关事项的说明（修订版）》①。在取得会员资格后，可以向中国银行间市场交易商协会会员与法律事务部获取F开头的9位发行人代码。该代码可用于在孔雀开屏系统上填报发行人注册报告。（2）向银行间市场清算所股份有限公司（以下简称上海清算所）申请开立发行人账户。根据上海清算所发布的《债券账户业务操作须知》（2023年10月更新）和《债券发行登记业务操作指南》（2024年2月修订版）②，发行人首次在上海清算所办理债券发行登记手续，应向上海清算所申请开立发行人账户。（3）在北京金融资产交易所股份有限公司（以下简称北金所）开立会员账户。（4）根据《国家外汇管理局关于境外机构境内外汇账户管理有关问题的通知》③规定，境外机构还需要开立境外机构人民币银行结算账户（Non - Resident Account, NRA）或托管账户，用于存放熊猫债发行所募集资金以及办理跨境人民币结算业务。

《境外非金融企业债务融资工具业务指引（2023版）》第八条规定：境外非金融企业发行债务融资工具应由具备非金融企业债务融资工具相关承销业务资格的金融机构承销。至少一家主承销商须在企业注册或主要营业国家或地区有子公司或分支机构，或有其他必要安排，以确保其具备开展尽职调查等工作的能力。

2. 在交易所债券市场发行熊猫债。2018年，上海证券交易所和深

① 中国银行间市场交易商协会．关于境外机构加入交易商协会相关事项的说明（修订版）[EB/OL].（2020-07-03）[2024-08-06]. https://www.nafmii.org.cn/hyfw/hjgl/rh/202112/t20211207_93356.html.

② 上海清算所．债券发行登记业务操作指南[EB/OL].（2024-02-07）[2024-08-06]. https://www.shclearing.com.cn/cpyyw/czxzjzn/fxcs/201901/20190127_478714.html.

③ 国家外汇管理局．国家外汇管理局关于境外机构境内外汇账户管理有关问题的通知（汇发〔2009〕29号）[EB/OL].（2009-07-13）[2024-08-06]. https://www.safe.gov.cn/hubei/2019/0107/765.html.

圳证券交易所分别发布了《关于开展“一带一路”债券试点的通知》[①]和《深圳证券交易所关于开展“一带一路”债券业务试点的通知》[②]（以下统称《试点通知》）。《试点通知》就何谓“一带一路”债券作出了规定，其中就包括共建“一带一路”国家（地区）政府类机构在两所发行的政府债券和共建“一带一路”国家（地区）企业及金融机构在两所发行的公司债券。越南已于2017年11月17日与中国签署了“一带一路”合作备忘录[③]，其政府类机构、金融机构和公司可按照《试点通知》要求赴上海证券交易所或深圳证券交易所办理熊猫债发行。

关于公司债券发行管理，2015年制定，2021年重新修订的《公司债券发行与交易管理办法》[④]（证监会令第222号）第七十八条规定：境外注册公司在中国证监会监管的债券交易场所的债券发行、交易或转让，参照适用本办法。这也是在交易所债券市场发行熊猫债的主要依据。交易所对债券发行和登记实行一站式服务，只要对接了交易所即可一站式办理债券的发行登记和上市。

3. 确定合适的熊猫债承销机构。不论是采取公开方式，还是非公开方式发行债券，也不论是在银行间债券市场，还是在交易所债券市场，发行人都须聘请一家证券公司担任其主承销商，由其统筹整个债券发行。在公开发行情况下，该承销商一般要担任本次债券发行的受托管理人；在银行间债券市场进行非公开发行时，该承销商还要为债券的柜台转让提供服务。这样的证券公司可以是前文提及的、被推荐赴越南设立分支

---

① 上海证券交易所．关于开展“一带一路”债券试点的通知（上证发〔2018〕8号）［EB/OL］.（2018－03－02）［2024－08－06］. https：//www.sse.com.cn/lawandrules/sselawsrules/bond/listing/corporatebond/c/c_20220422_5701317.shtml.

② 深圳证券交易所．深圳证券交易所关于开展“一带一路”债券业务试点的通知［EB/OL］.（2018－03－02）［2024－08－06］. http：//www.szse.cn/lawrules/rule/bond/bonds/supervision/t20180709_565157.html.

③ 中国一带一路网．习近平同阮富仲举行会谈 两国签署共建“一带一路”和“两廊一圈”合作备忘录［EB/OL］.（2017－11－13）［2024－08－06］. https：//www.yidaiyilu.gov.cn/p/34250.html.

④ 中国证券监督管理委员会．［第222号令］《公司债券发行与交易管理办法》［EB/OL］.（2023－10－20）［2024－08－06］. http：//www.csrc.gov.cn/csrc/c101953/c7438204/content.shtml.

机构的云南省本土券商太平洋证券或红塔证券。在这两家证券公司还未在越南建立分支机构的情况下，可由已在越南初步运作起来的国泰君安证券（越南）股份公司①暂时履行这一职能。

4. 在中国境内债券市场上可发行的熊猫债品种。在银行间债券市场，越南各级政府、金融机构和公司可借助以下债券产品实现融资：（1）超短期融资券；（2）短期融资券；（3）定向债务融资工具；（4）中期票据；（5）资产支持票据；（6）项目收益票据。

在交易所债券市场上，按照《试点通知》规定，越南各级政府、金融机构和公司也可发行主权债券、金融债券和公司债券。

5. 资金使用模式。通过在中国境内债券市场发行熊猫债所融得资金可按如下模式使用：（1）越南当局可借熊猫债补充人民币外汇储备；（2）可由人民币外汇需求较大的越南进口大企业直接申请发行熊猫债；（3）可由大银行通过发行熊猫债取得人民币外汇资金，然后再转贷给与中国有对外贸易关系且有大量人民币外汇需求的中小企业；（4）满足越南国内其他活动需要。

（二）在中国境内越南主体融资与云南省主体投资面临的风险管理

1. 汇率风险管理。如发行熊猫债属于上述资金使用模式中的前三种情形，越南主体只需借助外汇期货或期权等衍生品处理好人民币兑美元等主要货币的波动即可②。如越南主体的资金使用模式属于上述资金使

---

① 目前在越南有五家中资控股的券商，它们分别是国泰君安证券（越南）股份公司［Guotai Junan Securities（Vietnam）Corp.，GTJA（Vietnam）］、越南建设证券股份公司（Vietnam Construction Securities Joint Stock Company）和富南证券股份公司（Funan Securities Corporation，FNS）等。其中，国泰君安证券（越南）股份公司（证券代码为 IVS，河内交易所上市）和越南建设证券股份公司（证券代码为 CSI，河内交易所 UPCOM 上市）是上市证券公司，富南证券股份公司（交易代码为 PNS，在 OTC 市场交易）可以在河内交易所在线交易。

② 如越南当局以美元为衡量标准，下面将说明如何借助期货或期权等衍生品使人民币债券到期时的美元花费更确定或更少。假如越南当局计划在中国银行间市场发行 1 年期人民币债券 100000000 元，在取得人民币资金之日，1 美元兑 6.752 元人民币。假如 1 年后的即期汇率可变为 1 美元兑 6.905 元人民币，也可能变为 1 美元兑 6.605 元人民币。假设在越南有人民币兑美元期货交易，在取得人民币资金之日起 1 年后交割的汇率期货价格为 1 美元兑 6.795 元人民币。

用模式中的最后一种情形，资金使用主体将面临人民币兑越南盾汇率波动。在目前人民币与越南盾缺乏直接汇率形成机制的情形下，人民币兑越南盾汇率波动会受到人民币兑美元和越南盾兑美元汇率波动的影响。如前所述，最理想的方式是建设人民币兑越南盾汇率直接形成机制和开发人民币兑越南盾外汇衍生产品。

对云南省投资者来说，用人民币投资越南各类主体在国内发行的人民币计价债券不存在汇率风险，无须就汇率风险作特别管理操作。

2. 利率风险管理。对越南融资主体来说，可借助中国外汇交易中心的衍生品管理面临的利率风险，具体包括：（1）借助利率互换或利率互换期权选择适合自身的利息支付方式。对于经营现金流不稳定的越南企业，可借助利率互换将以固定利率计息人民币债券转换为以浮动利率计息人民币债券。（2）借助利率上/下限期权将利率可能超过承受值的情况排除掉。对以固定利率计息的债券，可借助利率下限期权。一旦参考利率低于执行利率，可要求利率下限期权出售方予以利息补偿。

在投资越南来华发行的熊猫债时，云南省主体也会面临利率波动风

（续 130 页脚注②）

假如不借助任何衍生品。如人民币贬值，变为 1 美元兑 6.905 元人民币，1 年后取得 100000000 元人民币需花费的美元为 100000000/6.905 = 14482259.23 美元；如人民币升值，变为 1 美元兑 6.605 元人民币，1 年后取得 100000000 元人民币需花费的美元为 100000000/6.605 = 15140045.42 美元。假如在取得人民币资金之日买入以美元结算的人民币外汇期货。不论人民币贬值变为 1 美元兑 6.905 元人民币；还是人民币升值变为 1 美元兑 6.605 元人民币，1 年后取得 100000000 元人民币需花费的美元都为 100000000/6.795 = 14716703.46 美元。假如在取得人民币资金之日买入以美元结算的人民币外汇期货，且购买人民币兑美元人民币外汇看跌期权。如人民币贬值变为 1 美元兑 6.905 元人民币，行使看跌期权，1 年后取得 100000000 元人民币需花费的美元为 100000000/6.795 –（100000000/6.805 – 100000000/6.905）= 14503885.54 美元；如人民币升值，变为 1 美元兑 6.605 元人民币，不行权，1 年后取得 100000000 元人民币需花费的美元为 100000000/6.795 = 14716703.46 美元。

计算结果表明：为在 1 年后偿还 100000000 元人民币，不借助任何外汇衍生品，1 年后需花费 14482259.23 美元（人民币贬值）或 15140045.42 美元（人民币升值）。在借助了期货之后，不论人民币是贬值还是升值，1 年后需花费 14716703.46 美元。在同时借助了期货与期权之后，1 年后需花费 14503885.54 美元（人民币贬值）或 14716703.46 美元（人民币升值）。即衍生品的运用降低了外债偿还不确定性或成本，唯一代价是期权费、期货或期权交易的成本。

险。具体管理策略包括：（1）借助债券远期交易[①]或标准债券远期交易[②]管理利率风险。在购入债券时就在债券远期市场售出债券，从而锁定持有期收益。债券或标准债券远期交易通过全国银行间同业拆借中心 X－Swap 系统进行。远期交易从成交日至结算日的期限（含成交日不含结算日）由交易双方确定，但最长不得超过 365 天，期限相对较短。（2）借助利率上/下限期权[③]管理利率风险。对以固定利率计息债券，为防止利率上升对债券价格造成的不利影响，可借助利率上限期权管理。一旦参考利率高于执行利率，可从利率上限期权出售方获得利息补偿。（3）借助国债期货对冲利率变动对债券价格产生的影响（见第六章第一节）。

3. 违约风险管理。如越南发债主体的信用评级能满足中国云南省追求资金安全投资者的要求，可不用考虑违约风险管理。机构投资者投资有信用评级要求，融资主体信用评级不够可借助信用衍生品增信。在中国外汇交易中心，越南融资主体可主动与具备信用衍生品创设资格的保险公司等主流金融机构接触，通过信用违约互换或信用风险缓释凭证提高债券发行的成功率，降低债券融资的成本。云南省投资者可通过购买信用违约互换和信用风险缓释凭证来降低债券投资中面临的违约风险。

（三）投融资需符合的规定

1. 越南当局关于越南主体赴境外融资的相关规定。根据越南“Decree Prescribing Private Placement and Trading of Privately Placed Corporate Bonds in Domestic Market and Offering of Corporate Bonds in International Market”[④]

---

① 债券远期交易，是指交易双方约定在未来某一日期，以约定价格和数量买卖标的债券的行为。

② 标准债券远期，是指在银行间市场交易的，标的债券、交割日等产品要素标准化的债券远期合约。

③ 利率上/下限期权，是指期权买方在约定期限内有权要求期权卖方支付由于参考利率高于/低于约定的利率水平而产生的差额利息的期权合约。期权买方向卖方支付期权费，期权卖方在参考利率高于/低于约定利率水平时向买方支付差额部分的利息。

④ No. 153/2020/ND－CP，“Decree Prescribing Private Placement and Trading of Privately Placed Corporate Bonds in Domestic Market and Offering of Corporate Bonds in International Market”在 2022 年 9 月 16 日被修订，新修订的法规名称为：No. 65/2022/ND－CP，“Decree Amending and supplementing a number of articles of Decree No. 153/2020/ND－CP dated December 31, 2020 stipulating the offering and trading of individual corporate bonds in the domestic market and offering corporate bonds to the international market”。在国际债券发行环节，除了涉及信息披露的第 29 条至第 31 条受到影响外，其他环节不受影响。考虑到原始文件英文版的可获得性，正文引用主要提及了 No. 153/2020/ND－CP。

（No. 153/2020/ND – CP，以下简称《越南中央政府 2020 年第 153 号法令》）第 3 章第 24 条第 1 款规定：不论是私募发行，还是公募发行，任何在国际市场上发行债券的企业都必须遵守本法规规定。

根据《越南中央政府 2020 年第 153 号法令》第 25 条第 1 款规定：如果发行的证券为无认股权证不可转换证券，发行人须满足以下发行条件：a）发行人必须是依越南法律设立和运营的股份公司或有限责任公司；b）债券在国际市场的发行计划必须得到本法令第 28 条中描述的有权机关[①]的批准和接受；c）发行人在运营中已遵守了各专门法中关于充足比率和稳健比率的规定；d）发行人还须遵守未获得国家担保外债借款和偿还管理以及国家外汇管理方面的相关规定；dd）须满足发行市场关于发行条件的要求。根据《越南中央政府 2020 年第 153 号法令》第 25 条第 2 款规定：如所发行债券为可转换债券或附认股权证债券，发行人须满足以下发行条件：a）发行人必须是股份公司，且满足《越南中央政府 2020 年第 153 号法令》第 25 条第 1 款规定；b）债券转换成股票或认股权证的实施须确保外国投资者持股比率符合法律规定；c）两次可转换债券或附认股权证债券的发行至少间隔 6 个月。

根据《越南中央政府 2020 年第 153 号法令》第 27 条规定：1. 发行人应准备一套发行文档用于债券的发行、交易和本金及利息支付。2. 用于国际市场上债券发行的文档应该包括以下文件：a）一份被本法令第 28 条所规定的有权机关批准和接受的债券发行计划。b）由持牌信贷机构发出的用于接收债券发行收入的外汇账户书面确认函。c）越南国家

① 《越南中央政府 2020 年第 153 号法令》第 28 条就这些有权机关进行了详细规定：1. 就股份公司：a）发行可转换债券或附认股权证债券的股份公司，须得到股东大会批准。b）发行不可转换且不附认股权证债券的股份公司，须得到董事会批准，并向最近一届股东大会报告。2. 有限责任公司发行债券，须得到股东会、总裁或企业所有人批准。3. 国有企业，还须遵守越南“Law on Management and Utilization of State Capital Invested in the Enterprise's Manufacturing and Business Activities”和越南“Law on Enterprises”中关于国际融资的相关规定。4. 在主管机构批准债券发行计划时，如企业从事了有条件经营业务，还须遵守专门法的相关规定。Viet Nam News. Law on management of State capital in enterprises should be changed: experts [EB/OL].（2021 – 04 – 09）[2024 – 08 – 06]. http://bizhub.vn/news/law – on – managementof – state – capitalin – enterprises – should – be – changed – experts _ 323529.html；根据该报道，该法规正考虑被修订。官方公布的《企业法》的英文翻译为“Law on Enterprises”。

银行关于发行限额的认证，且其必须在商业外债国家限额总额范围之内。d）由有权机关签发、批准和接收债券发行计划的决定。dd）根据国际会计准则编制的财务报表（如发行市场要求）。e）如发行人在母国不被要求由有权机关提交注册发行申请，须由国际法律顾问公司提供在发行市场由有权机关提交的债券发行注册申请或法律意见。g）如国际市场上的债券发行是由公众公司、证券公司或基金管理公司提出的，除了上述a）、b）、c）、d）、dd）和e）项所述文档外，还应包括以下文档：根据本法令附录2表格编制的国际债券发行注册申请和由股东大会/董事会或股东会/公司总裁批准在国际市场发行债券文档决定的副本。

根据《越南中央政府2020年第153号法令》第26条规定：1. 关于非公众公司债券发行：a）发行人应按上述第27条要求准备文档。b）同时按本法令第29条、第30条和第31条①规定和发行市场采纳的规定进行信息披露。2. 关于公众公司、证券公司或基金管理公司债券发行：a）发行人须按本法令第27条规定准备文档并将之发送给SSC②。在收到充分和有效文档的10日内，SSC会给出书面同意。如果文本被拒绝，SSC会给出书面拒绝理由。b）在获得SSC批准后，发行人须根据本法令第29条规定在发行前披露信息，并按发行市场采纳的规定组织发行。c）在债券发行完成的10个工作日内，债券发行人须就发行结果提交一份报告给SSC，报告格式按本法令附录4中表格编制。3. 发行人须按本法令第3章第2节和发行市场采用的规定进行本金和利息的支付及信息披露。

对于政府债券和公司债券，如在国际债券市场发行，如适用，还须遵守“Decree on Issue of International Bonds”（No. 53/2009/ND – CP）相关规定。

---

① No. 153/2020/ND – CP “Decree Prescribing Private Placement and Trading of Privately Placed Corporate Bonds in Domestic Market and Offering of Corporate Bonds in International Market”第29～31条内容请参照No. 65/2022/ND – CP，“Decree Amending and supplementing a number of articles of Decree No. 153/2020/ND – CP dated December 31, 2020 stipulating the offering and trading of individual corporate bonds in the domestic market and offering corporate bonds to the international market”执行。

② SSC是指State Securities Commission of Vietnam，它是越南的证监会。

2. 中国关于境外机构在中国债券市场发行熊猫债的相关规定。

（1）在银行间债券市场发行债券。境外非金融企业发行熊猫债。从《境外非金融企业债务融资工具业务指引（2023 版）》第一条、第二条和第三条规定可知，该指引是专门为规范境外非金融企业债务融资工具的发行管理而制定的。其中所称境外非金融企业债务融资工具是指在中华人民共和国境外合法注册成立、具有独立法人资格的非金融企业在交易商协会注册发行的债务融资工具。越南企业可进入中国银行间债券市场发行此类人民币债券。

《非金融企业债务融资工具注册发行规则（2023 版）》（以下简称《注册发行规则》）第九条规定：面向银行间市场机构投资者发行债务融资工具实行注册会议制度，由注册会议决定是否接受债务融资工具发行注册。《注册发行规则》第十二条规定：注册会议对注册文件拟披露信息的完备性进行评议，不对债务融资工具的投资价值及投资风险作实质性判断。《注册发行规则》第十四条规定：注册专家意见分为“接受注册”“有条件接受注册”“推迟接受注册”三种。根据《注册发行规则》第十五条规定：注册会议评议结论为有条件接受注册的，企业或相关中介机构按照注册专家意见对注册文件进行补充、修改，并通过注册办公室发送至原发表“有条件接受注册”意见的注册专家。注册专家就注册文件补充信息情况进行评议，发表“接受注册”或“推迟接受注册”的意见。即便得出的结论是“推迟接受注册”，《注册发行规则》第十六条规定：注册会议评议结论为推迟接受注册的，企业可于 3 个月后重新提交注册文件。

《境外非金融企业债务融资工具业务指引（2023 版）》第十三条规定：境外非金融企业发行债务融资工具，应向交易商协会提交以下注册文件：（一）注册报告（附境外合法注册成立的证明文件、章程性文件、有权机构决议或其他证明文件）；（二）主承销商推荐函；（三）募集说明书；（四）近三个会计年度经审计的财务报告，及最近一期会计报表（若有）；（五）信用评级报告及跟踪评级安排（若有）；（六）境内律师事务所和发行人所在国家（地区）具有相关法域执业资质的律师事务所分别出具的法律意见书；（七）境外会计师同意函（如适用）；（八）交易商协会要求的其他文件。根据《境外非金融企业债务融资工具业务指引（2023 版）》第十四条规定，境外非金融企业定向发行债务融资工具，应向交易商协会提交以下注册文件：（一）注册报告（附境外合法注册成立的证明文件、章程性文件、有权机构决议或其他证明文件）；（二）主承销商推荐函；（三）定向发行协议或定向募集说明书；（四）近两个会计年度经审计的财务报告，及最近一个半年度会计报表；（五）境内律师事务所和发行人所在国家（地区）具有相关法域执业资质的律师事务所分别出具的法律意见书；（六）境外会计师同意函（如适用）；（七）交易商协会要求的其他文件。相对于公开发行，定向发行在注册文件方面主要有三处不同：一是财务报告。公开发行要求提交近三个会计年度经审计的财务报告，而定向发行则只要求提交近两个会计年度经审计的财务报告。相对于公开发行要求提供最近一期会计报表（若有），定向发行要求提供最近一个半年度表报。二是募集说明书。公开发行要求募集说明书，而定向发行要求定向发行协议或定向募集说明书。三是信用评级报告及跟踪评级安排。相对于公开发行，《非金融企业债务融资工具注册发行规则（2023 版）》第二十三条规定：定向工具信用评级和跟踪评级的具体安排由发行人与定向投资人协商确定，并在《定向发行协议》中明确约定。如进行评级，《境外非金融企业债务融资工具业务指引（2023 版）》第十六条规定：境外非金融企业发行债务融资工具若披露信用评级报告，其评级报告应由经认可的全国银行间债券市场评级机构出具。具体名单见表 6－3。关于财务报告，《境外非金融企业债务融资工具业务指引（2023 版）》第十五条规定：境外非金融企业如编制合并财务报表，除提交并披露合并财务报表外，原则上还应提交并披露母公司财务报表，或披露母公司财务状况中对投资者投资决策有重要影响的内容并在注册发行文件显著位置提示投资者。

表 6-3 评级结果可在银行间债券市场使用的评级机构名单

序号	机构名称
1	中诚信国际信用评级有限责任公司
2	联合资信评估有限公司
3	大公国际资信评估有限公司
4	标普信用评级（中国）有限公司
5	远东资信评估有限公司
6	安融信用评级有限公司（仅金融机构债券）
7	中债资信评估有限责任公司
8	上海新世纪资信评估投资服务有限公司
9	东方金诚国际信用评估有限公司
10	中证鹏元资信评估股份有限公司
11	惠誉博华信用评级有限公司（仅金融机构债券、结构化产品）

数据来源：中国银行间市场交易商协会。

关于哪类企业不得发行债务融资工具，《境外非金融企业债务融资工具分层分类管理细则》第三条明确规定：境外企业存在境内或境外债券违约或者延迟支付本息的事实，仍处于继续状态的，不得再次发行债务融资工具。

外国政府类机构发行熊猫债。《全国银行间债券市场境外机构债券发行管理暂行办法》（中国人民银行 财政部公告〔2018〕第16号）第二条规定：本办法所称境外机构是指在全国银行间债券市场发行债券的外国政府类机构、国际开发机构、在中华人民共和国境外合法注册的金融机构法人和非金融企业法人等。《全国银行间债券市场境外机构债券发行管理暂行办法》第三条规定：本办法所称外国政府类机构包括主权国家政府、地方政府及具有政府职能的机构等。越南中央政府、地方政府或政府职能部门来华赴银行间债券市场发行熊猫债须遵守该办法相关规定。

《全国银行间债券市场境外机构债券发行管理暂行办法》第四条规定：外国政府类机构、国际开发机构等在全国银行间债券市场发行相关债券以及境外非金融企业法人在全国银行间债券市场发行非金融企业债务融资工具应向中国银行间市场交易商协会（以下简称交易商协会）申请注册。外国政府类机构发行债务融资工具，应向交易商协会提交以下注册文件：注册报告；推荐函（由主承销商和联席主承销商出具）；发行人发行债券的授权文件；募集说明书；近三个财政年度（未满三年的自成立之日起）财务报告（经审计）或经济数据报告及最近一期财务报告或经济数据报告（如有）；信用评级报告及跟踪评级安排（若有）；其所在国家（地方）的律师事务所（或司法机构，或具有相关职权和资质的发行人内部法律顾问）和中国律师事务所分别出具的法律意见书；境外会计师同意函（如适用）；交易商协会要求的其他文件。如果申请定向发行，其应向交易商协会提交以下注册文件：注册报告；推荐函（由主承销商和联席主承销商出具）；定向发行协议或定向募集说明书；交易商协会要求的其他文件。

此外，《全国银行间债券市场境外机构债券发行管理暂行办法》第五条规定：外国政府类机构、国际开发机构应具备债券发行经验和良好的债务偿付能力。

境外金融机构法人发行熊猫债。《全国银行间债券市场境外机构债券发行管理暂行办法》第二条规定：本办法所称境外机构是指在全国银行间债券市场发行债券的外国政府类机构、国际开发机构、在中华人民共和国境外合法注册的金融机构法人和非金融企业法人等。第四条规定：境外金融机构法人在全国银行间债券市场发行债券应经中国人民银行核准。因此，越南商业银行、保险公司、证券公司或基金管理公司等金融机构来华发行熊猫债须向中国人民银行提交发行债券申请。《全国银行间债券市场境外机构债券发行管理暂行办法》第六条规定：境外金融机构法人发行债券应具备以下条件：（一）实际缴纳资本不低于100亿元人民币或等值货币；（二）具有良好的公司治理机制和完善的风险管理体系；（三）财务稳健、资信良好、最近三年连续盈利；（四）具备债券发行经验和良好的债务偿付能力；（五）受到所在国家或地区金融监管当局的有效监管，主要风险监管指标符合金融监管当局规定。《全国银行间债券市场境外机构债券发行管理暂行办法》第七条规定：境外金融机构法人发行债券应向中国人民银行提交以下材料：（一）债券发行申请；（二）发行人有权机构关于同意债券发行的有效决议或其他证明文件；（三）募集说明书；（四）近三年财务报告、审计报告，及最近一期财务报告（若有）；（五）境外金融机构法人发行债券还应同时提供所在国家或地区金融监管当局同意其开展相关金融业务有关证明文件；（六）信用评级报告及跟踪评级安排说明（若有）；（七）担保协议及担保人资信情况说明（若有）；（八）境内及发行人所在国家或地区具有相关法域执业资质的律师事务所等法律顾问出具的法律意见书。

（2）在交易所债券市场发行债券。在上海证券交易所发行债券。根据《关于开展“一带一路”债券试点的通知》（上证发〔2018〕8 号）规定：本通知所称“一带一路”债券，包括以下 3 类：（一）“一带一路”沿线国家（地区）政府类机构在本所发行的政府债券；（二）“一带一路”沿线国家（地区）的企业及金融机构在本所发行的公司债券；（三）境内外企业在本所发行的，募集资金用于“一带一路”建设的公司债券。

关于共建“一带一路”国家（地区）政府类机构在上交所发行政府债券，发行人应当在发行前向上交所提交以下文件，并由上交所备案：符合发行人所在国家（地区）法律规定的关于发行本次债券的审批或授权等文件；债券募集说明书，包括发行条款、发行安排、发行人基本信息、经济财政状况、信息披露安排、投资者保护机制等；主承销商核查意见；中国境内及发行人所在国家（地区）律师分别出具的法律意见书；反映发行人主要经济数据或财政状况的文件；境内具有从事证券业务资格的资信评级机构出具的信用评级报告；上交所要求的其他文件。

关于共建“一带一路”国家（地区）的企业及金融机构发行公司债券，以及境内外企业发行募集资金用于“一带一路”建设的公司债券，参照《公司债券发行与交易管理办法》、《上海证券交易所公司债券上市规则》[①] 和《上海证券交易所非公开发行公司债券业务管理暂行办法》[②]等业务规则办理。《公司债券发行与交易管理办法》（中国证券监督管理委员会令第 222 号）第三条规定：公司债券可以公开发行，也可以非公开发行。如选择公开发行，根据《公司债券发行与交易管理办法》第十四条规定：公开发行公司债券，由证券交易所负责受理、审核，并报中国证监会注册且应当符合下列条件：（一）具备健全且运行良好的组织机构；（二）最近三年平均可分配利润足以支付公司债券一年的利息；（三）具有合理的资产负债结构和正常的现金流量；（四）国务院规定的其他条件。该办法第十五条规定：存在下列情形之一的，不得再次公开发行公司债券：（一）对已公开发行的公司债券或者其他债务有违约或者延迟支付本息的事实，仍处于继续状态；（二）违反《证券法》规定，改变公开发行公司债券所募资金用途。如选择非公开发行，《公司债券发行与交易管理办法》第三十六条规定：非公开发行公司债券，承销机构或依照本办法第三十九条规定自行销售的发行人应当在每次发行完成后五个工作日内向中国证券业协会报备。第三十四条规定：非公开发行的公司债券应当向专业投资者发行。第三十七条规定：非公开发行公司债券，可以申请在证券交易场所、证券公司柜台转让。第三十八条规定：非公开发行的公司债券仅限于专业投资者范围内转让。《公司债券发行与交易管理办法》第十条规定：发行公司债券，发行人应当依照《公司法》或者公司章程相关规定对以下事项作出决议：（一）发行债券的金额；（二）发行方式；（三）债券期限；（四）募集资金的用途；（五）其他按照法律法规及公司章程规定需要明确的事项。

在深圳证券交易所发行债券。根据《深圳证券交易所关于开展“一带一路”债券试点的通知》规定：本通知所称“一带一路”债券包括以

---

① 上海证券交易所．关于发布《上海证券交易所公司债券上市规则（2023 年修订）》的通知［EB/OL］.（2023－10－20）［2024－08－06］. https：//www. sse. com. cn/lawandrules/sselawsrules/bond/listing/corporatebond/c/c _20231020 _5727815. shtml.

② 上海证券交易所．关于发布《上海证券交易所非公开发行公司债券业务管理暂行办法》的通知（上证发〔2015〕50 号）［EB/OL］.（2015－05－29）［2024－08－06］. http：//bond. sse. com. cn/lawrule/sserules/rules/c/c _20160418 _4083045. shtml.

下三类：(一)“一带一路”沿线国家（地区）政府类机构在本所发行的政府债券；(二)“一带一路”沿线国家（地区）的企业及金融机构在本所发行的公司债券；（三）境内外企业在本所发行的，募集资金用于“一带一路”建设的公司债券。

关于共建“一带一路”国家（地区）政府类机构在深交所发行政府债券，发行人应当在发行前向深交所提交以下文件，并由深交所备案：符合发行人所在国家（地区）法律规定的关于发行本次债券的审批或授权等文件；债券募集说明书，包括发行条款、发行安排、发行人基本信息、经济财政状况、信息披露安排、投资者保护机制等；主承销商核查意见；中国境内律师及发行人所在国家（地区）律师分别出具的法律意见书；反映发行人主要经济数据或财政状况的文件；信用评级报告（至少有一家境内具有从事证券业务资格的资信评级机构出具的信用评级报告)；深交所要求的其他文件。

共建“一带一路”国家（地区）的企业及金融机构发行公司债券，在深交所发行、上市交易或挂牌转让该债券参照《公司债券发行与交易管理办法》①、《深圳证券交易所公司债券上市规则》②、《深圳证券交易所非公开发行公司债券业务管理暂行办法》③ 及深交所相关业务指南办理。境内外企业在深交所发行的，募集资金用于“一带一路”建设的公司债券，其发行、上市交易或挂牌转让除应当符合《深圳证券交易所公司债券发行与交易管理办法》、《深圳证券交易所公司债券上市规则》、《深圳证券交易所非公开发行公司债券业务管理暂行办法》及深交所相关业务指南的规定外，还应当满足以下要求：募集资金应当用于投资、建设或运营“一带一路”项目，偿还“一带一路”项目形成的专项有息

① 中国证券监督管理委员会．［第 222 号令］《公司债券发行与交易管理办法》［EB/OL］.（2023 -10 -20）［2024 -08 -06］. http：//www. csrc. gov. cn/csrc/c101953/c7438204//content. shtml.

② 深圳证券交易所．关于发布《深圳证券交易所公司债券上市规则（2023 年修订)》的通知（深证上〔2023〕974 号）［EB/OL］.（2023 -10 -20）［2024 -08 -06］. https：//www. szse. cn/lawrules/rule/bond/t20231020 _ 604211. html.

③ 深圳证券交易所．关于发布《深圳证券交易所非公开发行公司债券业务管理暂行办法》的通知［EB/OL］.（2015 -05 -29）［2024 -08 -06］. https：//www. szse. cn/disclosure/notice/bond/t20150922 _ 511780. html.

债务或开展共建“一带一路”国家（地区）业务。在满足上述前提下，允许使用不超过 30% 的募集资金补充流动资金、偿还银行借款。“一带一路”项目应经省级或以上发改部门或其他国家职能部门认定为“一带一路”项目，或为发行人与共建国家（地区）政府职能部门或企业已签订协议，且已获得有关监管机构必要批复、符合“一带一路”倡议的项目。债券存续期内，发行人应当参照《公司债券发行与交易管理办法》《深圳证券交易所公司债券上市规则》《深圳证券交易所非公开发行公司债券业务管理暂行办法》等规则，在定期报告中披露募集资金使用情况、项目进展及经济效益情况等。受托管理人在年度受托管理事务报告中应当披露上述情况。

（3）在银行间债券市场和交易所市场发行熊猫债都须遵守的规定。《中华人民共和国证券法》① 第十五条规定：公开发行公司债券，应当符合下列条件：（一）具备健全且运行良好的组织机构；（二）最近三年平均可分配利润足以支付公司债券一年的利息；（三）国务院规定的其他条件。公开发行公司债券筹集的资金，必须按照公司债券募集办法所列资金用途使用；改变资金用途，必须经债券持有人会议作出决议。公开发行公司债券筹集的资金，不得用于弥补亏损和非生产性支出。上市公司发行可转换为股票的公司债券，除应当符合第一款规定的条件外，还应当遵守本法第十二条第二款规定。

（四）让云南省投资主体在越南主体境外融资中发挥更大作用

在搭建完越南融资主体进入中国债券市场的路径之后，可采取以下措施使滇越跨境人民币债券市场更好地发展：（1）使云南省投资主体积极参与越南熊猫债发行，特别是定向发行。定向发行面向专业投资者，可更快速地完成融资，也可使云南在越南主体融资中发挥更为重要和积极的作用。（2）将云南省股权交易中心有限公司建成债券登记与托管的区域中心，促进债券转让。（3）应基于云南省“大通道”定位，中国（云南）自由贸易试验区和中国河口—越南老街跨境经济合作区政策以

---

① 全国人民代表大会．中华人民共和国证券法［EB/OL］.（2020－01－03）［2024－08－06］. http：//www.npc.gov.cn/npc/c2/c30834/201912/t20191231_304436.html.

及中国区域经济发展格局，加快履行云南产业转移承接使命。吸引境内劳动密集型产业从东部沿海地区进入中国（云南）自由贸易试验区，特别是到红河片区设立生产设施或产品研发型企业。通过中国河口—越南老街跨境经济合作区协作，采取“中国侧重市场开拓和研发 + 越南侧重生产”模式，充分利用中国广阔市场以及越南劳动力成本优势，发挥云南在全国对越经贸合作中的独特优势，为滇越跨境债券市场发展培育更多合格发债主体和聚集更多投资主体。在这方面，中国（上海）自由贸易试验区作出了有益实践。2021 年全年，上海离岸债券业务持续发展，不断丰富业务模式，优化业务机制，成功支持多家境内外企业发行上海自贸区离岸债券 8 期，规模约 80 亿元人民币（等值），并成功在新加坡、中国澳门等国家和地区交易所挂牌上市，切实支持境内外企业跨境融资需求①。

二、云南省主体进入越南市场投资越南主体发行的人民币债券

（一）云南省主体在越南债券市场上购买债券

1. 云南省主体在越南取得债券投资资格的程序。

（1）在越南证券存托机构（VSD）取得证券交易代码。根据“Circular Guidance on Foreign Investment Activities on Vietnam Stock Market”（No. 123/2015/TT – BTC）和“Circular Instructions on the Opening and Use of Indirect Investment Capital Accounts to Carry out Foreign Indirect Investment Activities in Vietnam”（No. 05/2014/TT – NHNN）相关规定，首先，中国云南省投资主体须找到一家 VSD 托管成员。依据目前情况，可先选择国泰君安证券（越南）股份公司②，并按照其要求提供资料。其次，VSD 托管成员会评审材料并在 VSD 在线证券交易代码注册系统提交相关信息，VSD 会签发和在线授予证券交易代码，VSD 托管成员将证券交易代码告知中国云南省投资者。再次，在获得证券交易代码后，VSD 托管成员再将全套资料提交至 VSD 供其评审。最后，VSD 向 VSD 托管成员签发证券交易代码证书，VSD 托管成员再将证券交易代码证书提供给中

① 中债研发中心. 2021 年债券市场分析研究报告［R］. 北京：中债研发中心，2022：40，63.

② 该证券公司控股股东为国泰君安证券股份有限公司，较熟悉中国投资者需求，便于沟通。

国云南省投资者。

（2）须为投资者开通组合投资账户。根据 2013 年颁布的 “Ordinance on Foreign Exchange Control”（No. 28/2008/PL－UBTVQH11）和“Circular Instructions on the Opening and Use of Indirect Investment Capital Accounts to Carry out Foreign Indirect Investment Activities in Vietnam”（No. 05/2014/TT－NHNN）相关规定，首先，中国云南省投资者须选择一家被允许的托管银行，具体是哪家没有要求，以方便投资者为主。建议开设在外汇衍生品业务较为全面的大银行，比如越南工贸股份商业银行（VietinBank）、越南外贸股份商业银行（Vietcombank）或越南投资与发展商业股份银行（BIDV），这个账户将被用于办理资金的流入与流出业务。

2. 债券买卖的基本过程。（1）买卖双方先协商好交易细节，交易中的外国买方须在托管行作预资助处理并在下单前核实资金可得性。（2）交易双方须将交易细节报告给各自经纪人，经纪人将交易细节录入交易系统以使交易正式化，之后经纪人会就交易信息要求交易买卖双方分别确认，在成交后交易所也会产生交易报告。（3）再之后就是 VSD、托管行和 SBV 等机构参与的债券交易清算和结算等工作，系统后台会依规进行处理。

3. 其他。如果中国云南省投资者打算将盈利汇回中国，投资组合账户中来自越南的合法利润和收入是不受限制的，投资者可将组合账户中的越南盾在经允许的信贷机构（一般可直接选择托管银行）办理换汇汇出操作。

（二）在越南市场云南省主体投资与越南主体融资面临的风险管理

1. 汇率风险管理。与在中国境内发行人民币债券一样，如融资所得用于补充越南人民币外汇，由人民币外汇需求较大越南进口大企业直接融资，或由大银行通过发债取得人民币外汇资金，再转贷给与中国有对外贸易关系且有大量人民币外汇需求中小企业，越南主体只需借助外汇期货或期权等衍生品处理好人民币兑美元货币波动即可。但如融得人民币资金是为满足越南国内活动需要，人民币自用主体将面临人民币兑越南盾汇率波动，此处处理方法与在中国境内发债应对方法相同（见第六章第二节）。

对进入越南债券市场购买越南主体发行的人民币债券的中国投资者来说，如果可直接用人民币投资，则不涉及货币兑换问题，无须就汇率风险采取特别措施。

2. 利率风险管理。对进入越南债券市场购买越南主体发行的人民币债券的中国云南省投资者来说，可能会面临人民币利率波动对债券价格的影响。尽管在越南国内已有了管理利率风险的 5 年期和 10 年期国债期货，但不同币种计价债券分属不同市场，投资者对其要求的利率也会有所差别，因此不可直接或简单地通过买卖越南国债期货达到管理利率风险的目的。在这种情况下，可考虑借助中国外汇交易中心提供的人民币利率互换予以管理的可行性。

对在越南发行人民币计价债券的越南主体来说，可借助以下方式管理利率风险：（1）借助利率互换或外币利率互换。一般以固定利率计息发行债券。由于发行债券时点不同，发行时的票面利率和市场利率会有所不同。如越南发债主体融资被用于人民币收支相关活动，且未来的人民币收入变得不确定了，则更偏好于浮动利率。此时可借助商业银行提供的外币利率互换（人民币）将固定利率计息债券变为浮动利率计息债券。由于利率互换产品是以人民币计价的，如融资所得人民币被用于与人民币相关的活动，可通过中资金融机构在越分支机构参与中国外汇交易中心的利率互换业务。（2）借助利率上/下限期权。对固定利率计息债券，如担心浮动利率下降，可买入利率下限期权。一旦参考利率低于执行利率就要求利率下限期权卖方予以利息差补偿。在越南本土，越南外贸股份商业银行（Vietcombank）可提供该类利率期权产品；如果越南本土利率期权业务无法满足业务需求，越南融资主体可研究是否可借助中国外汇交易中心满足需求。

3. 违约风险管理。对进入越南债券市场购买越南主体发行的人民币债券的中国云南省投资者来说，会面临越南融资主体的违约风险。根据第五章第三节初步统计，越南国内暂无商业银行提供管理违约风险的衍生品。为管理这部分风险，在定向发行中，中国云南省投资者可与越南保险公司等金融机构联系，探索创设类似衍生品的可行性。

对在越南发行人民币计价债券的越南融资主体来说，如果信用评级不够高，需在中国银行间市场联系创设信用违约互换或信用风险缓释凭证等衍生品，以便满足来自中国云南省投资者对稳健性较高的投资门槛要求；否则，发债企业无须考虑违约风险的管理问题。

（三）投融资需符合的规定

1. 来自越南方面的规定。就中国云南省投资主体如何取得在越投资债券资格，“Circular Guidance on Foreign Investment Activities on Vietnam Stock Market”（No. 123/2015/TT - BTC），“Circular Instructions on the Opening and Use of Indirect Investment Capital Accounts to Carry out Foreign Indirect Investment Activities in Vietnam”（No. 05/2014/TT - NHNN）和“Decree On detailing and guiding the implementation of a number of articles of the Law on Securities”（No. 155/2020/ND - CP）对此提出了明确要求。

就如何开展人民币计价资产发行工作，根据越南国内经济发展需要，可在适当时候就现行“Law on Securities”修订提供专业建议以使在越南国内以人民币等外币计价债券的发行变得可行，或者推动出台专门或临时性法令使人民币计价债券符合法律规定。就具体如何操作，有两条路径可供参考：（1）修改现行债券登记、交易、托管和结算系统，使其可处理外币计价债券的交易。（2）由证券公司发行，并办理柜台交易。第一条路径适用于已经存在大量人民币计价债券发行的情形，第二条路径适用于外币计价债券发行初期探索性工作的开展。“Decree on Issuance of Government Bond, Government - Guaranteed Bonds and Local Government Bonds”（No：01/2011/ND - CP）第6条规定：政府债券、政府担保债券和市政债券在国内是以越南盾计价发行的。如在越南国内以可自由兑换外币发行，须遵照总理批准的计划或方案。从这一规定看，技术上，越南国内债券发行支持以人民币计价。一旦需要，越南政府可特事特办。

2. 来自中国方面的规定。根据《常见外汇业务答疑手册》① 134 问“个人外汇证券投资类资金可以汇出吗?”的答复,“境内个人不可以直接投资于境外证券市场,所以个人外汇证券投资类资金不可以汇出。”由此可见,基于现行资本项下业务办理规则,个人不可以直接投资境外债券市场。

但早在 2007 年中国证券监督管理委员会就制定了《合格境内机构投资者境外证券投资管理试行办法》②(中国证券监督管理委员会令第 46 号),该办法规定,证券公司和基金管理公司等金融机构在符合一定条件的情况下可申请成为合格境内机构投资者,可在报备的额度内发行证券投资基金和集合资产管理计划向个人和其他主体募集资金进行境外证券投资。截至 2022 年 12 月 30 日,已有 176 家金融机构取得合格境内机构投资者资格,累计获批投资额度 1597.3 亿美元,涉及金融机构类型包括商业银行、证券公司、基金管理公司、保险公司和信托公司(见附表 8)。意图投资海外市场的居民个人和非合格境内机构投资者可通过购买合格境内机构投资者发行的理财产品、证券投资基金、集合资产管理计划或集合资金信托计划等产品变相进行境外投资。

第三节 中国云南省与越南投融资主体进入中国香港人民币债券市场完成投融资

一、中国云南省与越南主体在中国香港交易债券的基本条件已具备

除了可互相进入对方债券市场投资和融资外,中国云南省与越南主

---

① 国家外汇管理局重庆外汇管理部. 常见外汇业务答疑手册 [EB/OL]. (2019-03-11) [2024-08-06]. https://www.safe.gov.cn/chongqing/file/file/20190311/87806e211bb74eb4a44e71395c31cda9.pdf.

② 中国证券监督管理委员会. 合格境内机构投资者境外证券投资管理试行办法(证监会令第 46 号)[EB/OL]. (2007-06-18) [2024-08-06]. http://www.csrc.gov.cn/csrc/c106256/c1653919/content.shtml.

体还可同时在第三方债券市场上开展债券的投资和融资。在各类第三方市场上，中国香港债券市场是一个较佳的选择。

2022 年人民币跨境收付金额合计为 42.1 万亿元人民币，其中，中国内地与中国香港人民币跨境收付金额占到跨境收付总额的 50.3%。证券投资人民币跨境收付金额合计为 23.6 万亿元人民币，其中，债券收付金额为 17.7 万亿元人民币。共有 1071 家境外机构进入银行间市场，其中，526 家直接入市、784 家通过债券通渠道入市、239 家同时通过两个渠道入市①。也就是说，中国香港已成为人民币国际化和人民币债券“走出去”一个重要且关键门户，在中国香港债券市场完成投资和融资也具备较为现实的条件。

中国香港是亚洲领先的债券枢纽。以发行量计，中国香港是亚洲（除日本外）第三大债券市场，仅次于中国和韩国。中国香港还是亚洲区安排国际债券发行最具规模的中心，占 2022 年亚洲国际债券发行额的 30%（按安排量计为 1960 亿美元），其次是美国（26%）、英国（13%）和新加坡（5%）②。截至 2023 年底，未偿还的离岸人民币债券余额达 9940 亿元人民币③。

正如前文所讲，越南外贸股份商业银行在中国香港有一家全资子公司 Vietnamese Financial Company Limited（VINAFICOHK），对中国香港市场债券发行和投资规则较为熟悉。

---

① 中国人民银行．2023 年人民币国际化报告［EB/OL］.（2023－10－27）［2024－08－06］. http：//www. pbc. gov. cn/huobizhengceersi/214481/3871621/5114765/index. html.

② The International Capital Market Association. The Asian International Bond Markets Development and Trends（Third Edition，March 2023）［EB/OL］.（2023－03－01）［2024－08－06］. https：//www. icmagroup. org/assets/The－Asian－International－Bond－Markets－Development－and－Trends－brochure _ March－2023. pdf；The International Capital Market Association. The Asian International Bond Markets Development and Trends（Fourth Edition，March 2024）［EB/OL］.（2024－03－01）［2024－08－06］. https：//www. icmagroup. org/assets/ICMA－The－Asian－International－Bond－Markets－Developments－and－Trends－March－2024. pdf.

③ 2023 年香港债券市场概况．香港金融管理局［EB/OL］.（2024－03－01）［2024－08－06］. https：//www. hkma. gov. hk/media/gb _ chi/publications－and－research/quarterly－bulletin/qb202403/fa1. pdf.

二、中国云南省与越南主体在中国香港市场发行或投资人民币债券

（一）在中国香港投资债券资格取得方式

1. 中国云南省主体通过债券通"南向通"投资中国香港债券市场。债券通是内地与香港债券市场互联互通合作机制，是境内外投资者通过香港与内地债券市场基础设施连通，买卖两个市场交易流通债券的机制安排，具体包括"北向通"和"南向通"。其中，"北向通"是指中国香港及其他国家与地区境外投资者（以下简称境外投资者）经由中国香港与内地基础设施之间在交易、托管、结算等方面互联互通的机制安排，投资中国银行间债券市场；"南向通"是指境内投资者经由中国内地与香港相关基础服务机构在债券交易、托管、结算等方面互联互通的机制安排，投资在中国香港债券市场交易流通的债券。其中，"北向通"于2017年7月开通，"南向通"于2021年9月开通。

根据《中国人民银行关于开展内地与香港债券市场互联互通南向合作的通知》[①]（银发〔2021〕235号）规定：符合中国人民银行要求的境内投资者可通过"南向通"开展债券投资，标的债券为境外发行并在香港债券市场交易流通的所有券种。交易对手暂定为香港金融管理局指定的做市商（见表6-4）。境内投资者范围暂定为经中国人民银行认可的49家[②]公开市场业务一级交易商中的41家（见表6-5），合格境内机构投资者（QDII）（见附表8）和人民币合格境内机构投资者（RQDII）[③]。

---

① 中国人民银行．中国人民银行关于开展内地与香港债券市场互联互通南向合作的通知［EB/OL］．（2021-09-14）［2024-08-06］．https：//www.gov.cn/zhengce/zhengceku/2021-09/15/content_5637530.htm.

② 该类交易商的家数已于2024年5月31日增加至51家。

③ 2014年11月中国人民银行发布的《关于人民币合格境内机构投资者境外证券投资有关事项的通知》规定：人民币合格境内机构投资者可采用人民币的形式投资境外的人民币资本市场。这标志RQDII机制的正式推出，但2015年12月10日中国人民银行窗口指导暂停机构申请新的RQDII相关业务。

表 6－4　中国香港金融管理局指定的债券通“南向通”做市商名单

序号	做市商名称
1	中国农业银行股份有限公司香港分行
2	中国银行（香港）有限公司
3	交通银行股份有限公司香港分行
4	法国巴黎银行香港分行
5	中信银行（国际）有限公司
6	中国建设银行（亚洲）股份有限公司
7	花旗环球金融亚洲有限公司
8	Credit Agricole Corporate and Investment Bank
9	香港上海汇丰银行有限公司
10	中国工商银行（亚洲）有限公司
11	J. P. Morgan Securities（Asia Pacific）Limited
12	瑞穗证券亚洲有限公司
13	渣打银行（香港）有限公司

数据来源：香港金融管理局①。

注：此名单公布于 2021 年 9 月 17 日。

表 6－5　公开市场业务一级交易商名单

序号	一级交易商名称	是否为境内投资者
1	中国工商银行股份有限公司	是
2	中国银行股份有限公司	是
3	交通银行股份有限公司	是
4	国家开发银行	是

① 香港金融管理局．金管局指定债券通「南向通」做市商［EB/OL］．（2021－09－17）［2024－08－06］．https：//www.hkma.gov.hk/gb_chi/news-and-media/press-releases/2021/09/20210917-6/；香港金融管理局．金管局指定债券通「南向通」做市商［EB/OL］．（2023－09－22）［2024－08－06］．https：//www.hkma.gov.hk/gb_chi/news-and-media/press-releases/2023/09/20230922-3. 相对于 2021 年指定的做市商名单，2023 年香港金管局新增了以下做市商：中国国际金融香港证券有限公司、招商永隆银行有限公司、CSI Global Markets Limited、星展银行、德意志银行（香港分行）、国泰君安证券（香港）有限公司、华泰金融控股（香港）有限公司、兴业银行股份有限公司和 UBS AG。

续表

序号	一级交易商名称	是否为境内投资者
5	招商银行股份有限公司	是
6	上海浦东发展银行股份有限公司	是
7	中国光大银行股份有限公司	是
8	中信银行股份有限公司	是
9	平安银行股份有限公司	是
10	广发银行股份有限公司	是
11	北京银行股份有限公司	是
12	杭州银行股份有限公司	是
13	上海银行股份有限公司	是
14	南京银行股份有限公司	是
15	洛阳银行股份有限公司	是
16	长沙银行股份有限公司	是
17	青岛银行股份有限公司	是
18	贵阳银行股份有限公司	是
19	齐鲁银行股份有限公司	是
20	上海农村商业银行股份有限公司	否
21	重庆农村商业银行股份有限公司	否
22	渣打银行（中国）有限公司	是
23	花旗银行（中国）有限公司	是
24	中信证券股份有限公司	否
25	中债信用增进投资股份有限公司	否
26	中国农业银行股份有限公司	是
27	中国建设银行股份有限公司	是
28	中国邮政储蓄银行股份有限公司	是
29	中国进出口银行	是
30	兴业银行股份有限公司	是
31	浙商银行股份有限公司	是
32	华夏银行股份有限公司	是
33	中国民生银行股份有限公司	是
34	恒丰银行股份有限公司	是
35	渤海银行股份有限公司	是

续表

序号	一级交易商名称	是否为境内投资者
36	宁波银行股份有限公司	是
37	江苏银行股份有限公司	是
38	徽商银行股份有限公司	是
39	广州银行股份有限公司	是
40	郑州银行股份有限公司	是
41	中原银行股份有限公司	是
42	厦门银行股份有限公司	是
43	西安银行股份有限公司	是
44	北京农村商业银行股份有限公司	否
45	广州农村商业银行股份有限公司	否
46	广东顺德农村商业银行股份有限公司	否
47	汇丰银行（中国）有限公司	是
48	三菱日联银行（中国）有限公司	是
49	中国国际金融股份有限公司	否
50	成都农村商业银行股份有限公司	否
51	青岛农村商业银行股份有限公司	否

数据来源：中国人民银行①。

注：（1）境内投资者是指“南向通”的合格投资者。（2）此名单公布于2024年5月31日。

如云南省主体想进入香港债券市场投资越南各级政府、金融机构或企业发行的人民币债券，可与目前开展债券通“南向通”业务的银行、证券公司、信托公司或基金管理公司协商创设专项理财产品、专项资产管理计划、专项信托计划或专项证券投资基金，募集完成后专门用于投资越南各级政府、金融机构或企业发行的债券。

根据中国外汇交易中心发布的《全国银行间同业拆借中心债券通

① 中国人民银行货币政策司．公开市场业务公告〔2020〕第1号［EB/OL］.〔2020－04－30〕［2024－08－06］. http：//www. pbc. gov. cn/zhengcehuobisi/125207/125213/125431/125469/4017574/index. html；中国人民银行货币政策司．公开市场业务公告〔2024〕第1号［EB/OL］.（2024－05－31）［2024－08－06］. http：//www. pbc. gov. cn/zhengcehuobisi/125207/125213/125431/125469/5366732/index. html. 相对于2020年第1号公布的名单，2024年公布的公开市场业务一级交易商名单新增了成都农村商业银行股份有限公司和青岛农村商业银行股份有限公司。

"南向通"交易规则》[①] 和《债券通"南向通"业务申请指南》[②]，对于具备"南向通"业务参与资格的一级交易商、QDII 和 RQDII 来说，开通债券通"南向通"业务权限和准备相关资料不存在任何制度障碍。

2. 越南主体投资中国香港债券市场的方式。香港证券及期货事务监察委员会[③]，即香港证监会发布的《证券及期货条例》（第 571 章）[④] 第 114 条第（1）款规定：除第（2）、（5）及（6）款另有规定外，任何人不得—(a) 经营某类受规管活动的业务；或（b）显示自己经营某类受规管活动的业务。第 114 条第（8）款规定：任何人无合理辩解而违反第（1）款，即属犯罪。根据《证券及期货条例》附表 5 第 1 部的规定：以下各项为受规管活动—第 1 类：证券交易；第 2 类：期货合约交易；第 3 类：杠杆式外汇交易；第 4 类：就证券提供意见；第 5 类：就期货合约提供意见；第 6 类：就机构融资提供意见；第 7 类：提供自动化交易服务；第 8 类：提供证券保证金融资；第 9 类：提供资产管理；第 10 类：提供信贷评级服务；第 11 类：场外衍生工具产品交易或就场外衍生工具产品提供意见；第 12 类：为场外衍生工具交易提供客户结算服务。

《证券及期货条例》第 116 条第（1）款规定：证监会可应申请人以订明方式提出的申请并在订明费用获得缴付后，向申请人批给牌照，使申请人可进行一类或多于一类受规管活动。为取得牌照，申请人须符合以下规定：申请人是一间公司；《公司条例》（第 622 章）第 2（1）条所界定的注册非香港公司，或符合以下说明而非公司或非香港公司的法团：主要在香港以外地方经营某项活动的业务，而该项活动如在香港进行，便会构成该类受规管活动，或者若非有第 115（1）（i）及（ii）条

---

① 全国银行间同业拆借中心．关于发布《全国银行间同业拆借中心债券通"南向通"交易规则》的公告（中汇交公告〔2021〕42 号）[EB/OL]．(2021 - 09 - 15) [2024 - 08 - 06]．https：//www. chinamoney. com. cn/chinese/rdgz/20210915/2061317. html.

② 全国银行间同业拆借中心．债券通"南向通"业务申请指南 [EB/OL]．(2021 - 09 - 18) [2024 - 08 - 06]．https：//www. chinamoney. com. cn/chinese/rszn2/20210918/2084215. html.

③ 简称香港证监会，其官方网址为 https：//www. sfc. hk。

④ 香港证券及期货事务监察委员会．《证券及期货条例》（第 571 章）[EB/OL]．(2024 - 08 - 06) [2024 - 08 - 06]．https：//www. elegislation. gov. hk/hk/cap571！ zh - Hant - HK. pdf.

的条文，则第114（1）条不会适用于该法团；及该法团在香港设立营业地点，则《公司条例》（第622章）第16部便会适用于该法团。

越南外贸股份商业银行（Joint Stock Commercial Bank for Foreign Trade of Vietnam）在中国香港有一家全资子公司 Vietnamese Financial Company Limited（VINAFICOHK）对中国香港市场债券发行和交易规则较为熟悉，可由其履行越南当局外汇储备在港投资任务。具体可通过两种渠道引导越南国内外汇进入中国香港市场：一是由 Vietnamese Financial Company Limited 代理越南国内投资者在中国香港开通债券业务和为进行风险管理而开通衍生品账号，由越南国内投资者自行决定购买哪一款债券，以及如何借助衍生品进行风险管理。为此，只需 Vietnamese Financial Company Limited 尽快取得开展相关业务的资质。比如，取得第1类、第2类、第4类、第5类、第9类、第11类和第12类业务牌照。如牌照不齐全，可按照申请牌照资质要求补充或达到取得相应牌照所需条件。二是由 Vietnamese Financial Company Limited 在越南国内发行理财产品或证券投资基金吸收官方或民间外汇储备，由 Vietnamese Financial Company Limited 在中国香港债券市场独立进行债券投资与风险管理。为此，只需 Vietnamese Financial Company Limited 尽快取得开展相关业务资质，取得第1类、第2类、第3类、第9类和第12类业务牌照。

（二）在中国香港债券市场取得发行债券资格（适用中国云南省和越南融资主体）

主要有两类债券在香港交易所上市：一类是面向公众投资者零售的债务证券，这类债券受《香港联合交易所有限公司证券上市规则》[①]（以下简称《上市规则》）第二十二章至第三十六章管治，可向公众发售。另一类是仅向专业投资者发售的债务证券，这类债券受《上市规则》第三十七章管治，仅向专业投资者发售。大部分在香港交易所上市债券是

---

① 香港交易所．主板上市规则［EB/OL］.（2024-08-06）［2024-08-06］. https://www.hkex.com.hk/-/media/HKEX-Market/Listing/Rules-and-Guidance/Listing-Rules/Consolidated-PDFs/Main-Board-Listing-Rules/consol_mb_sc.pdf.

根据《上市规则》第三十七章规定向专业投资者发售的债务证券。

1. 面向公众投资者发售的债务证券。

第一，不适用于仅售予专业投资者债务证券发行（不适用于国家机构[①]及超国家机构[②]）。《上市规则》第二十三章规定：23.03 拟申请在香港主板上市的债务证券应满足以下基本条件：发行人及（如属担保发行）担保人各须依据其注册或成立地方的法例正式注册或成立，并须遵守该等法例及其公司章程大纲及细则或同等文件的规定，同时必须各自获正式授权开展本身的业务。23.04 如发行人为一间香港公司，则不得为《公司条例》[③] 第 11 条所指私人公司。23.05 如发行人或（如属担保发行）担保人股份并未上市，则发行人及（如属担保发行）担保人及两者的个别业务须属于本交易所认为合适上市者。23.06 新申请人或（如属担保发行）担保人必须已依据其国家法例编制包括申请上市前三个财政年度的经审核账目。在非常特殊的情况下，本交易所可接纳两年的较短时间。23.07 如属新申请人，由申报会计师最近期申报的财政期间（参阅第四章），不得早于上市文件刊发日期前九个月结束。23.08 如发行人或（如属于担保发行）担保人的股份并未上市，发行人或（如属担保发行）担保人的股东资金总额至少须为 100000000 港元，而每类寻求上市的债务证券的面值至少须为 50000000 港元，或本交易所不时指定的其他数额。进一步发行在各方面与某类已上市债务证券相同或将会相同的债务证券，则不受上述规限。在特殊情况下，如本交易所对市场流通量感到满意，可以接纳一较低的最低面值[④]；如属可认购或购买债务证券的期权、认股权证或类似权利，须受适用于将可供认购或购买的指定

---

① 根据《香港联合交易所有限公司证券上市规则》第 1 章总则释义的描述，国家机构包括国家或其政府或任何地区或地方当局的任何代理机构、权力机构、中央银行、部门、政府、立法机构、部长、各部机关、官方或公职或法定人士。

② 根据《香港联合交易所有限公司证券上市规则》第 1 章总则释义的描述，超国家机构是指香港交易所不时订明的世界性或地区性机构或组织。

③ 香港特别行政区政府公司注册处.《公司条例》全文（第 622 章）[EB/OL].（2024 - 08 - 06）[2024 - 08 - 06]. https://www.cr.gov.hk/sc/legislation/companies - ordinance/cap622/companies - ordinance.htm.

④ 较低的最低面值是指比所有现存最低面值更低的。

债务证券的相同限制所规限。23.09 寻求上市的债务证券必须可自由转让。23.10 寻求上市的债务证券，须依据发行人注册或成立地方的法例及发行人的公司章程大纲及细则或同等文件的规定而发行；依据该等法例或文件而增设及发行该等债务证券所需一切批准书，必须已正式发出。此项规定经在细节上作出必要的修改后亦适用于由担保人作出的任何有关担保。23.11 附有可认购或购买股本证券或债务证券的期权、认股权证或类似权利的债务证券，亦须符合适用于该等期权、认股权证或类似权利的规定［参阅第十五章或第二十七章（如属适用）］。23.12 除非发行人本身能执行付款代理的职务，否则发行人须在香港设有一付款代理，直至所有债务证券均已赎回为止。

就期权、认股权证及类似权利而言，根据《上市规则》第二十七章第27.02 条规定：如申请认股权证上市，本交易所一般会实施适用于其可予认购或购买的指定证券的相同规定。根据第 27.03 条规定：如拟申请认股权证上市，则可予认购或购买的指定证券须为（或同时将会成为）：（1）一类上市债务证券；或（2）一类在本交易所承认而受适当管治及正常运作的另一个公开证券市场上市或买卖的债务证券。就可转换债务证券而言，根据《上市规则》第二十八章第 28.02 条规定：如所有可转换发行人或与发行人同集团的公司将寻求上市的新股本证券或已发行证券的可转换债务证券，必须符合适用于正寻求上市的债券证券的规定，以及适用于与该等可转换债务证券有关的指定股本证券的规定。如各种规定有任何矛盾或出入，则以适用于该等股本证券的规定为准。根据第 28.03 条规定：如申请可转换股本证券的可转换债务证券上市，则该等股本证券须为（或同时将会成为）：（1）一类上市股本证券；或（2）在本交易所承认而受另一个适当管治及正常运作的公开证券市场上市或买卖的一类股本证券。就有资产支持的证券而言，根据《上市规则》第二十九章第 29.11 条规定：下列有关上市资格的增订及例外情况适用于有资产支持的证券发行人：（a）发行人通常须为经营单一企业者（有关经营单一企业的规定并无限制在证券有效期间进一步增加资产的集合。此外，企业如获同类型资产而不同集合资源的支持，则可发行额外类别债务证券)；(b) 上市规则23.06条（经审核账目）及上市规则第23.07（最近的财政期间）并不适用；(c) 有关有资产支持证券的发行如获股本证券的支持，则该等证券须在一家证券交易所上市，或在另一个受管治及正常运作的公开市场进行交易。股本证券须代表发行股本证券的公司的非控股权益，却不得授予其关乎公司的法律或管理控制权。如有股本证券的期权或换股权用作支持发行的话，本段适用于与行使该等期权或权利有关的证券；及 (d) 须有受托人或其他适用的独立方代表有资产支持的证券持有人的权益，该等代表人有权查阅与资产有关的适当资料。

第二，不适用于仅售予专业投资者债务证券发行（适用于国家机构)。根据《上市规则》第三十一章第31.02条规定：第二十三章不适用于国家机构，下列为国家机构发行债务证券上市须先符合的基本条件：(1) 每类寻求上市证券面值至少须为50000000港元，或由本交易所不时指定的其他款额。进一步发行在各方面与某类已上市债务证券完全相同或将会完全相同的债务证券，则不受上述规限。在特殊情况下，如果本交易所对该类债务证券的市场供求状况[①]感到满意，将会接纳一较低的最低面值。如果属可认购或购买债务证券的期权、认股权证或类似权利，须受适用于将可供认购或购买的指定证券的相同限制所规限。(2) 寻求上市债务证券必须可自由转让。(3) 增设及发行寻求上市债务证券所需一切批准书必须均已正式发出。

第三，不适用于仅售予专业投资者债务证券发行（适用于超国家机构)。根据《上市规则》第三十二章第32.02条规定：第二十三章不适用于超国家机构。下列为超国家机构发行债务证券上市须先符合的基本条件：(1) 每类寻求上市的证券的面值至少须为50000000港元，或由本交易所不时指定的其他款额。进一步发行在各方面与某类已上市债务证券完全相同或将会完全相同的债务证券，则不受上述规限。在特殊情况下，如果香港交易所对该类债务证券的市场供求状况感到满意，将会接

---

① 原文为市场销售力，为便于理解，改为“市场供求状况。”

纳一较低的最低面值。如属可认购或购买债务证券的期权、认股权证或类似权利，须受适用于将可供认购或购买的指定证券的相同限制所规限。(2) 寻求上市债务证券必须可以自由转让。(3) 增设及发行寻求上市债务证券所需一切批准书必须均已正式发出。

第四，不适用于仅售予专业投资者债务证券发行（适用于国营机构)。根据《上市规则》第三十三章第 33.01 条规定：除本章所详述的修订及例外情况外，第二十二至三十章（如属适用）第三十五及三十六章均适用于国营机构的其他债务证券发行。但国营机构面向公众发行债券在第 23.06 和第 23.07 条上有不同要求。33.02 上市规则第 23.06 条所指三个财政年度应理解为两个财政年度。33.03 上市规则第 23.07 条不适用于国营机构。本交易所一般不会要求在香港注册或成立的国营机构就所发行的债务证券上市呈交一份会计师报告（参阅上市规则第 24.02 条)。在该情况下，上市文件应包括或附加最近期经审核财务报表（其财政期间不得早于上市文件刊发日期前十五个月结束)。除非上市文件包括中期财务报表（其中包括期间不得早于上市文件刊发日期前九个月结束）及向本交易所提供适当证据以证明自申报会计师上一申报期间结束以来，发行人或（如属担保发行）担保人的财政状况并无重大不利转变，否则如申报会计师最近期的申报财政期间早于上市文件刊发日期前十五个月结束，本交易所一般不会批准在香港以外地方注册或成立的国营机构发行的债务证券上市。

第五，不适用于仅售予专业投资者债务证券发行（适用于银行)。根据《上市规则》第 34.01 条规定：第三十七章适用于由银行所发行仅售予专业投资者的债务证券发行。除本章所详述的修订及例外情况外，第二十二至二十九（如属适用)，第三十五及第三十六章均适用于银行的其他债务证券发行。但相对于第二十三章银行在面向公众发行债券时，第 23.06 条和第 23.07 条上有所不同。根据《上市规则》第三十四章规定：34.02 上市规则第 23.06 条所指三个财政年度应理解为两个财政年度。23.03 上市规则第 23.07 条不适用于银行。除非上市文件包括中期财务报表（其包括期间不得早于上市文件刊发日期前九个月结束）及向本交易所提供适当证据以证明自申报会计师上一申报期间结束以来，发行人或（如属担保发行）担保人的财政状况并无重大不利转变，否则如申报会计师最近期申报的财政期间早于上市文件刊发日期前十五个月结束，本交易所一般不会批准银行发行的债务证券上市。

2. 仅售予专业投资者债务证券。根据《上市规则》第37章第37.01条规定：本章适用于只售予专业投资者的债务证券。

根据《上市规则》第37.02条规定：上市申请可经由以下人士批准：（a）获上市科执行总监授权的上市科人员；（b）上市科执行总监（其亦可在上市科内转授审批权）；或（c）上市委员会。

就申请人的上市资格，《上市规则》第三十七章规定：37.03 发行人必须是国家机构、超国家机构、法人团体（包括国营机构）或信托。37.04 如发行人为法人团体，必须在其注册或成立地有效注册或成立。如发行人为信托，其必须有效地成立。如属担保发行，担保人必须是在注册或成立地有效注册或成立。37.05 如发行人为法人团体或信托，其资产净值必须达10亿港元，唯以下机构除外：（a）超国家机构；或（b）国营机构；或（c）股份在本交易所上市的机构；或（d）股份在另一家证券交易所上市的机构；或（e）为有资产支持的证券上市而成立的特定目的投资机构；或（f）就债务证券所承担的责任而言，对在本交易所上市的房地产投资信托的资产有追索权的机构。若发行人就债务证券所承担的责任对个别房地产投资信托的资产有追索权，可参照该房地产投资信托的资产而评估其是否符合上述资格准则。37.06 如发行人为法人团体或信托，必须呈交申请上市前两年而不超过上市文件拟刊发日期前15个月的经审核账目，唯以下机构除外：（a）超国家机构；或（b）国营机构；或（c）股份在本交易所上市的机构；或（d）为有资产支持的证券上市而成立的特定目的投资机构；或（e）就债务证券所承担的责任而言，对在本交易所上市的房地产投资信托的资产有追索权的机构。若发行人就债务证券所承担的责任对个别房地产投资信托的资产有追索权，可参照该房地产投资信托的经审核账目而评估其是否符合上述资格准则。37.07 如发行人拟发行有资产支持证券：（a）其必须是单一目的企业。（b）其证券上市期间相关的资产组合可加入其他资产。（c）其可进一步将不同类别资产组合支持其他证券上市。37.08 如发行人不符合上述资格准则，但符合下列情况，则合资格将有担保的债务证券上市：（a）为有效注册或成立的法人团体；及（b）由国家机构、超国家机构或符合以上资格准则的法人团体全资拥有；及（c）其拥有人对发行人的责任作出担保；及（d）其本身及拥有人均同意遵守《上市规则》。

就债务证券的上市资格而言，《上市规则》第三十七章规定：37.09 债务证券必须可自由转让，面额至少须价值500000港元（或等值外币）。30.09A 除非属不限量发行，否则债务证券的本金额须至少达 1 亿港元（或等值外币）。37.10 债务证券必须获有效批准。37.11 如发行人为法人团体（包括国营机构），其债务证券：（a）必须遵守发行人注册或成立地方的法例，及（b）必须遵守发行人的公司组织大纲及章程细则或等效文件。37.12 如发行人根据第 37.08 条发行有担保债务证券：（a）有关担保必须获得有效批准；（b）有关担保必须符合担保人的公司组织大纲及章程细则或等效文件［如担保人为法人团体（包括国营机构）］；（c）有关担保必须遵守担保人注册或成立地方的法例；及（d）担保人必须在其注册或成立的地方有效成立。

就有资产支持的证券而言，除了满足上市的基本条件外，还须遵守以下规定：37.14 有资产支持的证券如是以股本证券或预托证券[①]支持：

---

① 预托证券是由存管人所发行、代表着一家发行人存放在存管人或其指定托管人之正股的证券。上市的主体为预托证券所代表的正股。投资者（预托证券持有人）可根据预托协议的条款购买预托证券。存管人，以发行人代理人的身份，则充当预托证券持有人与发行人之间的桥梁。预托证券是向目标市场（东道国市场）的投资者发行，其交易、结算及交收均遵照东道国市场的程序以东道国市场的货币进行。一张预托证券会视预托证券的比率而代表某个数目的正股（或单一股份的一部分）。存管人会将股息兑换为东道国市场的货币，在扣除其收费后支付给预托证券持有人。存管人亦负责将其他权益及发行人的公司通讯传递给预托证券持有人，并将预托证券持有人的指示传达发行人。发行人、存管人及预托证券持有人的权利及责任载于预托协议。香港预托证券（英文简称 HDR）是个非正式名称，泛指在香港交易所证券市场上市的预托证券计划。在现阶段，香港预托证券的架构只适用于主板，并不适用于 GEM（https：//sc. hkex. com. hk/TuniS/www. hkex. com. hk/Global/Exchange/FAQ/Products/Securities/HDR？sc _ lang = zh – CN#collapse – 1）。市场上最常见的是美国预托存凭证（ADR），即非美国企业赴美上市的一种方式。

（a）有关股本证券或预托证券须代表发行股本证券的公司之少数股东权益，并不得授予相关股本证券法律或管理控制权；（b）有关证券必须是在本交易所或另一家证券交易所上市。37.15 有资产支持证券如是以与股本证券相关期权或换股权支持，则《上市规则》第 37.18 条[①]适用于因行使相关期权或换股权而产生的证券。37.16 须有受托人或适当独立方代表有资产支持的证券持有人的权益，并有权查阅与该资产有关的资料。

就可转换债务证券而言，除满足上市基本条件外，还须遵守以下规定：37.18 债务证券如属可转换，必须是可转换为：（a）已在或将在本交易所或另一家证券交易所上市的股份；或（b）已在或将在本交易所或另一家证券交易所上市的预托证券；或（c）本交易所已书面同意接纳的其他资产。37.19 如债务证券可以转换的股份仍未发行：（a）有关股份发行必须获有效批准；及（b）有关股份上市须获有效批准。37.20 债务证券如可以转换为股份（或预托凭证），发行条款中必须订明，如该等股份的发行人股本有变（或预托证券的相关股份的发行人股本有变），换股条款将作适当调整。37.21 债务证券凡附有可认购股本证券或其他资产的不可分割权证，本交易所即视为可转换证券。

就期权、权证及类似权利而言，除满足上市基本条件外，还须遵守以下规定：37.23 期权、权证或类似权利的相关证券必须是：（a）已在或将在本交易所上市的债务证券；（b）已在或将在另一家证券交易所上市的债务证券；或（c）本交易所已书面同意接纳的其他资产。37.24 如相关的债务证券仍未发行：（a）其发行必须获有效授权；及（b）其任何上市必须获有效批准。37.25 期权、权证或类似权利如可以转换为债务证券，发行条款中必须订明，如有关债务证券发生任何变动，转换权将作适当调整。

---

① 《上市规则》第 37.18 条规定：债务证券如属可转换，必须是可转换为：（1）已在或将在香港交易所或另一家证券交易所上市的股份；或（2）已在或将在本交易所或另一家证券交易所上市的预托证券；或（3）本交易所已书面同意接纳的其他资产。

3. 海外发行人[①]发行债务证券。云南省各级政府或其机构、金融机构或非金融企业如赴港发行债券须满足以上上市资格要求。对越南各级政府或其机构、金融机构和非金融企业法人等发行主体而言，除应满足上述条件外，还须满足关于海外发行人发行债务证券的要求。如海外发行人发行仅售予专业投资者债务证券，需满足《上市规则》第37章中关于申请人上市资格（第37.03条至第37.08条）和证券上市资格（第37.09条至第37.25条）的规定。

如海外发行人发行非仅售予专业投资者债务证券，根据《上市规划》第36.03条规定，除符合前面关于上市资格的规定外，其上市资格还受以下规定约束：(1）本交易所保留权利，可在下述情况下全权决定拒绝海外发行人债务证券上市[②]:（a）本交易所认为该等证券上市并不符合公众人士的利益；或（b）海外发行人的股本并没有在本交易所作主要上市，而本交易所未能确信海外发行人注册或成立的司法地区为股东提供的保障至少相当于香港提供的保障水平。(2)（a）如属记名证券（可以背书及交付方式予以转让的证券除外），则必须规定在香港或本交易所可能同意的其他地区设置股东名册，同时规定过户文件须在本港地区登记。只有在特殊情况下，本交易所可就香港持有人办理过户文件的登记手续而考虑其他建议；及（b）如属于不记名证券，则必须规定在香港或本交易所可能同意的其他地区派发利息，以及偿还本金。

（三）在香港市场人民币债券投融资面临的风险管理

1. 汇率风险管理。对中国云南省投融资主体来说，投融资标的是人民币计价债券，不存在货币兑换，也就不存在汇率风险，无须作特别处理。

对越南投融资主体来说，可从投资和融资两个视角看待汇率风险管理。从投资视角看，如越南投资主体所动用外汇储备为人民币，不存在汇

① 根据《香港联合交易所有限公司证券上市规则》第一章总则释义的描述，海外发行人是指非中国香港发行人也非中国发行人的其他发行人。

② 如果香港交易所相信海外发行人注册的司法地区不能为股东提供至少相当于香港水平的保障，但通过修改海外发行人的组织文件及/或上市协议，也可为股东提供相当于香港水平的保障，则香港交易所仍可能会批准海外发行人的证券上市，唯海外发行人须按照香港交易所的规定修改其组织文件及/或上市协议。

率风险管理问题。如所动用外汇储备为美元等非人民币外币，会面临美元等外币兑人民币汇率波动风险。可借助中国香港较丰富的外汇衍生品管理持有期汇率波动风险。比如，可借助美元兑人民币（香港）期货、小型美元兑人民币（香港）期货、人民币（香港）兑美元期货、欧元兑人民币（香港）期货、日元兑人民币（香港）期货、澳大利亚元兑人民币（香港）期货、印度卢比兑人民币（香港）期货和美元兑人民币（香港）期权[①]等场内衍生品，以及离岸人民币兑美元等不交收远期外汇合约等场外衍生品满足汇率风险管理需求。表6－6给出了美元兑人民币（香港）期货和期权合约信息。从融资视角看，如越南融资主体有较强人民币创收能力，也无须对人民币汇率风险作特别处理；但如越南融资主体的创收主要源于非人民币外汇，则需借助中国香港市场场内和场外衍生品管理汇率风险。如融资所得用于越南国内活动，应研究创设人民币兑越南盾汇率衍生品应对汇率风险的可行性。

2. 利率风险管理。同其他市场一样，在中国香港债券市场投资人民币债券依然会面临利率波动风险。对中国云南省投资主体来说，可采取以下措施：（1）在中国香港市场完成利率风险管理。通过中国香港市场上的场外利率掉期等产品，可将固定利率计息债券变为基于 Hibor 或 Shibor 的浮动利率计息债券（图6－2表明，离岸人民币 Hibor 与在岸人民币 Shibor 走势基本一致）。（2）借助中国内地市场完成利率风险管理。借助场内的2年期、5年期或10年期等国债期货，及中国外汇交易中心的利率互换或利率互换期权管理利率风险。对越南投资主体来说，可采取如下措施：（1）在中国香港市场完成利率风险管理。可采取与中国云南省投资主体相同的做法，还可通过参与场外市场北向利率互换交易管理利率风险。（2）借助中国境内市场完成利率风险管理。境外投资主体是否可直接进入中国境内场内或场外衍生品市场作衍生品交易还须继续研究。在中国香港市场融资时面临的利率风险可借助的工具与投资类似。

---

① Hong Kong Exchanges and Clearing Limited. Foreign Exchange Futures and Options [EB/OL]. (2024－08－06) [2024－08－06]. https://www.hkex.com.hk/Market－Data/Futures－and－Options－Prices/Foreign－Exchange? sc_lang = en.

表 6 - 6　　香港交易所主要外汇衍生品合约内容

项目	美元兑人民币（香港）期货		美元兑人民币（香港）期权
	普通	小型	
交易代码	CUS	MCS	CUS
合约月份	现月、下 3 个月及之后的 6 个季月		
合约金额	100000 美元	20000 美元	100000 美元
报价单位	每美元兑人民币（如 1 美元兑人民币 6.2486 元）		
交易时间	上午 8 时 30 分至下午 6 时 30 分（不设午休）及下午 7 时 15 分至次日凌晨 3 时（到期合约月份在最后交易日收市时间为上午 11 时）		上午 8 时 30 分至下午 6 时 30 分（最后交易日的交易时间为上午 8 时 30 分至 11 时）
最后结算日	合约月份的第三个星期三	最后交易日之后第一个交易日	合约月份的第三个星期三
最后交易日	最后结算日之前两个交易日	合约月份的第三个星期三之前两个交易日	
最后结算价	由香港财资市场公会在最后交易日上午 11 时 30 分左右公布的美元兑人民币（香港）即期汇率		由香港财资市场公会在到期日上午 11 时 30 分左右公布的美元兑人民币（香港）即期汇率
结算方式	由卖方缴付合约指定的美元金额，而买方则缴付以最后结算价计算的人民币金额	人民币现金结算	行使时实物交收

数据来源：香港交易所①。

注：根据合约月份规则，在 2023 年 1 月初，就有 2023 年 1 月（现月），2023 年 2 月（下 3 个月）、2023 年 3 月（下 3 个月）、2023 年 4 月（下 3 个月）和 2023 年 6 月（之后的 6 个季月）、2023 年 9 月（之后的 6 个季月）、2023 年 12 月（之后的 6 个季月）、2024 年 3 月（之后的 6 个季月）、2024 年 6 月（之后的 6 个季月）和 2024 年 9 月（之后的 6 个季月）共计 10 份合约可以交易，最长可以管理近 1 年零 9 个月的期限的汇率风险，远超远期的管理期限。

---

① 香港交易所．美元兑人民币（香港）期货［EB/OL］.（2024 - 08 - 06）［2024 - 08 - 06］. https：//www. hkex. com. hk/Products/Listed - Derivatives/Foreign - Exchange/USD - CNH - Futures? sc _lang = zh - HK # &product = CUS；香港交易所．小型美元兑人民币（香港）期货［EB/OL］.（2024 - 08 - 06）［2024 - 08 - 06］. https：//www. hkex. com. hk/Products/Listed - Derivatives/Foreign - Exchange/Mini - USD - CNH - Futures? sc _ lang = zh - HK#&product = MCS；香港交易所．美元兑人民币（香港）期权［EB/OL］.（2024 - 08 - 06）［2024 - 08 - 06］. https：//www. hkex. com. hk/Products/Listed - Derivatives/Foreign - Exchange/USD - CNH - Options? sc _ lang = zh - HK # &product = CUS.

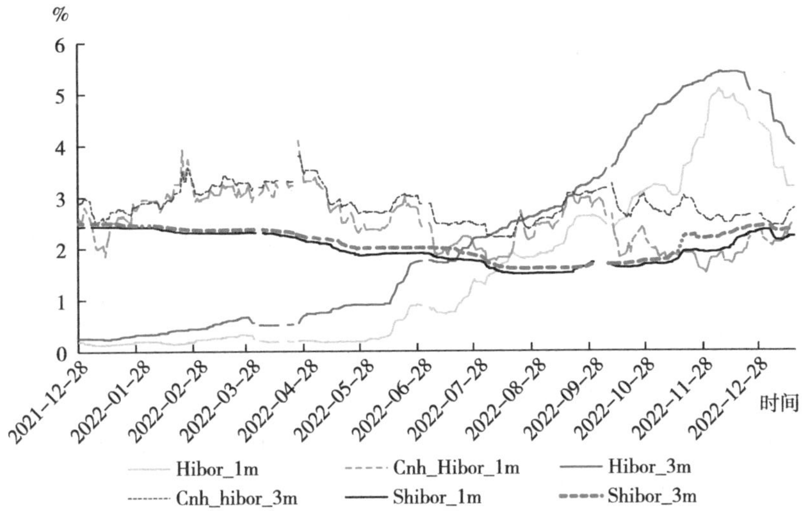

图 6－2　上海市场基准利率、香港市场港元和人民币基准利率走势

3. 违约风险管理。对在中国香港市场投资面临的发债主体违约风险，如中国云南省和越南融资主体的信用评级可达到投资中国云南省和越南高标准投资主体的标准，可忽略违约风险管理。如不达标或投资主体有要求，中国云南省和越南融资主体需要联系创设类似衍生品供投资者对冲违约风险使用。根据“HKEX Securities and Derivatives Markets Quarterly Report”披露的信息，中国香港市场目前暂不提供管理违约风险的衍生品。为管理违约风险，越南融资主体需联系越南国内的保险公司，看是否有机构愿意做类似业务；中国云南省融资主体可在国内市场联系违约风险衍生品创设机构，评估为在港债券发行提供违约衍生品的可行性。

（四）需履行的手续

1. 赴中国香港债券市场融资方面。

（1）来自中国方面的规定。此处同云南省主体进入越南债券市场发行人民币债券的要求（见第六章第一节）。

（2）来自越南方面的规定。此处同云南省主体在中国境内投资越南主体发行熊猫债的要求（见第六章第二节）。

2. 赴中国香港债券市场投资方面。

（1）来自中国方面的规定。《中国人民银行关于开展内地与香港债券市场互联互通南向合作的通知》（银发〔2021〕235 号）的发布打开了境内投资者购买境外发行并在香港债券市场交易流通所有券种的通道。境内投资者的范围暂定为经中国人民银行认可的 41 家公开市场业务一级交易商，合格境内机构投资者（QDII）和人民币合格境内机构投资者（RQDII），个人和非上述机构不能直接参与“南向通”交易。个人和其他机构可通过购买上述债券通“南向通”境内参与者发行的理财产品、资产管理计划、证券投资基金或信托计划达到变相参与目的。

同时，《全国银行间同业拆借中心债券通“南向通”交易规则》第二十三条规定：境内投资者可为其他境内投资者提供参与“南向通”交易的辅助服务，具体规则由交易中心另行制定。由于《中国人民银行关于开展内地与香港债券市场互联互通南向合作的通知》发布于 2021 年 9 月 14 日，暂未就如何为其他境内投资者提供参与“南向通”交易提供辅助服务发布任何具体规则，但第二十三条为其他境内投资者直接参与“南向通”预留了空间。《中国人民银行关于开展内地与香港债券市场互联互通南向合作的通知》（银发〔2021〕235 号）第九款规定：“南向通”跨境资金净流出额上限不超过年度总额度和每日额度。目前，“南向通”年度总额度为 5000 亿元等值人民币，每日额度为 200 亿元等值人民币。

（2）来自越南方面的规定。此处同云南省主体在中国境内面向越南主体发行人民币债券的要求（见第六章第一节）。

第四节　三类培育路径的评价与推进思考

一、不同培育路径简图

图 6－3 给出了本章第一节关于在中国境内实现越南外汇储备保值增值的路径安排。在该路径下，越南货币当局或其他持有人民币等外汇机构可通过设立合格境外机构投资者（QFII）、人民币合格境外机构投资

者（RQFII）、直接到中国银行间债券市场开户，或借助债券通“北向通”等渠道投资中国境内债券。该路径可满足云南省主体的融资与越南主体的投资需求，并可在中国境内市场一并完成各主体面临的汇率风险、利率风险和违约风险的管理。

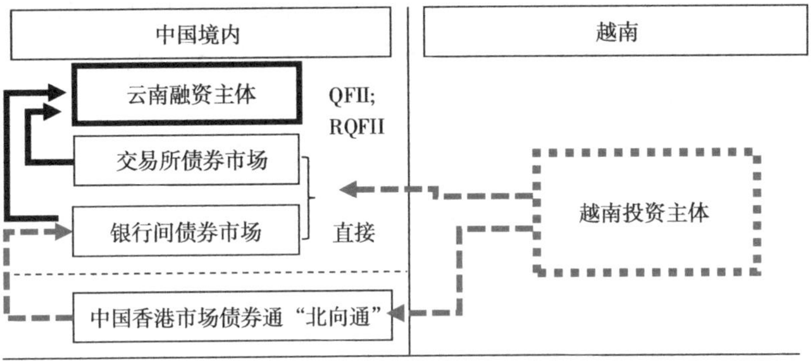

注：（1）越南主体可使用其人民币外汇储备或美元等非人民币外汇储备投资。（2）汇率风险、利率风险和违约风险管理均可在中国银行间市场完成。

图6－3　越南外汇储备投资中国境内债券市场的路径

图6－4给出了本章第一节关于如何在越南国内实现越南外汇储备保值增值的路径安排。在该路径下，云南省主体赴越南债券市场发行人民

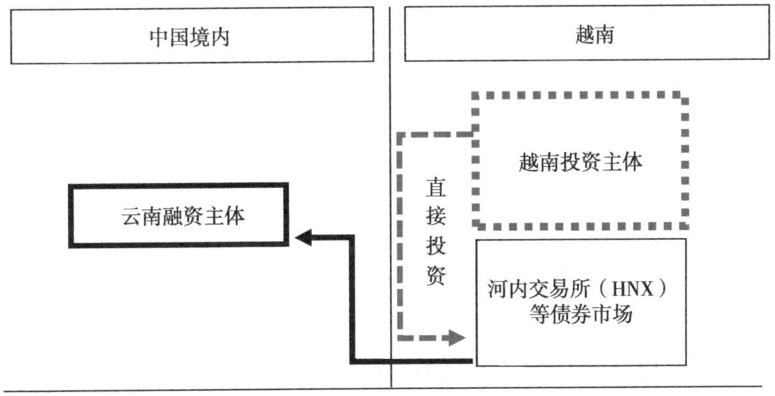

注：（1）越南主体可使用人民币外汇储备或美元等非人民币外汇储备投资。（2）投融资双方可借助多种渠道进行汇率风险、利率风险和违约风险的管理。

图6－4　越南外汇储备在越南国内投资人民币债券的路径

币债券，越南货币当局或其国内其他外汇持有机构可直接在越南国内完成外汇储备投资与保值增值，双方可多渠道完成汇率风险、利率风险和违约风险的管理。

图6－5给出了本章第二节关于越南融资主体在中国境内发行人民币债券的路径安排。在该路径下，越南主体可通过直接在中国银行间市场或交易所市场发行熊猫债，同步满足云南省各类投资主体投资需求；越南主体可在中国银行间市场完成汇率风险、利率风险和违约风险的管理，云南主体可以在中国银行间市场完成违约风险的管理。

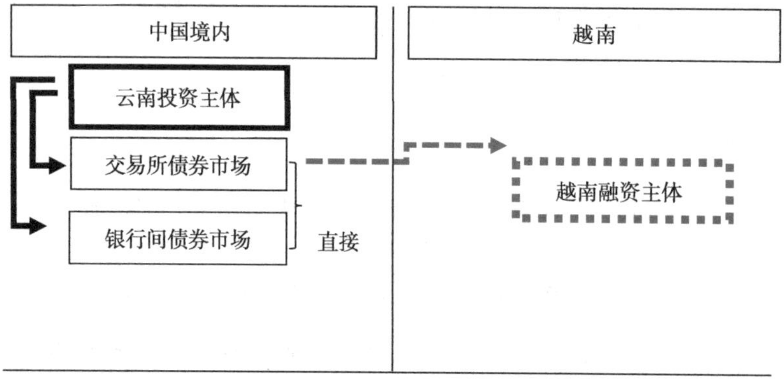

注：（1）越南主体在中国债券市场发债。（2）投融资双方可借助中国银行间市场进行汇率风险、利率风险和违约风险的管理。

图6－5　越南主体赴中国境内发行熊猫债融资的路径

图6－6给出了本章第二节关于越南融资主体在其国内实现人民币债券融资的路径安排。在该路径下，越南主体可在其国内债券市场发行人民币债券，同步满足云南省主体的投资需求，双方可多渠道完成汇率风险、利率风险和违约风险的管理。

图6－7给出了本章第三节关于中国云南省主体在中国香港发行人民币债券与越南货币当局或其他人民币等外汇持有机构赴港投资的路径安排。在该路径下，云南省主体可在中国香港发行人民币债券，而越南主体可投资该类债券。双方可主要在中国香港和中国内地市场完成汇率风险、利率风险和违约风险的管理。

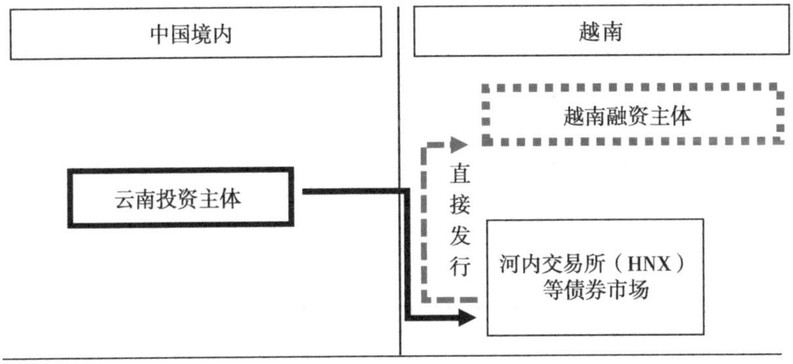

注：（1）中国云南省主体在越南投资，越南主体在其国内发债。（2）投融资中的汇率风险、利率风险和违约风险可借助多种方式管理。

图 6－6　越南主体在其国内发行人民币债券的路径

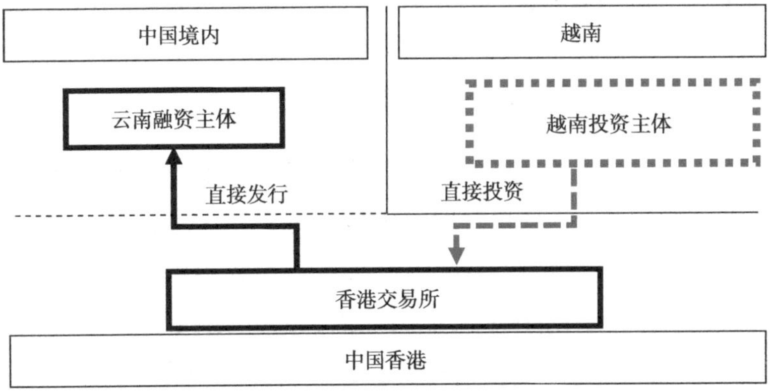

注：（1）中国云南省主体在中国香港发行人民币债券，越南主体在中国香港市场投资该类债券。（2）汇率、利率和违约风险的管理可在中国香港和中国内地市场完成。

图 6－7　中国云南省主体赴港发行人民币债券与越南主体赴港投资的路径

图 6－8 给出了本章第三节关于越南主体赴港发行人民币债券与云南省主体赴港投资的路径安排。在该路径下，越南主体可在中国香港债券市场发行人民币债券，云南省主体可在中国香港债券市场投资该债券。双方可主要在中国香港和内地市场完成汇率风险、利率风险和违约风险的管理。

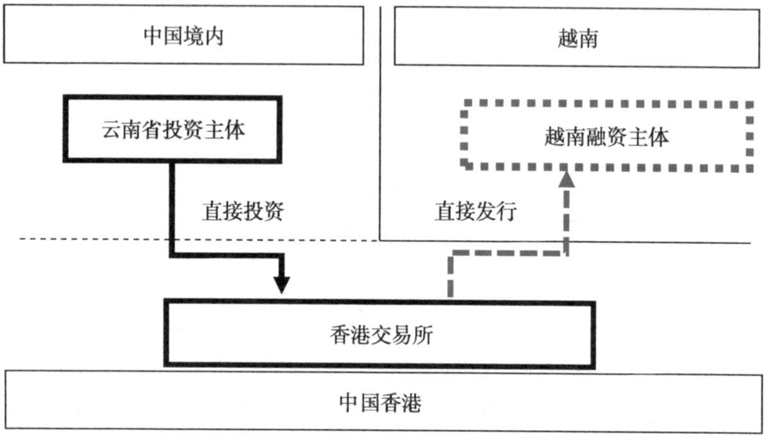

注：（1）越南主体在中国香港市场发行人民币债券，云南省主体在中国香港市场投资该类债券。（2）汇率、利率和违约风险的管理可主要在中国香港和中国内地市场完成。

图6－8　越南主体赴港发行人民币债券与中国云南省主体赴港投资的路径

二、不同培育路径的评价与推进思考

各路径安排对债券市场的发育程度、衍生品市场广度和深度提出了不同要求。综合来看，各培育路径大致可分为三大类：第一类是发生在中国境内债券市场的融资与投资。比如，云南省融资主体在中国境内债券市场发行债券，越南主体在中国境内债券市场投资这类债券（见图6－3），以及越南融资主体到中国境内债券市场发行熊猫债，中国云南省主体在中国境内债券市场投资这类债券（见图6－5）。第二类路径是发生在越南债券市场的融资与投资。比如，云南省主体在越南债券市场发行人民币债券，越南主体在越南债券市场投资这类债券（见图6－4），以及越南主体在越南债券市场发行人民币债券融资，中国云南省主体赴越南债券市场投资这类债券（见图6－6）。第三类路径是中国云南省和越南投融资主体在中国香港债券市场完成融资与投资（见图6－7和图6－8）。

根据前文分析，本书将人民币债券发行和投资过程中汇率风险、利率风险和违约风险管理工具的可得性和债券发行可行性汇总于表6－7。

表 6-7　　不同培育路径的优劣比较

路径	可操作性	风险最优管理市场		
		汇率风险	利率风险	违约风险
第一类路径：				
云南在国内融资	现实可行	无须管理	在中国境内	在中国境内
越南在中国投资	现实可行	中国/中国香港/越南	在中国境内	在中国境内
云南在国内投资	现实可行	无须管理	在中国境内	在中国境内
越南在中国融资	现实可行	中国/中国香港/越南	在中国境内	在中国境内
第二类路径：				
云南在越融资	暂不可行	无须管理	中国香港/越南/中国	尝试在中国境内
越南在越投资	暂不可行	中国香港/越南	中国香港/越南	尝试在中国境内
云南在越投资	暂不可行	无须管理	中国香港/越南/中国	尝试在中国境内
越南在越融资	暂不可行	中国香港/越南	中国香港/越南	尝试在中国境内
第三类路径：				
云南在中国香港投融资	现实可行	无须管理	中国香港/中国	尝试在中国境内
越南在中国香港投融资	现实可行	中国香港/越南	中国/中国香港/越南	尝试在中国境内

数据来源：作者自行整理。

从人民币债券发行和投资可行性看，从越南货币当局、金融机构和非金融机构企业法人视角，如要实现手中人民币等外汇储备保值增值，可在中国境内债券市场、中国香港债券市场和越南债券市场完成。从现实可行性看，在中国香港债券市场可很快进行，在中国境内债券市场只需履行必要开户手续即可，而在越南债券市场暂时无法操作。如要发行人民币债券，中国境内债券市场和中国香港债券市场都具有一定现实可行性，而在越南债券市场可行性较低。

从汇率风险、利率风险和违约风险管理工具可得性看，在中国境内汇率风险、利率风险和违约风险管理工具供给较充分，有利于投融资各方开展风险管理；在中国香港债券市场发行和投资人民币债券，汇率风险管理方面不存在太大问题，但利率风险和违约风险管理存在不足；在越南债券市场，汇率风险的管理工具种类、规模和深度略显不足，不便于进行利率风险管理，在违约风险管理方面也缺乏合适的工具。

综上所述，本书建议，把中国境内债券市场作为首选发行和投资市场，中国香港债券市场次之，越南债券市场则作为远期规划进行培育。

第七章　完善滇越跨境人民币债券市场培育路径思考

第一节　发挥云南省在人民币兑越南盾直接汇率形成中的区位优势

在滇越跨境人民币债券市场上，由于债券以人民币计价，对中国云南省投融资主体来说，不涉及不同币种的兑换，也就不会面临汇率风险。但对越南投融资主体来说，存在非人民币外汇与人民币的兑换以及人民币与越南盾的兑换，所以涉及一定的汇率风险。

一、优化美元等外汇兑人民币汇率风险管理

（一）越南投融资主体汇率风险管理的可行做法

如投融资活动发生在中国境内，越南主体可能在投资时须先将非人民币外汇兑换成人民币，投资结束时再将其换回原外汇币种；在发债与偿还本息时可能存在人民币与外汇的兑换及上述活动中汇率风险管理。目前，中国外汇交易中心可提供的产品有：（1）人民币外汇即期，具体包括美元兑人民币、欧元兑人民币、英镑兑人民币、日元兑人民币和港元兑人民币等29种人民币外汇即期产品；（2）人民币外汇远期，具体包括美元兑人民币、欧元兑人民币、英镑兑人民币、日元兑人民币和港元兑人民币等26种人民币外汇远期产品；（3）人民币外汇期权，具体包括美元兑人民币、欧元兑人民币、英镑兑人民币、日元兑人民币和港元兑人民币5种人民币外汇期权产品；（4）人民币外汇掉期，具体包括美元兑人民币、欧元兑人

民币、英镑兑人民币、日元兑人民币和港元兑人民币等26种人民币外汇掉期产品；（5）人民币外汇货币掉期，具体包括美元兑人民币、欧元兑人民币、日元兑人民币、港元兑人民币、英镑兑人民币、澳大利亚元兑人民币和印度尼西亚卢比兑人民币；（6）外币对业务，具体包括欧元兑美元和澳大利亚元兑美元等13个货币对即期、远期和掉期交易，澳大利亚元兑美元和欧元兑美元等5个货币对的货币掉期交易，欧元兑美元和美元兑日元等5个货币对的普通欧式期权和美式期权及其期权组合交易、亚式期权、欧式障碍期权与欧式数字期权。对于发生在中国债券市场上的人民币计价债券的发行和投资，境内债券发行和投资主体可通过适当方式买卖中国外汇交易中心提供的外汇衍生品管理汇率风险。对于越南货币当局、金融机构法人或非金融机构企业法人而言，不论是直接进入，还是以合格境外机构投资者身份进入，目前都可买卖中国外汇交易中心提供的外汇衍生品。相对于境内投资者，根据《中国人民银行　国家外汇管理局关于印发〈境外机构投资者投资中国债券市场资金管理规定〉的通知》（银发〔2022〕258号）第十二条规定，境外机构投资者可按套期保值原则开展境内人民币对外汇衍生产品交易，管理投资中国债券市场所产生的外汇风险敞口。因此，上述产品基本可满足越南投融资主体在中国境内发行或投资债券时美元、欧元、英镑、港元或日元等主要外汇与人民币进行兑换时面临的外汇兑换及汇率风险管理需求。

如投融资活动发生在中国香港，可选汇率风险管理工具较为丰富，既有场外交易的远期合约和掉期交易，也有场内交易的期货①和期权②（见表7－1和表7－2）。如果中国香港市场的风险管理产品不足以满足交易需求，可考虑借助美国③、新加坡市场上的期货产品，比如，美国芝加哥商品交易所（CME）（见表7－3）和新加坡交易所（见表7－4）提供的美元兑人

---

① 香港交易所．美元兑人民币（香港）期货［EB/OL］．（2024－08－06）［2024－08－06］https：//sc. hkex. com. hk/TuniS/www. hkex. com. hk/Products/Listed － Derivatives/Foreign － Exchange/USD－CNH－Futures？sc _ lang＝zh－CN#&product＝CUS.

② 香港交易所早在2012年9月就推出了美元兑人民币（香港）期货，为全球首只人民币可交收货币期货合约。

③ 美国芝加哥商品交易所（CME）在2013年2月25日也推出了美元兑离岸人民币期货合约。

民币或人民币兑美元期货和/或期权合约。

表 7－1　香港交易所离岸市场外币兑人民币衍生品合约基本信息

产品名称	合约金额	结算方式	合约月份
美元兑人民币（香港）期货	10 万美元	卖方付合约指定美元金额，买方付以最后结算价计算的人民币金额	即月、下 3 个历月及之后 6 个季月
小型美元兑人民币（香港）期货	2 万美元	卖方付合约指定美元金额，买方付以最后结算价计算的人民币金额	即月、下 3 个历月及之后 6 个季月
欧元兑人民币（香港）期货	5 万欧元	卖方付合约指定欧元金额，买方付以最后结算价计算的人民币金额	即月、下 1 个历月及之后 2 个季月
日元兑人民币（香港）期货	600 万日元	卖方付合约指定日元金额，买方付以最后结算价计算的人民币金额	即月、下 1 个历月及之后 2 个季月
澳大利亚元兑人民币（香港）期货	8 万澳大利亚元	卖方付合约指定澳大利亚元金额，买方付以最后结算价计算的人民币金额	即月、下 1 个历月及之后 2 个季月
人民币（香港）兑美元期货	30 万元人民币	卖方付合约指定人民币金额，买方付以最后结算价计算的美元金额	即月、下 3 个历月及之后 6 个季月

数据来源：香港交易所①。

注：（1）即月、下 3 个历月及之后的 6 个季月。如当下为 2023 年 2 月 1 日，本月有合约在交易，则会有如下月份的合约可以交易，2023 年 2 月（即月），2023 年 3 月、2023 年 4 月、2023 年 5 月（下 3 个历月），2023 年 6 月、2023 年 9 月、2023 年 12 月、2024 年 3 月、2024 年 6 月和 2024 年 9 月（之后的六个季月）。（2）香港交易所还提供美元兑人民币（香港）期权。

① 香港交易所．美元兑人民币（香港）期货［EB/OL］.（2024－08－06）［2024－08－06］. https：//www. hkex. com. hk/Products/Listed－Derivatives/Foreign－Exchange/USD－CNH－Futures? sc _lang＝zh－HK#&product＝CUS；香港交易所．美元兑人民币（香港）期權［EB/OL］.（2024－08－06）［2024－08－06］. https：//www. hkex. com. hk/Products/Listed－Derivatives/Foreign－Exchange/USD－CNH－Options? sc _lang＝zh－HK；香港交易所．小型美元兑人民币（香港）期货［EB/OL］.（2024－08－06）［2024－08－06］. https：//www. hkex. com. hk/Products/Listed－Derivatives/Foreign－Exchange/Mini－USD－CNH－Futures? sc _lang＝zh－HK#&product＝MCS；香港交易所．歐元兑人民币（香港）期货［EB/OL］.（2024－08－06）［2024－08－06］. https：//www. hkex. com. hk/Products/Listed－Derivatives/Foreign－Exchange/EUR－CNH－Futures? sc _lang＝zh－HK#&product＝CJP；香港交易所．日圓對人民幣（香港）期货［EB/OL］.（2024－08－06）［2024－08－06］. https：//www. hkex. com. hk/Products/Listed－Derivatives/Foreign－Exchange/JPY－CNH－Futures? sc _lang＝zh－HK#&product＝CJP；香港交易所．澳元兑人民币（香港）期货［EB/OL］.（2024－08－06）［2024－08－06］. https：//www. hkex. com. hk/Products/Listed－Derivatives/Foreign－Exchange/AUD－CNH－Futures? sc _lang＝zh－HK#&product＝CAU；香港交易所．人民幣（香港）兑美元期货［EB/OL］.（2024－08－06）［2024－08－06］. https：//www. hkex. com. hk/Products/Listed－Derivatives/Foreign－Exchange/CNH－USD－Futures? sc _lang＝zh－HK#&product＝UCN.

表7－2　2023年香港交易所离岸市场外币兑人民币衍生品成交量　单位：张

产品名称	合约成交量	未平仓合约量
美元兑人民币（香港）期货	9153227	29747
小型美元兑人民币（香港）期货	657451	3835
欧元兑人民币（香港）期货	525	0
日元兑人民币（香港）期货	8	0
澳大利亚元兑人民币（香港）期货	0	0
人民币（香港）兑美元期货	701	64
美元兑人民币（香港）期权	3263	338

数据来源：香港交易所[①]。

表7－3　美国芝加哥商品交易所离岸市场外币兑人民币衍生品合约基本信息

产品名称	合约金额	结算方式	备注
美元/离岸人民币期货	10万美元	—	无

数据来源：芝加哥商品交易所（CME Group）[②]。

表7－4　新加坡交易所离岸市场外币兑人民币衍生品合约基本信息

产品名称	合约金额	结算方式	成交量/张[③]
人民币/新加坡元外汇期货 SGX CNY/SGD FX Futures	50万元人民币	现金结算 （新加坡元）	0
新加坡元/离岸人民币外汇期货 SGX SGD/CNH FX Futures	10万新加坡元	现金结算 （离岸人民币）	0
人民币/美元外汇期货 SGX CNY/USD FX Futures	50万元人民币	现金结算（美元）	89
美元/离岸人民币期货（完整规模） SGX USD/CNH FX Futures（Full－Sized）	10万美元	现金结算 （离岸人民币）	2949414

① 香港交易所．每年数据［EB/OL］．（2024－08－06）［2024－08－06］．https：//www.hkex.com.hk/Market－Data/Statistics/Derivatives－Market/Yearly－Statistics？sc_lang＝zh－HK#select1＝0&selection＝%E6%9C%9F%E8%B2%A8%E5%8F%8A%E6%9C%9F%E6%AC%8A.

② 合约信息查询网站为 https：//www.cmegroup.cn/。

③ 新加坡交易所．Market Statistics Report［EB/OL］．（2024－08－06）［2024－08－06］．https：//api2.sgx.com/sites/default/files/2023－01/SGX%20Monthly%20Statistics%20Report%20Dec%202022_FA.pdf.

续表

产品名称	合约金额	结算方式	成交量/张
美元/离岸人民币期货（迷你） SGX USD/CNH FX Futures（Mini）	2.5 万美元	现金结算 （离岸人民币）	10290
欧元/离岸人民币外汇期货	10 万欧元	现金结算 （离岸人民币）	0
美元/离岸人民币弹性期货	1 份美元/离岸人民币期货（完整规模）合约	现金结算 （离岸人民币）	1716

数据来源：新加坡交易所集团①。

注：（1）上述期货或期权合约月份都为 13 个月加接下来的 8 个季月。（2）成交量仅统计了 2024 年 7 月数据。（3）CNY 为在岸人民币，CNH 为离岸人民币。

如投融资活动发生在越南国内，在规模不大时可以借助其国内衍生品市场进行风险管理；在规模较大时可借助中国香港、美国和新加坡市场上的衍生品进行风险管理。

（二）越南投融资主体汇率风险管理可能存在的问题与优化思考

在越南国内，人民币与美元等主要货币的兑换及风险管理产品规模有限。为此，越南国内的投融资主体，可借助香港交易所、芝加哥商品交易所和新加坡交易所参与人民币与美元等主要货币的兑换及风险管理。但在这些交易所，人民币兑美元产品交易规模较大，但人民币兑非美元等主要货币产品交易规模偏低，不足以达到风险管理目的。因此，可能需要借助中国境内人民币与非美元等主要货币衍生品管理汇率风险。然而，《中国人民银行　国家外汇管理局关于印发〈境外机构投资者投资中国债券市场资金管理规定〉的通知》（银发〔2022〕258 号）第十二条规定：境外机构投资者可按套期保值原则开展境内人民币对外汇衍生产品交易，管理投资中国债券市场所产生的外汇风险敞口。即境外机构投资者对中国境内衍生品交易仅限于对在中国债券市场上的投资进行风险管理。但令人欣慰的是，根据《内地与香港

① 新加坡交易所．外汇期货和期权［EB/OL］．（2024－08－06）［2024－08－06］．https：//www. sgx. com/zh－hans/derivatives/products/fx？ cc＝CYTM#%E5%90%88%E7%BA%A6%E8%A7%84%E6%A0%BC.

利率互换市场互联互通合作管理暂行办法》（中国人民银行公告〔2023〕第8号）所展现出来的衍生品管理思想，监管机构有扩大衍生品交易的安排。为推动人民币的国际化，须建立人民币与其他非美元主要货币的交易与汇率风险管理市场。因此，建议监管机构在风险可控的情况下积极推动衍生品交易的国际化，不断放开衍生品参与。

二、改进越南盾兑人民币汇率风险管理

在发展滇越跨境人民币债券市场时也会出现越南金融机构或非金融机构企业法人融入人民币用于国内活动或用越南盾兑换成人民币用于购买人民币债券、理财产品、资产管理计划或信托计划的情形，此时就涉及人民币与越南盾兑换，也就有必要进行相应的汇率风险管理。而管理人民币兑越南盾汇率风险是较为棘手的。虽然国内部分银行开展了人民币兑越南盾业务，但其汇率大都是基于美元兑人民币汇率和美元兑越南盾汇率而测算出的三角汇率。随着中国在世界经济中发挥着越来越重要的作用，特别是中国逐渐成为越南等越来越多南亚、东南亚国家最大贸易伙伴，再继续依赖美元在人民币兑越南盾等货币汇率形成中发挥中间作用显得越来越不合时宜，也越来越不现实。

目前，在中国云南省范围内，富滇银行和中国农业银行等金融机构已经在提供人民币兑越南盾报价。在缺乏人民币兑越南盾远期、期货、期权等衍生品的情况下，如果一家金融机构出现大量越南盾头寸，只能由开展非主要结算货币兑换的金融机构自行承担汇率波动风险。在缺乏统一人民币兑越南盾基础设施和制度安排的情况下，从事人民币兑越南盾业务的金融机构只能在市场上随机地寻找持有大量人民币头寸并有意将其兑换成越南盾的金融机构。为了减少制度和基础设施缺乏带来的风险，金融机构只能选择扩大买入价和卖出价之间的基差来补偿承担的风险（见表7-5）。这也进一步增加了人民币兑越南盾汇率的不精准性，更不利于人民币兑越南盾等非主要货币汇率形成机制的建立。

表 7-5　外汇牌价

币种	汇买价	汇卖价	汇基差率/%	钞基差率/%
新台币	22	23.47	6.68	7.94
老挝基普	0.0406	0.0427	5.17	23.58
马来西亚林吉特	152.68	157.77	3.33	3.92
缅甸缅元	0.3244	0.3346	3.14	5.64
柬埔寨瑞尔	0.1684	0.1729	2.67	4.26
越南盾	0.0289	0.0293	1.38	2.44
泰铢	19.81	20.03	1.11	8.26
日元	5.09	5.1411	1.00	5.17
韩元	0.5281	0.5334	1.00	9.42
欧元	729.31	735.96	0.91	4.64
英镑	828.56	835.87	0.88	4.46
加拿大元	507.1	511.51	0.87	4.58
澳大利亚元	468.61	472.62	0.86	4.42
瑞士法郎	738.31	744.27	0.81	4.18
新加坡元	512.42	516.55	0.81	4.28
美元	687.5	691.28	0.55	1.37
港元	87.63	88.1	0.54	1.36

数据来源：富滇银行国际业务部①。

注：(1) 数据提取时间为 2023 年 2 月 23 日 8 时 58 分 24 秒。(2) 汇基差率 = (汇卖价 - 汇买价) /汇买价。(3) 钞基差率 = (钞卖价 - 钞买价) /钞买价。

为了让人民币兑越南盾尽快形成更加独立的汇率，至少需要完成以下几个方面工作：(1) 加大人民币兑越南盾汇率直接形成机制研究。推动云南省高校，特别是云南大学和云南财经大学这两所具有较强财经研究能力的地方高校与国家外汇管理局和中国外汇交易中心积极合作，就人民币兑越南盾（当然也包括人民币兑南亚、东南亚国家非主要结算货币）汇率直接形成机制进行研究。(2) 加强省际合作。在探索人民币兑越南盾报价制度和交易金融基础设施建设过程中，应主动与广东、广西、江苏和上海等与越南有较多业务往来省份的合作。(3) 争取技术支持。应请求中国外汇交易中心在人民币兑越南盾外汇衍生品交易过程中为中

① 富滇银行．外汇牌价［EB/OL］．(2023-02-23)［2024-08-06］．https://www.fudian-bank.com/qt/ssjr/whpj.html。

越双方参与人民币兑越南盾交易的金融机构提供信息系统支持，为参与金融机构的交易提供便利。(4) 组建一个国际性的团队。人民币兑越南盾汇率直接形成机制研究与实践不能脱离越南货币当局或金融机构单独进行，必须组建一个由中越双方共同参与的研究团队，在机制试点过程中也要由中越双方金融机构共同参与完成。(5) 加大人民币兑越南盾衍生品开发力度。各方应加强合作，加大人民币兑越南盾远期、期货和期权等外汇衍生品开发力度，并推动中越双边金融机构对研究成果的试点。

第二节　加大利率衍生品和信用衍生品研发力度

在滇越跨境人民币债券投融资活动中，关于汇率波动引发的风险管理在上一节已进行了分析，下文将就如何更好地管理利率风险和违约风险予以分析。

一、与利率风险相关衍生品研发

从债券发行和交易的市场看，有三类：在中国境内发行和投资的债券、在中国香港发行和投资的债券以及在越南发行和投资的债券。从债券投融资视角看，存在管理融资风险和投资风险的需要。比如，对于融资企业而言，如果担心未来经营收益不确定性变大且当前利率较高，则有将固定利率债券转换为浮动利率债券的需求；如果经营稳健且当期利率水平较低，则有将浮动利率债券转换为固定利率债券的需求。对于债券投资者而言，如果担心市场利率朝着不利于自己的方向变动，则有管理利率风险的需求。

（一）在中国境内发行和交易人民币债券时的利率风险管理

如果债券的发行和交易活动发生在中国境内债券市场，不论发行主体或投资者是来自越南，还是中国境内，都可以进入中国银行间市场或中国金融期货交易所参与利率衍生品交易，管理利率风险。

1. 可充分借助全国银行间同业拆借中心利率互换和利率互换期权等衍生品完成相关风险管理。如果发行主体因经营波动需要将以固定利率债券转换为浮动利率，或者将浮动利率债券转换为固定利率债券，可借助中国外汇交易中心（全国银行间同业拆借中心）提供的利率互换和利率互换期权产品完成风险管理。如果发行主体是金融机构，可成为全国银行间债券市场的直接参与者：如其具备做市商或结算代理业务资格，可与其他所有市场参与者进行利率互换或利率互换期权交易；如不具备，则可与所有金融机构进行利率互换或利率互换期权交易。非金融机构只能与具有做市商或结算代理业务资格的金融机构进行以套期保值为目的的利率互换或利率互换期权交易。符合中国人民银行相关要求的境外机构，可按规定开展利率互换或利率互换期权交易。

利率互换交易的参考利率应为经中国人民银行授权全国银行间同业拆借中心发布的银行间市场具有基准性质的市场利率或人民银行公布的基准利率。交易系统已支持的利率指标包括但不限于 FR007、Shibor_3M、LPR1Y 和 LPR5Y 等。

通过表 7-6 可发现，以 FR007 和 Shibor_3M 为参考利率的利率互换交易最为活跃，且标的资产覆盖期限最长可达 10 年或以上，以 1 年期、5 年期和其他期限的交易最为活跃，基本可满足利率互换需求。

表 7-6　2024 年 7 月全国银行间同业拆借中心利率互换统计月报

参考利率	期限	固定利率/%	名义本金/亿元	成交笔数/笔
FR007	1 月	1.8	170	50
	3 月	1.86	1112.5	451
	6 月	1.87	3481.1	1572
	9 月	1.85	2641.1	1368
	1 年	1.82	10557.8	8720
	2 年	1.81	1498.3	1526
	3 年	1.84	411.5	306
	4 年	1.89	207.7	179
	5 年	1.95	5118.6	12836
	7 年	2.03	9.4	23
	10Y	2.15	0.2	1
	其他	—	1065.2	601

续表

参考利率	期限	固定利率/%	名义本金/亿元	成交笔数/笔
Shibor_3M	6月	1.87	7.5	5
	9月	1.92	82.5	22
	1年	1.91	289.5	225
	2年	1.89	14.2	13
	3年	1.85	28	34
	4年	1.96	15	20
	5年	2.05	160.5	432
	7年	2.13	0.2	1
	其他	—	94.5	30
LPR1Y	6月	3.44	1	1
	9月	3.41	8	5
	1年	3.4	29.5	33
	2年	3.34	5.5	9
	3年	3.32	3.5	7
	4年	3.3	0.5	1
	其他	—	0.5	1
LPR5Y	1年	3.86	2	1

数据来源：中国外汇交易中心（全国银行间同业拆借中心）①。

除了利率互换，中国外汇交易中心还提供了远期利率协议和利率期权供发行人选择。其中，远期利率协议是指交易双方约定在未来某一日，交换协议期间内一定名义本金基础上分别以固定利率和参考利率计算的利息的金融合约。其中，远期利率协议的买方支付以固定利率计算的利息，卖方支付以参考利率计算的利息。利率期权又包括利率互换期权、利率上/下限期权等。其中，利率互换期权又分为固定利率支付方利率互换期权和固定利率收取方利率互换期权。固定利率支付方利率互换期权为看涨期权，指期权买方有权在约定时间按照执行利率进入一个本方支

① 中国外汇交易中心．利率互换月报［EB/OL］（2024－08－06）［2024－08－06］. https://www.chinamoney.com.cn/chinese/mtmoncjgl.

付固定利率、收取浮动利率的利率互换合约；固定利率收取方利率互换期权为看跌期权，指期权买方有权在约定时间按照执行利率进入一个本方支付浮动利率、收取固定利率的利率互换合约。

从利率互换、远期利率协议和利率期权的上述定义可以发现，相对于利率互换，远期利率协议也可称为远期利率互换协议，可指定未来的某一时间开始互换，比利率互换更加灵活；而利率互换期权，其持有方可以选择履行利率互换，也可以选择放弃履行，也就是有了更多的主动权。而利率上限或下限期权更是直接给予持有人利率的上限或下限被保护的权利。

2. 增加国债期货更长期限合约月份以降低风险管理成本和风险。如发债主体想管理不利利率波动带来的风险，可借助国债期货完成相关风险管理。购买国债期货需要在中国金融期货交易所完成开户和交易工作。目前中国金融期货交易所提供2年期、5年期和10年期等四种国债期货品种①。发行人或投资者可购买最接近已发行债券剩余期限的国债期货进行交易。其中，2年期国债期货合约可交割国债为发行期限不高于5年、合约到期月份首日剩余期限为1.5~2.25年的记账式附息国债；5年期国债期货合约可交割国债为发行期限不高于7年、合约到期月份首日剩余期限为4~5.25年的记账式附息国债；10年期国债期货合约可交割国债为发行期限不高于10年、合约到期月份首日剩余期限不低于6.5年的记账式附息国债。

现有的3种国债期货合约月份为最近的3个季月，即3月、6月、9月和12月中的最近3个月的循环。也就是说，任何一种合约或任何一个月份的合约从上市至到期交割只有9个月左右交易时间。如借国债期货管理利率风险，那么，一次期货交易最多只能可靠管理未来9个月利率波动。尽管可通过移仓换月来延迟期货交易的套保期限，但是，为了实现更长期限的套期保值就需要经历多次移仓换月。而这会增加套期保值策略的费用，毕竟每一次交易不但会产生交易手续费、保证金和税费等成本，还会面临因流动性紧缩而带来的冲击成本，以及当季和次季的合约价差等隐性成本。

① 中国金融期货交易所已于2023年4月21日推出了30年期国债期货。因其推出较晚，本书重点介绍借助2年期、5年期和10年期国债期货对冲利率风险的方法。

表7－7、表7－8、表7－9和表7－10分别给出了在新加坡交易所与日本大阪交易所交易的日本政府债券期货和在香港交易所交易的香港银行同业拆息期货的合约主要信息。从中可发现，中国的国债期货合约与日本国债期货合约较为相似；日本10年期国债期货也在新加坡交易所进行交易，但相对于大阪交易所，新加坡交易所交易的期货可以延伸至5个季月，即在不移仓换月的情况下最长可以管理未来约1年零3个月的利率波动，相比中国金融期货交易所和大阪交易所约9个月的期限增加了约6个月。相对于上述交易所，香港交易所可提供未来7个季月合约，也就是在不移仓换月情况下将管理期限延长至约1年零9个月。因此，建议研究将中国金融期货交易所各利率期货品种的合约月份适当延长的可行性，这将有助于降低融资企业和投资者的套保成本和套保风险。

表7－7　新加坡交易所利率期货合约基本信息

项目	新加坡交易所	
产品名称	新加坡交易所10年期完整版日本政府债券期货 10 year Full－sized Japanese Government Bond Futures①	新加坡交易所10年期迷你版日本政府债券期货 10－year Mini Japanese Government Bond Futures②
交易代码	JG	JB
合约标的	6%票面利率、10年期日本政府债券	6%票面利率、10年期日本政府债券
合约标的规模	1亿日元名义本金	1000万日元名义本金
合约月份	3月、6月、9月和12月周期中的5个季度月	3月、6月、9月和12月周期中的5个季度月
最后交易日	大阪交易所10年期国债期货合约到期月份最后交易日的前一个工作日	大阪交易所10年期国债期货合约到期月份最后交易日的前一个工作日

数据来源：新加坡交易所。

注：（1）新加坡交易所仅有这两款利率期货产品。（2）关于合约月份，假设今天是2023年2月1日。对于新加坡交易所10年期完整版日本政府债券期货（JG）和新加坡交易所10年期迷你版日本政府债券期货（JB），存在以下5种到期期限的合约在交易：2023年3月、2023年6月、2023年9月、2023年12月和2024年3月。

① 新加坡交易所．10 Year Full－sized Japanese Government Bond Futures［EB/OL］.（2024－08－06）［2024－08－06］. https：//www. sgx. com/derivatives/products/jgb？cc＝JG.

② 新加坡交易所．10－Year Mini Japanese Government Bond Futures and Options［EB/OL］.（2024－08－06）［2024－08－06］. https：//www. sgx. com/derivatives/products/minijgb？cc＝JB.

表 7-8　　大阪交易所利率期货合约基本信息（非迷你版）

项目	大阪交易所	
产品名称	5 年期日本政府国债期货 5 - year JGB Futures	10 年期日本政府国债期货 10 - year JGB Futures
合约标的	3%票面利率、5 年期日本政府债券	6%票面利率、10 年期日本政府债券
合约标的规模	面值 1 亿日元	面值 1 亿日元
合约月份	3 个季月周期中的 3 个月（3 月、6 月、9 月和 12 月）	3 个季月周期中的 3 个月（3 月、6 月、9 月和 12 月）
最后交易日	每个交付日前的第 5 个工作日（每个合约月份的第 20 日，如果这一天不是工作日就顺延）；新合约月份的交易始于最后一个交易日后的第一个工作日	每个交付日前的第 5 个工作日（每个合约月份的第 20 日，如果这一天不是工作日就顺延）；新合约月份的交易始于最后一个交易日后的第一个工作日
可交付品等级	4 年或以上但少于 5.25 年的 5 年期付息日本政府债券	7 年或以上但少于 11 年的 10 年期付息日本政府债券
最终清算方式	符合可交付等级的债券	符合可交付等级的债券

数据来源：日本交易所集团（JPX）①。

注：（1）符合可交付等级的债券权限于发行月份至少比交付月份早 3 个月的债券。（2）日本利率期货产品都在大阪交易所进行交易，而大阪交易所也只有这 4 款产品。

表 7-9　　大阪交易所利率期货合约基本信息（迷你版）

项目	大阪交易所	
产品名称	迷你 10 年期日本政府债券期货（现金清算） mini 10 - year JGB Futures（Cash - Settled）	迷你 20 年期日本政府债券期货 mini 20 - year JGB Futures
合约标的	6%票面利率、10 年期日本政府债券	3%票面利率、20 年期日本政府债券
合约标的规模	面值 1000 万日元	面值 1000 万日元

① Japan Exchange Group. JGB Futures [EB/OL]. (2024-08-06) [2024-08-06]. https://www.jpx.co.jp/english/derivatives/products/jgb/jgb-futures/01.html.

续表

项目	大阪交易所	
合约月份	3个季月周期中的3个月（3月、6月、9月和12月）	3个季月周期中的3个月（3月、6月、9月和12月）
最后交易日	每个交付日前第6个工作日（每个合约月份的第20日，如果这一天不是工作日就顺延）；新合约月份的交易始于最后一个交易日后第一个工作日	每个交付日前第5个工作日（每个合约月份的第20日，如果这一天不是工作日就顺延）；新合约月份的交易始于最后一个交易日后第一个工作日
可交付品等级	无	2019年3个月或以上但少于2021年的20年期付息日本政府债券
最终结算方式	基于最终清算价格的现金结算	交付符合可交付等级的债券

数据来源：日本交易所集团（JPX）①。

注：(1) 符合可交付等级的债券仅限于发行月份至少比交付月份早3个月的债券。(2) 日本利率期货产品都在大阪交易所进行交易，而大阪交易所也只有这4款产品。

表7-10　　香港交易所利率期货合约基本信息

项目	香港交易所	
产品名称	1个月香港银行同业拆息	3个月香港银行同业拆息
HKATS代码	HB1	HB3
合约标的规模	1500万港元	500万港元
合约月份	现月及接下来5个月	现月、接下来2个月及之后7个季月
最后交易日	合约月份第三个星期三之前第二个营业日	合约月份第三个星期三之前第二个营业日
最后结算日	合约月份第三个星期三	合约月份第三个星期三

① Japan Exchange Group. JGB Futures [EB/OL]. (2024-08-06) [2024-08-06]. https://www.jpx.co.jp/english/derivatives/products/jgb/jgb-futures/01.html; Japan Exchange Group. Overview of Japanese Government Bond Futures & Options (Flyer) [EB/OL]. (2024-08-06) [2024-08-06]. https://www.jpx.co.jp/english/derivatives/products/jgb/mini-jgb-futures/tvdivq0000003o5k-att/JGB_FUT_OP_E.pdf; Japan Exchange Group. mini-10yearJGB Futures (Cash-Settled) [EB/OL]. (2024-08-06) [2024-08-06]. https://www.jpx.co.jp/english/derivatives/products/jgb/mini-jgb-futures/index.html.

续表

项目	香港交易所	
合约价值	合约成交价乘以最低价格波幅的价值后再乘以 100 ［例如：95.50 ×（15000000 港元 × 0.0001 × 1/12）× 100］	合约成交价乘以最低价格波幅的价值后再乘以 100 ［例如：95.50 ×（5000000 港元 × 0.0001 × 0.25）× 100］
报价	一百减去利率	一百减去利率
最后结算价	一百减去最后交易日上午 11：15 左右的 1 个月期香港银行公会（HKAB）港元结算利率报价，并以四舍五入方式上调或下调至小数位后两个数值 （100 − 香港银行公会港元结算利率 = 最后结算价）	一百减去最后交易日上午 11：15 左右的 3 个月期香港银行公会（HKAB）港元结算利率报价，并以四舍五入方式上调或下调至小数位后两个数值 （100 − 香港银行公会港元结算利率 = 最后结算价）
结算方式	以现金结算	以现金结算

数据来源：香港交易所官方网站①。

注：（1）香港银行同业拆息是香港银行同业之间买卖港元投资工具所选定的利率。该拆息（1 个月至 12 个月）定盘是根据香港银行公会指定的 20 家银行于香港时间早上 11 时整提供的报价，剔除最高的 3 个报价（如出现相同，选取最高的 3 个）及最低的 3 个报价（如出现相同，选取最低的 3 个），以剩余 14 个报价的平均值（下调至 5 个小数点）作为期间的香港银行公会结算利率。（2）在香港交易所只有这 2 款利率期货产品。（3）关于合约月份，假设今天是 2023 年 2 月 1 日。对于 1 个月香港银行同业拆息期货，存在以下 6 种到期期限的合约在交易：2023 年 2 月，2023 年 3 月，2023 年 4 月，2023 年 5 月，2023 年 6 月和 2023 年 7 月；对于三个月香港银行同业拆息期货，存在以下 10 种到期期限合约在交易：2023 年 2 月，2023 年 3 月，2023 年 4 月，2023 年 6 月，2023 年 9 月，2023 年 12 月，2024 年 3 月，2024 年 6 月，2024 年 9 月和 2024 年12 月。

3. 加快本土国债期货期权产品开发以进一步丰富利率衍生品供给。国债期货期权是一种赋予其持有人在给定日期或之前的任何交易时间，以固定价格购进或售出特定国债期货权利的合约。

---

① 香港交易所. 三個月港元利率期货［EB/OL］.（2024 − 08 − 06）［2024 − 08 − 06］. https：//www. hkex. com. hk/Products/Listed − Derivatives/Interest − Rate/Three − Months − HIBOR − Futures? sc _ lang = zh − HK#&product = HB3.

购买利率期货有助于降低利率风险：市场利率上升导致现有资产的价值降低，但在卖出的利率期货上可以赚得收益；市场利率下降使现有资产的价值上升，但在卖出的利率期货上会遭遇损失。如购买利率期货期权，则会产生非对称性收益。比如，对于购买固定利率计息债券的投资者，如果其持有一份看跌利率期货期权（Put），市场利率上升会导致现有资产价值的降低，但在卖出的利率期货上可以赚得收益，其应选择行权；市场利率下降会使现有资产价值上升，但在卖出的利率期货上会遭遇损失，此时再行权就不够明智，因此不应该行权。而如果卖出的是期货而不是期货期权，则必须履约或平仓，从而做实损失。对于支付固定利息的债券发行人，如果其持有一份看涨利率期货期权（Call），则市场利率的上升会导致买入的利率期货面临亏损，无须行权，但如果买入的是期货则必须履约或平仓；市场利率下降会使买入的利率期货产生收益，其可选择行权。

相对于购买国债期货，不论是债券持有人，还是发行人，购买相应国债期货期权都因选择权而降低了损失或增加了收益，唯一代价是期权费用。因此，尽管国债期货和国债期货期权都可以降低利率波动引发的风险，但国债期货期权的行权能给予投融资主体更想要的结果，而期货的影响则是双向的。

尽管国债期货期权非常好，但中国内地市场和香港交易所还暂未提供国债期货期权这一利率期权衍生品。在所分析的四个交易所中，仅有新加坡交易所和大阪交易所提供 10 年期日本政府债券期货期权（见表 7－11和表 7－12）。其中，新加坡交易所的期货期权是针对迷你版期货的，而大阪交易所则是针对完整版期货的；两个交易所的合约持续时间都比较短，最多不超过 6 个月。

鉴于此，建议中国金融期货交易所加快对全世界主要交易所类似利率期货期权产品的研究，不断完善影响利率期货期权产品运行所需制度，积极稳妥、尽可能早地推出中国各主要期限国债期货期权产品，以便中国债券市场投资者或发行主体有更多管理利率风险的工具，这对提升我国债券市场的吸引力具有重要意义。

表 7－11　　新加坡交易所利率期货与期权合约基本信息

项目	新加坡交易所 10 年期迷你版日本政府债券期权 SGX 10 － year Mini Japanese Government Bond Options	新加坡交易所 10 年期迷你版日本政府债券期货 SGX 10 － year Mini Japanese Government Bond Futures
产品类型	期权	期货
产品类别	利率	利率
合约标的	一份迷你日本政府债券期货合约（如第三列所描述）	1000 万日元名义本金、6% 票面利率、10 年期日本政府债券
合约月份	2 个最近的连续月份和在 3 月、6 月、9 月和 12 月周期的 2 个最近季月	3 月、6 月、9 月和 12 月周期的 5 个季月
结算方式	现金结算	现金结算

数据来源：新加坡交易所①。

注：在新加坡交易所仅有这 1 款利率期权产品。

表 7－12　　大阪交易所利率期货期权合约基本信息

项目	日本政府国债期货期权 Options on JGB Futures
产品名称	10 年期日本政府国债期货期权
产品类型	期权
产品类别	利率
合约标的	一份面值 1 亿日元、票面利率为 6%、10 年期日本政府债券期货
合约月份	2 个最近的连续月份和在 3 月、6 月、9 月和 12 月周期的 2 个最近的季月
最终结算方式	在行权日的下午 3：15（市场关闭）实施 10 年期日本政府债券交易

数据来源：日本交易所集团（JPX）②。

注：日本利率期货期权产品在大阪交易所进行交易，而大阪交易所也只有这 1 款产品。

（二）在中国香港发行和交易债券时的利率风险管理

在香港交易所，只有 1 个月期港元利率期货和 3 个月期港元利率期货两种利率衍生品。从表 7－13 和表 7－14 可发现，两种利率期货的交易并不活跃，特别是 1 个月期港元利率期货在整个 2021 年和 2022 年都

---

① Singapore Exchange Limited. 10－Year Mini Japanese Government Bond Futures and Options [EB/OL]. (2024－08－06) [2024－08－06]. https://www.sgx.com/derivatives/products? code = interestrate.

② Japan Exchange Group. Overview of Japanese Government Bond Futures & Options (Flyer) [EB/OL]. (2024－08－06) [2024－08－06]. https://www.jpx.co.jp/english/derivatives/products/jgb/mini－jgb－futures/tvdivq0000003o5k－att/JGB_FUT_OP_E.pdf.

没有任何交易。正如前文所述，不同币种产品不属于同一个市场，利率走势并不相同，不可以用港元利率期货管理人民币计价资产面临的利率风险，况且较小的交易量不利于较大风险敞口的管理。

对于在香港交易所市场发行的人民币计价债券，本书为发行人和投资者提供了两种策略：一是用外币利率互换将人民币计价债券变为港元计价浮动利率计息债券，进而管理利率风险，只需做好人民币兑港元汇率风险管理即可。二是允许人民币计价债券的发行人和投资者进入中国外汇交易中心就香港交易所上市债券风险敞口进行利率风险管理。相比较而言，第二种策略更好一些，要采取的措施是确保参与交易主体是在做套期保值而非投机。但第二种策略暂时没有相应规则明确是否可行。

为提高中国香港市场人民币债券发行及投资的便利性及风险管理水平，本书建议：(1) 加强中国香港债券市场利率衍生品研发。如新加坡引入日本国债期货和期权，香港交易所可考虑引入不同期限的内地国债期货，以便于中国香港市场人民币债券投融资主体管理利率波动风险。(2) 中国外汇交易中心可考虑研究中国香港市场人民币债券的投融资主体借助境内利率和汇率衍生品管理利率风险的可行性。关键是研究制定办法有效约束利率衍生品参与主体做套期保值而非投机。

表 7－13　香港交易所三个月港元利率期货成交量　单位：张

年份	合约成交量	月底未平仓合约
2018	592	272
2019	175	60
2020	259	15
2021	0	0
2022	200	45
2023	131	15

数据来源：香港交易所[①]。

① 香港交易所．每年数据－三个月港元利率期货［EB/OL］．（2024－08－06）［2024－08－06］．https：//www. hkex. com. hk/Market－Data/Statistics/Derivatives－Market/Yearly－Statistics？sc_lang＝zh－HK#select1＝71&selection＝%E4%B8%89%E5%80%8B%E6%9C%88%E6%B8%AF%E5%85%83%E5%88%A9%E7%8E%87%E6%9C%9F%E8%B2%A8.

表 7-14　　香港交易所一个月港元利率期货成交量　　单位：张

年份	合约成交量	月底未平仓合约
2018	167	0
2019	95	0
2020	55	0
2021	0	0
2022	0	0
2023	304	10
2018	167	0

数据来源：香港交易所①。

（三）在越南发行和交易债券时的利率风险管理

与香港市场情况类似，尽管在越南河内交易所已经有了 5 年期和 10 年期国债期货，但其计价货币与人民币不同，分属不同市场，不可直接用来做利率风险管理。与中国香港市场做法相似，依然有两种管理策略：一是将人民币计价、固定利率付息债券，通过外币利率互换转为越南盾计价浮动利率计息债券，然后处理越南盾兑人民币汇率风险。二是允许越南债券市场上人民币债券发行人和投资人进入中国外汇交易中心管理利率风险。相对于管理人民币兑港元汇率风险，管理人民币兑越南盾汇率风险更加困难。因此，第二种策略更加可行，即允许各方进入中国外汇交易中心做套期保值，下一步的工作重在确保各方在做套期保值，而非投机。

为此，本书建议，中国外汇交易中心考虑研究越南债券市场人民币债券投融资主体借助中国境内利率和汇率衍生品管理利率风险的可行性。

二、与违约风险相关信用衍生品研发

（一）适合中国境内市场发行人民币债券违约风险管理的衍生品

对于债券投资者来说，如果发行人不是中央政府，就存在着违约风

① 香港交易所．每年数据 - 一个月港元利率期货［EB/OL］.（2024 - 08 - 06）［2024 - 08 - 06］. https://www.hkex.com.hk/Market - Data/Statistics/Derivatives - Market/Yearly - Statistics? sc_lang = zh - HK#select1 = 72&selection = % E4% B8% 80% E5% 80% 8B% E6% 9C% 88% E6% B8% AF% E5% 85% 83% E5% 88% A9% E7% 8E% 87% E6% 9C% 9F% E8% B2% A8.

险，因此管理发行人违约风险显得非常重要。在中国外汇交易中心，有两种衍生品可用于减少发行人违约风险，它们分别是信用违约互换和信用风险缓释凭证。

信用违约互换，是指交易双方达成的，约定在未来一定期限内，信用保护买方按照约定的标准和方式向信用保护卖方支付信用保护费用，由信用保护卖方就约定的一个或多个参考实体向信用保护买方提供违约风险保护的金融合约。信用风险缓释凭证，是指由标的实体以外的机构创设的，为凭证持有人就标的债务提供违约风险保护的，可交易流通的有价凭证。全国银行间同业拆借中心通过本币交易系统为信用违约互换和信用风险缓释凭证提供报价、交易及信息披露等服务。

这两款产品基本可满足人民币计价债券在中国境内市场的发行和投资中面临的违约风险管理需求。

（二）适合中国香港和越南市场发行人民币债券违约风险管理的衍生品

如果发行和投资活动发生在中国香港或越南，由于没有关于信用衍生品交易的公开数据，发行人和投资者如果在中国香港和越南就地进行违约风险管理，有三种主要策略可供选择：一是与保险公司等金融机构单独协商提供相关产品，或由相关机构提供担保等增信措施。二是允许债券的发行人和投资者进入中国外汇交易中心基于套期保值原则参与信用衍生品交易。三是建立中国香港或越南的信用衍生品市场。相对来说，第二种策略更为可行些，第一种策略成本可能更高些，第三种策略完全是从无到有，同时受到市场规模约束，效果不见得理想。

为了促进滇越跨境人民币债券离岸市场建设，本书建议：(1) 加大金融基础设施和制度建设力度，使得中国境内管理违约风险衍生品交易能够包容来自中国香港和越南的投资者和融资主体。监管的重心在于制定规则和采取措施确保参与主体在做套期保值而非投机。(2) 加强与中国香港和越南监管当局的交流，提高其在信用衍生品开发和服务方面的能力。

第三节　积极建设滇越跨境债券发行与交易金融基础设施

目前，中越跨境债券投融资活动规模还较小，正处于业务发展初期。此时应不断启动不同类型债券投融资业务，并在业务开展时及时总结适合的业务模式，为中越跨境债券的未来发展提供基本保障。在业务量较小时，宜以最有利于业务探索的方式，即由地方政府机构不断探索业务开展具体模式。因此，从地方政府机构层面推进跨境债券市场金融基础设施建设就变得非常必要了①。

一、推动云南省本土债券登记与托管中心建设

发展债券市场，离不开债券登记与托管。为让云南省在中越跨境债券发行与交易过程中发挥重要作用，应加强本土债券登记与托管金融基础设施建设。

为使云南省的债券登记与托管金融基础设施能承载国家战略，使云南省金融基础设施快速、有效地接入国家金融基础设施体系，建议在中央国债登记结算有限责任公司（以下简称中央结算）、中国证券登记结算有限责任公司（以下简称中国结算）和银行间市场清算所股份有限公司（以下简称上海清算所）的共同严格指导下，在云南省建立起能有效对接上述国家级债券登记与托管机构的二级中心，使云南省办理相关债券业务的基本程序、规则和基本数据结构与上述国家级机构做法一致。如果是直接借用上述三家机构的系统，在业务发展初期，建议请求上述三家国家级债券登记与托管机构充分授权云南省指定机构独立开展涉越南等周边国家跨境债券发行的登记与托管。在业务规模和办理经验等基本条件成熟后，可由中央结算、中国结算和上海清算所的托管系统全面接管云南办理的跨境债券发行和交易。

---

① 钟红．人民币国际债券市场研究——基于人民币国际化的视角［M］．北京：人民出版社，2017：272－274.

目前，在云南省范围内，云南省股权交易中心有限公司（以下简称云南省股权交易中心）是云南省范围内唯一合法股权交易中心。它是经云南省委省政府审议同意，于2020年11月30日由云南省投资控股集团有限公司、华创证券有限责任公司、红塔证券股份有限公司、云南省滇中产业发展集团有限责任公司共同出资设立的，注册资本1亿元。云南省人民政府依法对云南省股权交易中心进行监督管理，并指定云南省地方金融监督管理局承担对云南省股权交易中心的日常监督管理职责①。

云南省股权交易中心目前主要为云南省行政区域内非上市公司提供股权登记②、托管③、挂牌④和展示⑤等服务。截至2024年9月25日，云南省股权交易中心已托管企业43家，托管企业总股本151.0亿元人民币；挂牌企业367家，挂牌企业总股本87.7亿元人民币；展示企业185家，展示企业总股本29.1亿元人民币。云南省股权交易中心正处于发展初期，在服务云南股权业务方面处于探索阶段。鉴于此，云南省完全可以同时开展服务债券市场基础设施建设，同时服务股权和债权市场，成为更为全面地服务区域性资本市场的金融基础设施。

云南省股权交易中心是云南省区域性股权市场唯一合法运营机构，其成立标志着云南省区域性股权市场正式建立，夯实了云南省多层次资本市场的基础。如果再对接上中央结算、中国结算和上海清算所，云南省股权交易中心将再增添区域性债券市场职能，从而全面发挥服务资本

---

① 云南省股权交易中心有限公司．公司介绍［EB/OL］．（2024－08－06）［2024－08－06］．https：//www.yneec.com/goExchange/index？type＝0.

② 股权登记服务是指云南省股权交易中心接受公司的委托，为公司管理股东名册，记载并确认股东股权及其相关权益的产生、变更、消灭，包括股权初始登记、股权变更登记、股权质押同步登记、股权退出登记等。

③ 股权托管服务是指为在云南省股权交易中心完成初始登记的公司股权进行集中登记管理的行为，包括股东账户与名册管理、股权冻结、代理权益派发、股权信息查询、股权证明、信息披露等。

④ 在云南省股权交易中心成功挂牌的公司称为挂牌公司，挂牌公司应同时在中心进行股权登记托管。挂牌是指有交易需求的云南省行政区域内非上市公司在云南省股权交易中心进行非公开股票发行、增资扩股、股权转让的行为。

⑤ 云南省行政区域内的有限责任公司、股份有限公司及其他法人组织可申请在云南省股权交易中心进行信息展示，展示企业可在云南省股权交易中心公示基本信息、发布一次性融资或转让信息。

市场功能，也更有利于发挥云南省股权交易中心在对越跨境金融活动中的作用，更有利于云南省大通道建设。

除要与中央结算、中国结算和上海清算所这三大登记托管机构进行对接，建议云南省股权交易中心还要与中国外汇交易中心对接，并在中国外汇交易中心指导下加强外汇交易平台建设，努力将云南省股权交易中心建成越南盾等南亚、东南亚国家货币交易平台，为中国对南亚、东南亚国家货币汇率直接形成机制建设提供基础设施和制度保障。除服务于即期交易，建议云南省股权交易中心配合相关机构，积极开展人民币兑越南盾等周边国家货币的远期、掉期、期货、期权、利率远期、利率期货和利率期权等涉南亚、东南亚国家货币或债券相关金融衍生品开发，努力建成服务南亚、东南亚的股权、债权、外汇和衍生品发行与交易中心。

二、推动跨中越保荐机构与资产管理机构建设

除建设债券发行与交易金融基础设施外，还需搭建能够跨中越，特别是能够在云南省与越南都设有分支机构、从事债券发行保荐承销与资产管理的金融机构，这会为跨境债券发行的尽职调查与配售提供基本组织保障。

目前，在中国境内暂无由越南资金控股的大型金融机构，而中方在越南已有五家中资背景证券公司，它们是国泰君安证券（越南）股份公司［Guotai Junan Securities（Vietnam）Corp.，GTJA（Vietnam）］、越南建设证券股份公司（Vietnam Construction Securities Joint Stock Company）和富南证券股份公司（Funan Securities Corporation，FNS）等。其中，国泰君安证券（越南）股份公司（证券代码为 IVS，在河内交易所上市）和越南建设证券股份公司（证券代码为 CSI，在河内交易所 UPCOM 上市）是上市证券公司，富南证券股份公司（交易代码为 PNS，在 OTC 市场上交易）可在河内交易所在线交易。从股东背景来看，国泰君安证券（越南）股份公司的运营能力和规模最为优异。该公司在 2021 年承接了越南农业和农村发展银行 1400 亿越南盾债券私募发行承销，具有在越南市场

为本土金融机构办理债券发行的能力和经验[1]。尽管云南省与越南毗邻，但并无云南省本土证券公司或银行类金融机构直接入驻越南开展经营。因此，在中越跨境债券市场培育初期，建议直接借助国泰君安证券（越南）股份公司联合云南省内本土券商或商业银行为滇越跨境人民币债券发行与承销提供服务。

正如前文所述，考虑到在滇越跨境债券发展初期，直接发生在云南省与越南之间的业务数量不会太多，业务规模也可能不够大，这样的探索期业务量是否能够得到国泰君安证券（越南）股份公司的全力支持是无法确定的。为此，在依赖国泰君安证券（越南）股份公司的同时，也要推动云南省本土券商和银行，比如红塔证券、太平洋证券或富滇银行积极在越南设立分支机构，以便为滇越跨境债券业务发展提供机构保障。目前，红塔证券和太平洋证券暂未与越南建立密切的业务关系，但富滇银行则已与越南农业和农村发展银行建立了紧密的业务合作关系。在未来，完全可以考虑推动富滇银行与越南农业和农村发展银行相互持股以建立战略合作关系，或由两家银行在越南新设合资银行、证券或资产管理公司开展相关业务。此外，中国农业银行云南省分行在中越边贸对外结算中也发挥了积极作用，在人民币兑越南盾汇率形成机制探索中发挥了突出作用。根据《对外投资合作国别（地区）指南——越南篇（2023年版）》，中国农业银行已在越南设立分支机构，因此，也可考虑让中国农业银行云南省分行在滇越跨境债券市场中充当承销商。

这样一来，在滇越跨境人民币债券市场建设中，就有了如下承销团队：（1）国泰君安和国泰君安证券（越南）股份公司，中国农业银行云南省分行和中国农业银行河内分行这两组现实可用的承销团队；（2）富滇银行与越南农业和农村发展银行这组中期承销团队；（3）由太平洋证券或红塔证券组成的远期承销团队。

---

① GTJA (Vietnam). GTJA (Vietnam) Successfully Assisted Agribank in Issuing 2021 Private Placement Bonds [EB/OL]. (2022-06-17) [2024-08-06]. https://gtjai.com.vn/en/gtja-vietnam-successfully-assisted-agribank-in-issuing-2021-private-placement-bonds/.

第四节　借助云南自贸试验区汇集与越南相关企业

2019 年 8 月 2 日，《国务院关于印发 6 个新设自由贸易试验区总体方案的通知》印发实施，标志着中国（云南）自由贸易试验区（以下简称云南自贸试验区）的正式设立。云南自贸试验区包括昆明、红河和德宏三个片区。整个试验区占地 119.86 平方千米，其中，昆明片区占地 76 平方千米（含昆明综合保税区 0.58 平方千米），红河片区占地 14.12 平方千米，德宏片区占地 29.74 平方千米。云南自贸试验区承载着可复制可推广制度创新使命。具体包括以下几个方面创新任务：加快转变政府职能，深化投资领域改革，推动贸易转型升级，深化金融领域开放创新，创新沿边经济社会发展新模式和加快建设我国面向南亚东南亚辐射中心[①]。在深化金融领域开放创新方面，又包括扩大金融领域对外开放、推动跨境人民币业务创新发展和促进跨境投融资便利化。推动滇越跨境人民币债券市场建设符合深化金融领域开放创新需求，促进了金融领域的对外开放以及人民币业务创新和跨境贸易便利化。

要全面推进上述创新，离不开制度创新受益主体。参与中越经贸或投资活动的金融机构与非金融企业数量越多，行业类型越广，规模层次跨度越大，制度创新试点效果就越好，也越有利于滇越跨境人民币债券业务推进。截至 2022 年 8 月，云南自贸试验区内实有市场主体突破 30 万户，较挂牌成立前增长 42.7%，区内实有市场主体数、新登记市场主体数占全省比重分别为 7.3% 和 5.8%，远超 0.03% 的国土面积比重。昆明片区重点发展总部经济、高端制造、数字经济等产业，3 年来，实现新设外资企业数、进出口总额、实际利用外资、工业总产值、一般公共预算等主要经济指标翻番。其中，官渡区域引进中铁建等 21 个总部项目，培育华能澜沧江等总部企业 37 户；经开区域引入上海临港科技城、中通跨境物流等项目，签约中粮集团、华为数字创新中心等企业和项目，

① 国务院. 国务院关于印发 6 个新设自由贸易试验区总体方案的通知［EB/OL］.（2019 - 08 - 02）［2024 - 08 - 06］. http：//www. gov. cn/zhengce/content/2019 - 08/26/content _ 5424522. htm.

签约项目内资投资总额156.6亿元人民币。红河片区3年来共签约合作项目56个，协议总投资411.7亿元人民币，已完成公司注册项目37个，其中22个项目落地运营。8个平台经济型合作项目引进400余家企业入驻，中国—东盟（河口）跨境电子商务产业园自主创新“电商跨境+边民互市”电商跨境出口模式，吸引入驻企业153户，实现网上销售额13.2亿元人民币。德宏片区创新推进中缅跨境农业合作，建立境外甘蔗、肉牛种养基地143万亩，农产品年进口100余万吨。建成跨境电商监管场站，实现交易额26.7亿元人民币。梯度推进中缅双边银行银行间代理行清算模式，跨境人民币结算量连年突破百亿元。突出专业招商、精准招商，签约项目68个，协议资金547亿元人民币，实际到位资金315.3亿元人民币①。

从中国（上海）自由贸易试验区的债券发行经验看，自由贸易试验区将会成为跨境债券发行主体的主要来源。为发展滇越跨境人民币债券市场，应进一步在云南自贸试验区内聚集从事中越经贸活动的中方与越方企业。为此，以下措施可以考虑：（1）积极引导参与中越贸易的中方和越方金融机构与非金融机构企业积极进驻红河片区，对于从事不局限于对越贸易或投资的企业，可考虑同时在昆明片区注册。比如，可以采取“昆明+红河”、“昆明+德宏”或“昆明+红河+德宏”的模式，对同时注册入驻企业，自贸试验区可考虑给予更大优惠政策。（2）云南自贸试验区应根据全国各地对越经贸规模积极派工作组赴广东、广西、江苏、浙江、四川、山东、福建、上海、河南、重庆和北京等地进行招商引资②。滇越跨境人民币债券市场建设定位不能仅以服务云南省各级政府、金融机构和企业为目的，而应着眼于服务中越贸易和中越投融资活

---

① 中华人民共和国昆明海关．中国（云南）自由贸易试验区建设起步三年，硕果累累！［EB/OL］．（2022－08－30）［2024－08－06］．http：//lasa.customs.gov.cn/kunming_customs/611304/611305/4561413/index.html。

② 相关研究发现，在2020年和2021年，中国对越出口规模超过云南的省份有广东、广西、江苏、浙江、四川、山东、福建、上海，除福建和上海外，上述省份对越出口都超过100亿美元；中国自越南进口超过云南的省份包括广东、上海、江苏、广西、河南、重庆、浙江、四川、北京、福建和山东，上述省份中自越进口超过100亿美元的省份有广东、上海、江苏、广西、河南和重庆。

动，只有这样才能凸显云南省在服务国家战略中的优势，才更有利于云南省经济发展。

第五节　加快培养专业能力与越南语语言能力兼备人才

随着中国国力不断增强以及逐渐成为越来越多国家，特别是南亚、东南亚国家的第一大贸易伙伴，建立与南亚、东南亚国家货币汇率的直接形成机制和改进优化中国与南亚、东南亚国家经贸规则变得越来越重要，也越来越紧迫。这必然需要越来越多既精通经济、管理和金融专业知识，又懂南亚、东南亚国家语言的人才去履行这一重要职责。

就越南语人才培养而言，如表 7 – 15 所示，云南省大致有 7 所高校开办了越南语专业，本土高校 2022 年可以培养越南语专业本科毕业生 222 人，培养越南语专业硕士研究生 10 人，暂无培养越南语博士生能力。目前越南语专业办学规模和办学层次不够高。在师资水平方面，从云南大学、云南财经大学和云南农业大学三所高校的情况看，三所大学每年可培养大约 70 名本科生和 2 名硕士研究生，而三所高校的总师资只有 15 位专任教师，且以硕士学历和讲师职称为主，师资水平有待提高。

表 7 – 15　　云南省越南语人才培养情况粗略统计

培养单位	2022 年本科招生规模	最高办学层次	师资水平
云南大学	17 人	越南语语言文学研究硕士（2 人）	5 位（1 位教授 +4 位讲师；3 位在读博士）；2014 年恢复招生
云南师范大学	46 人	越南语笔译翻译硕士（8 人）	不详
云南财经大学	30 人	本科	3 位（3 位硕士讲师）；2011 年招生
云南农业大学	23 人	本科	7 位（4 位为中级职称）；2011 年招生
云南民族大学	18 人	本科	不详
红河学院	40 人	本科	不详
文山学院	40 人	本科	不详

数据来源：云南省被统计高校年度招生计划。

在越南语人才培养定位方面，主要以掌握越南语应用为主。除非部分学习越南语专业的同学辅修了经济、管理或金融等专业，否则，学习越南语专业学生很少能同时懂经济、管理或金融等方面专业知识，更不要说精通了。毕竟这两个学科或专业缺乏相通性，学好这两个专业中的任何一个都需要耗费大量时间和精力，学习语言的同学自觉地辅修经济、管理或金融专业，或者学习经济、管理或金融专业的同学自觉地辅修越南语专业的也非常少。

如果想使云南省在中越经贸交往，特别是金融交往和两国货币汇率形成中发挥更大作用，就必然需要一大批懂经济、管理或金融知识的专业人才，且其也要能看得懂和听得懂越南语。为此，以下措施可供参考：(1）整合云南省越南语人才培养队伍，集中有限财力重点支持少数高校，如云南大学、云南财经大学和云南师范大学，加大对其师资力量和专业办学经费支持力度，鼓励和支持其与国内开办越南语专业的顶尖高校加强交流与合作，提高其越南语办学层次和办学水平。(2）从云南省层面，云南省教育厅或各办学高校可考虑制订专门资助计划，鼓励经济、管理或金融专业同学辅修越南语专业，或者鼓励越南语专业同学辅修经济、管理或金融学专业。(3）制订专门计划资助云南省越南语专业开办高校教师或学生与越南知名高校之间的交流。(4）在专业的开设上，希望能够进一步细化，针对经贸交往的巨大需求，可以考虑开设商务越南语、越南语口译等专业，具体开设在本科层面还是硕士研究生层面可以由办学单位自行决定。在商务越南语办学中，可以同时开展语言及经济、管理或金融知识教学，直接满足更懂经济、管理或金融知识越南语人才培养需要。(5）在未能培养出既懂语言又懂专业的人才之前，可通过省内外越南语人才培养高校，主要是省内越南语人才培养高校与人才需求企业的合作推动人才培养工作。比如，通过系统或专项培训满足用人企业或单位对语言技能提升的需求，这有助于培养单位了解市场需求，从而明确办学方向和目标。

第六节　进一步改革中越跨境结算模式和扩大自越进口规模

在现有中越贸易结构中，中国保持着对越巨大净出口规模。以2023年为例，中国对越实现了3181.5亿元人民币净出口。其中，中国从越南进口6502.1亿元人民币，中国对越出口9683.6亿元人民币，中国对越进出口总额为16185.7亿元人民币。中国云南省对越净出口为49.1亿元人民币。其中，中国云南省从越南进口68.8亿元人民币，中国云南省对越出口117.9亿元人民币，中国云南省对越进出口总额为186.7亿元人民币。不论是在全国层面，还是在云南省层面，中国都保持着对越贸易净出口格局。这样的贸易结构不利于人民币的输出，影响越南当局人民币外汇储备和越南民间持有人民币规模，不利于人民币各项职能在越国际化。再结合中越贸易中人民币和越南盾参与中越跨境结算互开本币账户模式的实际，总体上看，最终结果只是参与中越间贸易结算的中方金融机构持有了更多越南盾，而不是越南金融机构持有了更多人民币。这样的结果不利于在越南形成境外人民币市场，也无法大规模推进人民币债券在越南本土的发行与交易，与人民币国际化目标不一致。

为让越南货币当局、金融机构法人、非金融机构企业法人或居民个人更多持有人民币，本书认为以下措施可供参考：（1）扩大越南各类主体人民币持有规模。在保障进口货物质量和供应链稳健的前提下，建议逐步扩大中国自越南进口规模。一来可以进一步巩固双边经贸关系，二来可以增加对越人民币供给。（2）为越南外汇储备管理和开展人民币债券从制度建设和软硬件金融基础设施建设上提供力所能及的建议或帮助。中国有过很长一段时期的外汇积累和债券市场建设经历，这将为越南优化外汇积累和债券市场建设提供重要经验借鉴。（3）进一步探索有助于人民币国际化的中越外贸结算模式。现行人民币或越南盾参与中越结算的互开本币模式是由参与中越贸易的中国各大银行摸索出来的。下一步，建议国家级监管机构与专业研究院校或研究机构合力开展人民币直接参与对外贸易结算的模式，以便越南货币当局、金融机构、非金融机构企业法人或居民个人等各类主体持有更多人民币，在外贸结算和投资过程中更多使用人民币和将人民币作为储备货币。

第七节　使滇越双方商会和外派机构发挥更为积极的作用

除应从国家和省级层面为跨境债券发行与交易提供基本条件，更应采取措施增加投融资双方接触与交流，以增进滇越双方投融资主体间的相互了解和增强共识。在这方面，云南省驻越南（河内）商务代表处①和越南中国商会②云南企业联合会（见表 7－16）可以发挥更为积极的作用，特别是债券的发行与交易主体为非政府机构时，它们的作用就显得更为重要和关键了。越南中国商会云南企业联合会的 47 家企业和个人会员在越南建立的稳固政商关系也是云南省驻越南（河内）商务代表处发挥桥梁纽带作用、服务滇越企业和促进滇越间经贸合作的重要依托。

表 7－16　　越南中国商会云南企业联合会会员名录

序号	企业名称	主营业务
1	云南能投联合外经股份有限公司	国际能源电力项目投资、工程总承包、国际贸易
2	云南省建设投资控股集团有限公司	基础设施建设、投资及总承包
3	云天化集团天际物产（海防）有限公司	化工产品及大宗商品贸易与进出口
4	云南能投物流有限公司	物流、大宗商品贸易及进出口
5	云南国际经济技术合作有限公司	国际贸易及工程总承包

① 云南省商务厅．云南省驻越南（河内）商务代表处简介［EB/OL］.（2024－08－06）［2024－08－06］. https：//2d. csa－expo. com/view/shopmgr/shopdetail？applyCustId＝ORO _ 2020&applyId＝1473；代表处会定期向在越滇企发布事实新闻、政策法规、越南投资资讯、招商信息、展会信息等，构建良好的沟通渠道，为在越滇企服务和维权，并承担着信息报送及研究、形象宣传、商务促进和服务协调等重要工作任务，致力于服务和扩展云南省在越企业发展，促进云南省和越南经济与文化的互联互通，提升云南企业在越市场开拓的竞争力。

② 越南中国商会（Business Association of China in Vietnam）是在中华人民共和国驻越南大使馆指导下并经越南政府有关部门于 2001 年 8 月批准成立的非营利民间社团组织。

续表

序号	企业名称	主营业务
6	云南宝象物流集团	钢材贸易及物流
7	中国外运云南分公司	国际运输代理、进出口
8	昆明钢铁集团老街越中钢铁股份公司	矿产开采、矿产加工、生铁、钢坯、钢材及其他钢材产品
9	云南玉药生物制药有限公司	药材贸易与医药产品生产制造
10	永福集团	娱乐产业投资
11	Top One KTV	休闲娱乐业投资与管理
12	昆明新卓越进出口有限公司	进出口贸易
13	越南 KEEN 贸易生产运输责任有限公司	物流运输、进出口贸易
14	云南盛达实业集团	房地产、综合商业投资
15	河口三元商贸有限公司	铁路设备进出口贸易
16	Home King 房地产投资发展股份有限公司	房地产投资与销售
17	河口金龙贸易有限公司	钢材、化工原料进出口
18	恒陶进出口贸易（河口）有限公司	进出口贸易
19	鼎易文化传媒有限公司	文化传媒、展会策划
20	中通速递河口分公司	物流快件
21	中通国际（河口）海外仓	国际物流快件
22	河口正通进出口有限公司	国际贸易、国际工程承包
23	中国水电顾问集团昆明勘测设计研究院越南办事处	电力工程设计与咨询
24	重庆恒津律师事务所越南分所（原云南八谦律师集团越南分所）	中越法律咨询业务
25	南方电网云南国际有限责任公司驻越南办事处	电力工程投资
26	河口嘉合商贸有限公司	商业贸易
27	红河浩丰进出口贸易有限公司	进出口报关代理、国际贸易
28	鼎业建筑工程股份有限公司	建筑工程
29	昆明博创南疆贸易有限公司	烟草加工、香料进出口
30	玉龙金康国际贸易股份公司	快销品销售与进出口代理
31	Optima Brothers 投资控股股份公司	化工产品进出口贸易
32	云南丰耘智慧电子商务有限公司	电子商务、国际贸易、跨境电商

续表

序号	企业名称	主营业务
33	联合供应链股份公司	中越跨境贸易、跨境物流及投资
34	Synergy Plus 股份公司	烟草原材料进出口、烟草产品设计与咨询
35	和达商贸股份公司	快销产品、日化产品进出口
36	云南不止设计有限公司	广告设计、包装设计、企业形象方案及咨询业务
37	Tremendous 国际有限公司	泸州老窖·国窖 1573 进口与分销
38	Rebel 有限责任公司	玩具进口、分销
39	云南万力贸易有限责任公司	农产品加工贸易
40	V – One 酒店管理有限公司	公寓式酒店经营管理
41	长水联合有限公司	烟草分销、酒类产品进口代理

数据来源：越南中国商会[①]。

注：截至 2021 年 8 月 25 日，这一会员名录已增至 47 家单位和个人，但在越南中国商会官方网站上仅贴出了上述 41 家会员企业名录。

通过查看表 7 – 16 所列企业名录可以发现，在所列的 41 家企业中，除了云南能投、云南建投和昆钢集团等少数云南省属百强企业外，绝大多数云南省属百强企业并未加入越南中国商会云南企业联合会，使云南企业联合会还不能发挥宣传云南的名片作用。为此，建议：（1）在云南省驻越南（河内）商务代表处或越南中国商会云南企业联合会驻地，增设云南省属百强企业展厅，同时附上中文版和越语版介绍，在对外活动中主动带领越方代表团参观云南百强企业展厅，在展厅中高规格展示云南百强企业提供的产品或服务。（2）建立云南百强企业信息平台，发布百强企业采购、商务合作和投融资需求信息，促进百强企业积极参与滇越间经贸活动和促进越南投资者积极参与云南经济发展。

中国越南商会也已创建，茶楣博士目前任中国越南商会会长，其设立初衷是希望中国越南商会成为快速、及时地分享经贸信息与商机的组织 。建议云南商务厅为中国越南商会在云南业务的拓展提供便利，以使

① 越南中国商会．越南中国商会云南企业联合会 – 会员名录［EB/OL］．（2024 – 08 – 06）［2024 – 08 – 06］．http：//www. vietchina. org/hyml/6830. html.

中国越南商会云南省分会或驻云南省企业联合会能像越南中国商会云南企业联合会一样在中越，特别是滇越投资和经贸交往中发挥积极和重要的作用。

第八章　研究结论与存在的不足

第一节　研究结论

通过前面的分析，本书得到如下基本结论：

（1）不论是从中国云南省发展需要，还是从越南发展需要，抑或是从中国国家发展战略需要，发展滇越跨境人民币债券市场都是非常必要的。尽管发展滇越跨境人民币债券市场仍面临一些困难，但基本条件已初步具备。

（2）就滇越跨境人民币债券市场培育而言，基于中国、越南和中国香港现行债券和外汇管理制度，债券市场、外汇市场和衍生品市场发展情况，本书构建了如下三条路径：在中国境内债券市场完成来自中国云南省与越南各类投融资主体的债券发行与投资；在越南债券市场完成来自中国云南省与越南各类投融资主体的债券发行与投资和在中国香港债券市场完成来自中国云南省与越南各类投融资主体的债券发行与投资。

（3）就上述三条路径的现实可行性而言，本书认为：第一条路径，即在中国境内债券市场完成来自中国云南省与越南各类投融资主体的债券发行与投资，不论是从市场准入，还是从外汇管制，抑或是从衍生品的丰富程度方面看，优势最大。越南各类投资主体可通过获得合格境外机构投资者（QFII）或人民币合格境外机构投资者（RQFII）资格，在银行间市场直接开户，借助债券通“北向通”，或者在中国境内直接设立外资金融机构等方式在中国银行间市场和交易所市场投资债券。越南各类融资主体可在银行间市场或交易所市场发行熊猫债券融资。在投融资过程中面临的汇率、利率和违约风险都可在中国境内找到合适的金融衍生工具进行风险管理。第二条路径，即在越南债券市场完成来自中国云南省与越南各类投融资主体的债券发行与投资，目前暂不具备现实可行性，需要配套改革。第三条路径，即在中国香港债券市场完成来自中国云南省与越南各类投融资主体的债券发行与投资，具有一定现实可行性，但在风险管理方面还需配套改进措施。因此，本书建议的培育策略是第一条路径直接使用，消除第三条路径的发展障碍，积极培育第二条路径。

第二节 政策建议

为使滇越跨境人民币债券市场更好发展，本书提出以下措施：

（1）发挥云南在人民币兑越南盾汇率直接形成机制建设中的区位优势。为了促进越南这一新的离岸人民币债券市场发展，本书建议：推动云南省高校，特别是云南大学和云南财经大学与国家外汇管理局和中国外汇交易中心积极合作，就人民币兑越南盾等非主要结算货币汇率直接形成机制进行研究；在探索人民币兑越南盾报价制度和交易金融基础设施建设过程中，应主动加强与广东、广西、江苏和上海等与越南有较多商贸往来省份的合作；在技术上应多请求中国外汇交易中心在人民币兑越南盾外汇衍生品交易过程中为中越双方参与人民币兑越南盾交易的金融机构提供信息系统支持，为参与金融机构的交易提供便利；在整个机制的研究和试点过程中，应组建一个由中越双方共同参与的研究团队；应加大人民币兑越南盾远期、期货和期权等外汇衍生品开发力度。

（2）搭建滇越跨境债券市场发展的金融基础设施。在发展滇越跨境人民币债券市场方面，云南省面临的最大问题是金融基础设施不足。为此建议：鼓励云南省股权交易中心与中央结算、中国结算和上海清算所合作，搭建起可同步三大登记托管中心的二级登记托管中心，努力将其建成集股权托管、债券托管及外汇、利率和信用衍生品交易于一体的平台；为云南省本土证券公司或银行进入越南市场创造条件。

（3）加快债券衍生品研发。就开展跨境人民币债券业务所面临的利率和违约风险，建议中国金融期货交易所与全国银行间同业拆借中心积极合作，加强与国际主要交易市场和监管机构的交流，积极进行国债期权或国债期货期权等金融衍生品研发，在风险可控的条件下不断拓展衍生品合约期限，以满足人民币债券参与者多样化风险管理需求。

（4）借助中国（云南）自由贸易试验区加大跨境债券发行主体培养力度。为此建议：云南自贸试验区引导专门从事或不局限于中越贸易的中方和越方金融和非金融企业积极进驻红河或昆明片区；派工作组赴广东、广西、江苏、浙江和四川等对越经贸规模较大省份招商引资，为制度创新及滇越跨境人民币债券发行培养更多主体。

（5）加快既掌握专业知识又掌握越南语人才的培养。为此建议：整合云南省越南语人才培养队伍，集中财力重点支持少数高校，鼓励和支持其与国内开办越南语专业顶尖高校加强合作，提高越南语办学层次和办学水平；进一步细化专业开设，可考虑开设商务越南语、越南语口译等专业以满足市场对“双能人才”的需求；加强对中越交换生资助；制订专门资助计划，鼓励经济、管理或金融专业同学辅修越南语专业，或者鼓励越南语专业同学辅修经济、管理或金融学专业；通过系统或专项培训等方式加强越南语人才培养高校与人才需求企业的合作，以满足企业“双能人才”需求。

（6）进一步改革中越跨境贸易结算模式和扩大自越进口规模。为此建议：在保障进口货物质量和供应链稳健前提下，逐步扩大中国来自越南的进口；为越南外汇储备管理和开展人民币债券业务从制度建设和软硬件金融基础设施建设上提供力所能及的建议或帮助；国家级监管机构与专业院校合力开展人民币直接参与对外贸易结算模式研究，以便于越南货币当局、金融机构和非金融机构企业法人或个人等各类主体持有更多人民币，在外贸结算和投资过程中更多使用人民币和将人民币作为储备货币。

（7）应使滇越双方商会和外派机构发挥更为积极的作用。为此建议：在云南省驻越南（河内）商务代表处或越南中国商会云南企业联合会驻地，增设云南省属百强企业展厅，附上中文版和越语版介绍，在对外活动中主动带领越方代表团参观云南百强企业展厅，在展厅中高规格展示云南百强企业提供的产品和服务；建立云南百强企业信息平台，发布百强企业采购、商务合作和投融资需求信息，促进百强企业积极参与滇越间经贸活动和促进越南投资者积极参与云南经济发展。建议云南省商务厅为中国越南商会在云南的业务拓展提供便利，以使中国越南商会云南省分会或驻云南省企业联合会能像越南中国商会云南企业联合会一样，在中越特别是滇越投资和经贸往来中发挥积极且关键的作用。

（8）进一步完善人民币离岸债券市场上参与者的风险管理。为此建议：国家外汇管理局、中国外汇交易中心和中国金融期货交易所研究满足境外机构投资离岸人民币债券的风险管理需要，向境外机构投资者开放外汇、利率和信用衍生品的可行性，这对发展中国香港和越南等离岸人民币债券业务意义重大。

第三节 研究存在的不足

本研究还存在以下方面不足，希望相关单位和个人在使用本研究主要结论和政策建议时予以特别注意：

（1）在整个研究的关键期间，遭遇了新冠疫情，使赴越南或国内主要地区的调研变得非常困难。为此，整个研究更多的是根据官方披露信息，以及部分基于沟通所了解的情况展开的，缺少现场体验感。即便如此，项目组依然调动各种可用资源，认真把握双方的基本情况，力求较完整、真实地呈现推动滇越跨境人民币债券市场建设可能会面临的主要困难和已具备的初步条件。

（2）本研究完全是根据公开可得数据或资料进行的，不涉及涉密信息。同时，很多与本研究相关的内容在某种程度上又属于涉密信息，很难从官方公开披露的资料中查到。在这样的情况下，项目组需对必要信息作出合理估计，因此，因估计而产生的误差在所难免。

（3）受作者个人能力限制，本研究的部分观点也许存在失之偏颇之处，欢迎广大专家、学者和同行多提宝贵意见，也敬请大家予以批评指正。

附　表

附表1　　合格境外机构投资者（QFII）投资额度审批情况表

序号	QFII 中文名称	注册地	最新批准日期
1	阿布扎比投资局	阿联酋	2020－04－10
2	罗素投资爱尔兰有限公司	爱尔兰	2014－02－25
3	安保资本投资有限公司	澳大利亚	2012－10－30
……	……	……	……
6	麦格理银行有限公司	澳大利亚	2019－04－29
7	比利时联合资产管理有限公司	比利时	2011－01－07
8	安联环球投资有限公司	德国	2012－08－16
……	……	……	……
11	德意志银行	德国	2019－04－18
12	东方汇理银行	法国	2005－01－10
……	……	……	……
18	法国兴业银行	法国	2019－04－29
19	韩国友利银行股份有限公司	韩国	2009－12－30
……	……	……	……
33	韩国银行	韩国	2017－11－29
34	KB 资产运用	韩国	2018－06－28
35	家庭医生退休基金	荷兰	2012－03－09
……	……	……	……
38	荷兰汇盈资产管理公司	荷兰	2018－11－27
39	加拿大鲍尔公司	加拿大	2004－11－21
……	……	……	……

续表

序号	QFII 中文名称	注册地	最新批准日期
47	道明资产管理有限公司	加拿大	2020－03－27
48	卡塔尔控股有限责任公司	卡塔尔	2012－11－21
49	科威特政府投资局	科威特	2019－08－08
50	立陶宛银行	立陶宛	2020－01－22
51	忠利银行基金管理卢森堡有限责任公司	卢森堡	2013－03－28
……	……	……	……
54	安盛基金管理公司	卢森堡	2014－10－30
55	大众信托基金有限公司	马来西亚	2013－01－24
……	……	……	……
57	马来西亚国库控股公司	马来西亚	2015－03－26
58	耶鲁大学	美国	2008－05－19
……	……	……	……
100	摩根大通银行	美国	2020－05－28
101	预知投资管理公司	南非	2014－04－30
102	挪威中央银行	挪威	2015－02－13
103	忠诚保险有限公司	葡萄牙	2015－12－25
104	海通银行	葡萄牙	2017－04－26
105	大和证券资本市场株式会社	日本	2004－07－05
……	……	……	……
119	思佰益资产管理株式会社	日本	2019－12－12
120	宜思投资管理有限责任公司	瑞典	2013－10－30
……	……	……	……
122	瑞典北欧斯安银行有限公司	瑞典	2015－12－25
123	瑞士信贷银行股份有限公司	瑞士	2012－03－09
……	……	……	……
131	瑞典第二国家养老基金	瑞典	2017－03－29
132	泰国银行	泰国	2012－03－09
133	政府养老基金（泰国）	泰国	2013－12－24

续表

序号	QFII 中文名称	注册地	最新批准日期
134	文莱投资局	文莱	2015－07－29
135	西班牙对外银行有限公司	西班牙	2011－12－20
136	大华银行有限公司	新加坡	2006－11－07
……	……	……	……
138	新加坡金融管理局	新加坡	2012－01－20
……	……	……	……
157	太平洋投资管理公司亚洲私营有限公司	新加坡	2019－07－24
158	忠利保险有限公司	意大利	2015－11－27
159	花旗环球金融有限公司	英国	2005－11－24
……	……	……	……
183	马歇尔·伟世有限责任公司	英国	2020－03－24
184	澳门金融管理局	中国澳门	2018－02－27
185	全球人寿保险股份有限公司	中国台湾	2012－05－04
……	……	……	……
221	柏瑞证券投资信托股份有限公司	中国台湾	2018－09－29
222	道富环球投资管理亚洲有限公司	中国香港	2008－11－03
……	……	……	……
294	中国国际金融香港资产管理有限公司	中国香港	2020－05－28
295	国际金融公司	—	2019－07－24

数据来源：国家外汇管理局①。

注：（1）相对于原始表格，本表数据按照注册国家或地区进行了归类整理。（2）数据更新截至2020年5月31日。（3）当来自某个国家或地区的QFII多于2家时，一般只保留首尾2家，中间用"……"代替。因新加坡金融管理局和韩国银行是新加坡和韩国的货币当局，尽管不在名单首尾位置，但为凸显这一信息的重要性，特为新加坡和韩国保留了3条记录。

---

① 国家外汇管理局．合格境外机构投资者（QFII）投资额度审批情况表（停止更新）［EB/OL］．（2020－05－29）［2024－08－06］．https：//www.safe.gov.cn/safe/file/file/20200529/5a6826f2f0a447b8a6761795de24b56d.pdf?n=%E5%90%88%E6%A0%BC%E5%A2%83%E5%A4%96%E6%9C%BA%E6%9E%84%E6%8A%95%E8%B5%84%E8%80%85%EF%BC%88QFII%EF%BC%89%E6%8A%95%E8%B5%84%E9%A2%9D%E5%BA%A6%E5%AE%A1%E6%89%B9%E6%83%85%E5%86%B5%E8%A1%A8%EF%BC%88%E5%81%9C%E6%AD%A2%E6%9B%B4%E6%96%B0%EF%BC%89.

附表2 人民币合格境外机构投资者（RQFII）投资额度审批情况表

序号	RQFII 中文名称	RQFII 英文名称	注册地	最新批准日期	累计批准额度/亿元人民币
1	南方东英资产管理有限公司	CSOP Asset Management Ltd.	中国香港	2014. 09. 22	461
……	……	……	……	……	……
99	方正资产管理（香港）有限公司	Founder Asset Management (Hong Kong) Limited	中国香港	2020. 05. 28	10
	中国香港地区共计				3651. 57
100	富敦资金管理有限公司	Fullerton Fund Management Company Ltd.	新加坡	2014. 06. 30	12
……	……	……	……	……	……
131	新盟投资管理公司	Singapore Consortium Investment Management Limited	新加坡	2017. 12. 27	2
	新加坡共计				782. 55
132	安石投资管理有限公司	Ashmore Investment Management Limited	英国	2014. 02. 25	30
……	……	……	……	……	……
151	中邮国际（英国）有限公司	China Post Global (UK) Limited	英国	2019. 01. 18	20
	英国共计				484. 84
152	凯敏雅克资产管理公司	Carmignac Gestion	法国	2015. 06. 29	60
……	……	……	……	……	……
158	安盛投资管理有限公司（巴黎）	AXA Investment Managers Paris	法国	2016. 06. 29	34
	法国共计				240
159	新韩法国巴黎资产运用株式会社	Shinhan BNP Paribas Asset Management Co., Ltd.	韩国	2015. 04. 28	80
……	……	……	……	……	……
194	Join Asset 国际资产运用株式会社	Join Asset Global Asset Management. Co., Ltd.	韩国	2020. 05. 28	3
	韩国共计				731. 87

续表

序号	RQFII 中文名称	RQFII 英文名称	注册地	最新批准日期	累计批准额度/亿元人民币
195	德意志资产及财富管理投资有限公司	Deutsche Asset & Wealth Management Investment GmbH	德国	2015. 03. 26	60
……	……	……	……	……	……
197	安联环球投资有限公司	Allianz Global Investors GmbH	德国	2016. 12. 28	40
	德国共计				105. 43
198	领航投资澳洲有限公司	Vanguard Investment Australia Ltd.	澳大利亚	2016. 01. 27	300
……	……	……	……	……	……
200	罗素投资管理（澳大利亚）有限公司	Russell Investment Management Limited	澳大利亚	2017. 10. 27	9. 06
	澳大利亚共计				320. 06
201	瑞士再保险股份有限公司	Swiss Reinsurance Company Ltd.	瑞士	2016. 09. 29	70
202	瑞士嘉盛银行有限公司	Bank J. Safra Sarasin Ltd.	瑞士	2019. 02. 19	26
	瑞士共计				96
203	CI 投资管理公司	CI Investments Inc.	加拿大	2015. 10. 29	2. 25
……	……	……	……	……	……
205	加拿大年金计划投资委员会	Canada Pension Plan Investment Board	加拿大	2017. 08. 25	68. 28
	加拿大共计				86. 53
206	中国工商银行（欧洲）有限公司	Industrial and Commercial Bank of China (Europe) S. A.	卢森堡	2015. 11. 27	40
……	……	……	……	……	……
212	Lemanik 资产管理股份有限公司	Lemanik Asset Management S. A.	卢森堡	2017. 09. 27	10
	卢森堡共计				151. 87
213	开泰基金管理有限公司	Kasikom Asset Management Co. , Ltd.	泰国	2016. 11. 28	11
214	盘古资产管理有限公司	BBL Asset Management Co. , Ltd.	泰国	2019. 07. 24	10

续表

序号	RQFII 中文名称	RQFII 英文名称	注册地	最新批准日期	累计批准额度/亿元人民币
	泰国共计				21
215	贝莱德基金顾问公司	BlackRock Fund Advisors	美国	2017.02.24	110
……	……	……	……	……	……
224	喜马拉雅资本管理公司	Himalaya Capital Management LLC	美国	2020.05.19	60
	美国共计				391.7
225	信安资产管理有限公司	Principal Asset Management Berhad	马来西亚	2018.05.30	16
	马来西亚共计				16
226	道富环球投资爱尔兰有限公司	State Street Global Advisors Ireland Limited	爱尔兰	2018.09.29	11
227	柏瑞投资爱尔兰有限公司	PineBridge Investments Ireland Limited	爱尔兰	2019.07.24	7.5
	爱尔兰共计				18.5
228	三井住友银行股份有限公司	Sumitomo Mitsui Banking Corporation	日本	2018.12.26	30
229	三菱日联银行股份有限公司	MUFG Bank, Ltd.	日本	2019.05.21	60
	日本共计				90
230	国际货币基金组织	International Monetary Fund		2020.05.19	42
	总计				7229.92

数据来源：国家外汇管理局①。

注：（1）相对于原始表格，本表数据按照注册国家或地区进行了归类整理。（2）数据更新截至2020年5月31日。（3）当来自某个国家或地区的RQFII多于2家时，一般只保留首尾2家，中间用“……”代替。

① 国家外汇管理局．人民币合格境外机构投资者（RQFII）投资额度审批情况表（停止更新）[EB/OL].（2020-05-29）[2024-08-06]. https://www.safe.gov.cn/safe/file/file/20200529/dabab5b2313744549ab9ab9627f3c58e.pdf?n=%E4%BA%BA%E6%B0%91%E5%B8%81%E5%90%88%E6%A0%BC%E5%A2%83%E5%A4%96%E6%9C%BA%E6%9E%84%E6%8A%95%E8%B5%84%E8%80%85%EF%BC%88RQFII%EF%BC%89%E6%8A%95%E8%B5%84%E9%A2%9D%E5%BA%A6%E5%AE%A1%E6%89%B9%E6%83%85%E5%86%B5%E8%A1%A8%EF%BC%88%E5%81%9C%E6%AD%A2%E6%9B%B4%E6%96%B0%EF%BC%89.

附表 3　　债券通境外机构投资者名单

序号	境外机构中文全称	境外机构英文全称
1	中银香港资产管理有限公司	BOCHK Asset Management Limited
2	上银国际有限公司	BOSC International Company Limited
3	中国国际金融香港资产管理有限公司	China International Capital Corporation Hong Kong Asset Management Limited
4	中金商品交易有限公司	CICC Commodity Trading Limited
5	中金金融产品有限公司	CICC Financial Products Ltd.
6	中国国际金融香港证券有限公司	China International Capital Corporation Hong Kong Securities Limited
7	星展银行	DBS Bank Ltd.
8	汇丰银行马来西亚有限公司	HSBC Bank Malaysia Berhad
9	天元资本有限公司	Nine Masts Capital Limited
10	柏瑞投资（爱尔兰）有限公司	PineBridge Investments Ireland Limited
……	……	……
823	易亚投资管理有限公司	Enhanced Investment Products Limited

数据来源：债券通有限公司①。

注：（1）本名单所含境外机构投资者包括通过“债券通”渠道进入中国银行间债券市场的境外商业银行、非银行类金融机构、金融机构产品类投资者的投资管理人、其他类型机构投资者等，并按实际进入时间排序。（2）该名单为截至 2024 年 8 月底的。（3）第 11 ~ 822 家机构用“……”代替。

附表 4　　有绿色债券板块的交易所

交易所名称	专注的债券类型	开设日期
奥斯陆证券交易所	绿色债券	2015 年 1 月
斯德哥尔摩证券交易所	可持续债券	2015 年 6 月
伦敦证券交易所	可持续债券	2015 年 7 月
上海证券交易所	绿色债券	2016 年 3 月
墨西哥证券交易所	绿色债券	2016 年 8 月
卢森堡证券交易所	绿色债券	2016 年 9 月
意大利证券交易所	绿色和社会责任债券	2017 年 3 月
台北证券柜台买卖中心	可持续债券	2017 年 5 月

① 债券通有限公司．已入市机构（截至 2024 年 8 月末）［EB/OL］．（2024 - 09 - 24）［2024 - 09 - 24］．https：//www. chinabondconnect. com/sc/Northbound/Onboarding/Approred - Investors. html.

续表

交易所名称	专注的债券类型	开设日期
约翰内斯堡证券交易所	绿色债券	2017 年 10 月
日本交易所集团	绿色和社会责任债券	2018 年 1 月
维也纳证券交易所	绿色和社会责任债券	2018 年 3 月
纳斯达克交易所	可持续债券	2018 年 5 月
瑞士证券交易所	绿色和可持续债券	2018 年 7 月
国际证券交易所	可持续债券	2018 年 11 月
法兰克福证券交易所	绿色债券	2018 年 11 月
圣地亚哥证券交易所	绿色和社会责任债券	2019 年 7 月
泛欧交易所	绿色、可持续和社会责任债券	2019 年 11 月
孟买证券交易所	绿色债券	2019 年 6 月
布宜诺斯艾利斯证券交易所	绿色、可持续和社会责任债券	2019 年 9 月
巴西证券交易所	绿色债券	2019 年 9 月
尼日利亚证券交易所	可持续债券	2019 年 10 月
香港交易所	绿色、可持续和社会责任债券	2020 年 6 月
韩国证券交易所	绿色、可持续和社会责任债券	2020 年 6 月
多伦多证券交易所	可持续债券	2020 年 11 月
新加坡交易所	绿色、可持续和社会责任债券	—
西班牙证券交易所	绿色、可持续和社会责任债券	—

数据来源：气候债券倡议组织①。

附表 5　　合格境外投资者托管行名录

序号	合格境外投资者托管行中文名称	合格境外投资者托管行英文名称
1	汇丰银行（中国）有限公司[注2]	HSBC Bank (China) Company Limited
2	花旗银行（中国）有限公司[注2]	CitiBank (China) Company Limited
3	渣打银行（中国）有限公司[注2]	Standard Chartered Bank (China) Company Limited
4	中国工商银行股份有限公司[注1]	Industrial & Commercial Bank of China
5	中国银行股份有限公司[注1]	Bank of China
6	中国农业银行股份有限公司[注1]	Agricultural Bank of China
7	交通银行股份有限公司[注1]	Bank of Communications

① The Climate Bonds Initiative. Green Bond Segments on Stock Exchanges [EB/OL]. (2024 -08 -06) [2024 -08 -06]. https://www.climatebonds.net/green-bond-segments-stock-exchanges.

续表

序号	合格境外投资者托管行中文名称	合格境外投资者托管行英文名称
8	中国建设银行股份有限公司注1	China Construction Bank
9	中国光大银行股份有限公司注1	China Everbright Bank
10	中国招商银行股份有限公司注1	China Merchants Bank
11	德意志银行（中国）有限公司注2	Deutsche Bank（China）Company Limited
12	星展银行（中国）有限公司	DBS Bank（China） Limited
13	中国中信银行股份有限公司注1	China Citic Bank
14	上海浦东发展银行股份有限公司注1	Shanghai Pudong Development Bank Co., Ltd.
15	中国民生银行股份有限公司注1	China Minsheng Banking Corp., Ltd.
16	三菱东京日联银行（中国）有限公司	Bank of Tokyo – Mitsubishi UFJ（China）
17	兴业银行股份有限公司注1	Industrial Bank Co., Ltd.
18	平安银行股份有限公司注1	PingAn Bank Co., Ltd.
19	华夏银行股份有限公司注1	HuaXia Bank Co., Ltd.
20	江苏银行股份有限公司	Bank of Jiangsu
21	法国巴黎银行（中国）有限公司注2	BNP Paribas（China） Limited
22	宁波银行股份有限公司注1	Bank of Ningbo
23	浙商银行股份有限公司	China Zheshang Bank Co., Ltd.

数据来源：中国证券监督管理委员会①。

注：(1) 加"注"银行同时属于银行间债券市场结算代理人；其中，注1为中资，注2为外资。(2) 此名单更新至2024年8月。

附表6　　银行间债券市场结算代理人名单

序号	机构名称	序号	机构名称
1	中国工商银行注1	25	长沙银行
2	中国农业银行注1	26	大连银行
3	中国银行注1	27	青岛银行
4	中国建设银行注1	28	成都银行
5	交通银行注1	29	重庆银行
6	招商银行注1	30	河北银行
7	中国民生银行注1	31	厦门银行

① 中国证券监督管理委员会. 合格境外投资者托管行名录（2024年8月）[EB/OL].（2024-09-09）[2024-09-09]. http://www.csrc.gov.cn/csrc/c101900/c1029654/content.shtml.

续表

序号	机构名称	序号	机构名称
8	中国光大银行[注1]	32	富滇银行
9	中信银行[注1]	33	晋商银行
10	华夏银行[注1]	34	福建海峡银行
11	兴业银行[注1]	35	贵阳银行
12	上海浦东发展银行[注1]	36	西安银行
13	广发银行	37	东莞银行
14	北京银行	38	哈尔滨银行
15	恒丰银行	39	广东顺德农村商业银行
16	南京银行	40	宁波银行[注1]
17	上海银行	41	常熟农村商业银行
18	杭州银行	42	包商银行
19	上海市农村商业银行	43	汉口银行
20	天津银行	44	汇丰银行（中国）有限公司[注2]
21	齐商银行	45	渣打银行（中国）有限公司[注2]
22	平安银行[注1]	46	法国巴黎银行（中国）有限公司[注2]
23	齐鲁银行	47	德意志银行（中国）有限公司[注2]
24	乌鲁木齐市商业银行	48	花旗银行（中国）有限公司[注2]

数据来源：中国人民银行金融市场司①。

注：（1）截至2017年2月21日数据。（2）加“注”的银行同时属于合格境外投资者托管行，其中，注1为中资（14家），注2为外资（5家）。

附表7　债务工具中央结算系统（CMU）会员名单

会员代码	会员名称	债券通服务	CMU投标服务
ABCI	ABCI Securities Company Limited	是	是
ABOC	Agricultural Bank of China Limited	是	是
ACBL	Public Bank（Hong Kong）Limited	—	是
ACRL	Allied Banking Corporation（Hong Kong）Limited	—	—
AIAT	AIA Company（Trustee）Limited	—	—
AMCM	Autoridade Monetaria De Macau	—	是

① 中国人民银行金融市场司．银行间债券市场结算代理人名单［EB/OL］.（2017－06－21）［2024－08－06］. www. pbc. gov. cn/jinrongshichangsi/147160/5446299/3287818/3294233/3330702/index. html.

续表

会员代码	会员名称	债券通服务	CMU 投标服务
ANTB	ANT Bank（Hong Kong）Limited	—	—
ANZH	Australia and New Zealand Banking Group Limited	是	—
ASBK	Airstar Bank Limited	—	是
BAHK	Bank of America，National Association	是	是
BBID	Barclays Bank Plc	—	是
BBLH	Bangkok Bank Public Company Limited	—	—
……	……	……	……
WLHK	CMB Wing Lung Bank Limited	是	是
ZABK	ZA Bank Limited	—	是

数据来源：香港金融管理局①。

注：（1）在所有的 208 家会员中，只有 BNP Paribas，Hong Kong（BNP）和 Citibank N. A.（CIHK）开通了银行回购服务。（2）由于家数较多，中间部分机构用“……”代替。（3）数据于 2024 年 10 月 4 日更新。

附表 8　　合格境内机构投资者（QDII）投资额度审批情况

截止日期：2022 年 12 月 30 日　　单位：亿美元

序号	机构名称	最新批准日期	累计批准额度
1	中国银行股份有限公司（中银理财有限责任公司）	2021－03－18	30
……	……	……	……
36	贝莱德建信理财有限责任公司	2022－06－29	1.2
	银行类合计		258.7
37	华安基金管理有限公司	2021－03－18	20.5
……	……	……	……
81	中信证券股份有限公司（中信证券资产管理有限公司）	2020－09－22	12.8
……	……	……	……
104	平安基金管理有限公司	2021－11－25	2
	证券类合计		860.7

① 香港金融管理局．会员搜索［EB/OL］．（2024－10－04）［2024－10－04］．https：//www.cmu.org.hk/sc/member－search.

续表

序号	机构名称	最新批准日期	累计批准额度
105	平安保险（集团）股份有限公司	2020－11－30	75.9
……	……	……	……
152	泰康保险集团股份有限公司	2021－01－06	1.5
	保险类合计		387.73
153	中诚信托有限责任公司	2014－11－27	16
……	……	……	……
176	华鑫国际信托有限公司	2020－11－30	1
	信托类合计		90.16
	总计		1597.29

数据来源：国家外汇管理局①。

注：（1）表中所有数据按机构类型进行了归类。（2）为节约版面，除证券类外，同一类型在展示时只列出首尾2家，其他用“……”代替。

① 国家外汇管理局．合格境内机构投资者（QDII）投资额度审批情况表（截至2022年12月30日）［EB/OL］．（2022－11－30）［2024－08－06］．https：//www.safe.gov.cn/safe/2018/0425/16849.html.

参考文献

［1］中华人民共和国商务部．越南允许越中边境地区使用人民币结算［EB/OL］．（2018－08－31）［2024－08－06］．https：//www. yidaiyilu. gov. cn/p/64445. html.

［2］中国新闻网．越南首笔跨境贸易人民币业务在广西办理［EB/OL］．（2019－03－08）［2024－08－06］．https：//www. chinanews. com. cn/cj/2019/03－08/8775179. shtml.

［3］Robinson R. Employment, Growth, and Price Levels: the Joint Economic Committee Report［J］. The American Economic Review, 1960, 50（5）: 996－1010.

［4］陈雨露，王芳，杨明．作为国家竞争战略的货币国际化：美元的经验证据：兼论人民币的国际化问题［J］．经济研究，2005（2）：35－44.

［5］McCauley R N, Park Y C. Developing the Bond Market（s）of East Asia－Global, Regional or National?: Asian Bond Markets－Issues and Prospects（BIS Papers No 30）［C/OL］. Basell: Bank for International Settlements, 2006. https://www. bis. org/publ/bppdf/bispap30d. pdf.

［6］杨荣海．货币国际化与债券市场发展关系的实证分析［J］．经济经纬，2011（4）：155－160.

［7］丁一兵，钟阳．货币国际化中国际贸易与债券市场发展的作用：基于非平衡面板数据的实证研究［J］．经济问题，2013（5）：85－89.

［8］巴曙松，赵勇，郭云钊．债券市场改革与人民币国际化的互动［J］．西部论丛，2010（9）：50－52.

［9］裴长洪，余颖丰．人民币离岸债券市场现状与前景分析［J］．金融评论，2011，3（2）：40－53，124.

［10］丁一兵．离岸市场的发展与人民币国际化的推进［J］．东北亚论坛，2016，25（1）：21－30，126.

［11］李稻葵，刘霖林．人民币国际化：计量研究及政策分析［J］．金融研究，

2008（11）：1－16.

［12］何平，周伊静，甘雨．人民币国际化后人民币计价国际债券的需求测算［M］//李稻葵．人民币国际化道路研究．北京：科学出版社，2013.

［13］Gaspar J，Massa M，Matos P. Shareholder Investment Horizons and the Market for Corporate Control［J］. Journal of Financial Economics，2005，76（1）：135－165.

［14］丁一兵，付林．金融市场发展影响货币国际地位的实证分析［J］．吉林师范大学学报（人文社会科学版），2014，42（2）：101－106.

［15］商务部计财司，国务院发展研究中心“人民币区域化与边境贸易发展政策研究”课题组，陈星，隆国强，张丽平．加快进程：人民币区域化与边境贸易发展［J］．国际贸易，2003（5）：9－13.

［16］钟伟．人民币在周边国家流通的现状、问题及对策［J］．管理世界，2008（1）：165－166.

［17］李超．中国的贸易基础支持人民币区域化吗？［J］．金融研究，2010（7）：1－17.

［18］杨长湧．人民币国际化可能的路线图及相关问题分析［J］．国际金融研究，2010（11）：20－28.

［19］Trading Economics. Vietnam Foreign Exchange Reserves［EB/OL］.（2024－08－06）［2024－08－06］. https：//tradingeconomics. com/vietnam/foreign－exchange－reserves.

［20］U. S. Department of the Treasury. Major Foreign Holders of Treasury Securities［EB/OL］.（2024－08－06）［2024－08－06］. https：//ticdata. treasury. gov/resource－center/data－chart－center/tic/Documents/mfhhis01. txt.

［21］IMF. Currency Composition of Official Foreign Exchange Reserves（COFER）［EB/OL］.（2024－06－28）［2024－08－06］. https：//data. imf. org/？sk＝e6a5f467－c14b－4aa8－9f6d－5a09ec4e62a4.

［22］Arslanalp S，Eichengreen B，Simpson－Bell C. Dollar Dominance and the Rise of Nontraditional Reserve Currencies［EB/OL］.（2022－06－01）［2024－08－06］. https：//www. imf. org/en/Blogs/Articles/2022/06/01/blog－dollar－dominance－and－the－rise－of－nontraditional－reserve－currencies.

［23］Gad B Z. Israel Adds Chinese RMB to Central Bank Reserves for First Time，Cuts USD Holdings［EB/OL］.（2022－04－24）［2024－08－06］. https：//www. jpost. com/business－and－innovation/banking－and－finance/article－704813.

[24] Trading Economics. Israel Foreign Exchange Reserves [EB/OL]. (2024-08-06) [2024-08-06]. https://tradingeconomics.com/israel/foreign-exchange-reserves.

[25] 中华人民共和国商务部亚洲司. 中国—越南经贸合作简况 [EB/OL]. (2019-02-02) [2024-08-06]. https://yzs.mofcom.gov.cn/yzjmhz/sbhzjk/art/2019/art_084f1a41975948168f41b8640f4994cc.html.

[26] 中华人民共和国商务部亚洲司. 2019年中国—越南经贸合作简况 [EB/OL]. (2020-07-21) [2024-08-06]. https://yzs.mofcom.gov.cn/yzjmhz/sbhzjk/art/2020/art_a0847df2a70b4509b15eb38604946386.html.

[27] 中华人民共和国商务部亚洲司. 2020年1—12月中国—越南经贸合作简况 [EB/OL]. (2021-10-15) [2024-08-06]. https://yzs.mofcom.gov.cn/yzjmhz/sbhzjk/art/2021/art_4bb266978f6143b6ba6ca461726ab8eb.html.

[28] 中华人民共和国商务部亚洲司. 2021年1—6月中国—越南经贸合作简况 [EB/OL]. (2021-11-10) [2024-08-06]. http://fta.mofcom.gov.cn/article/rcep/jmsj/202111/46123_1.html.

[29] 中华人民共和国商务部亚洲司. 2022年中国—越南经贸合作简况 [EB/OL]. (2023-12-28) [2024-08-06]. https://m.mofcom.gov.cn/article/tongjiziliao/sjtj/yzzggb/202312/20231203463465.shtml.

[30] General Statistics Office of Vietnam. Statistic Yearbook of Vietnam 2023 [EB/OL]. (2024-06-29) [2024-08-06]. https://www.gso.gov.vn/wp-content/uploads/2024/06/NIEN-GIAM-THONG-KE-2023_Ban-quyen.pdf.

[31] 中华人民共和国商务部，国家统计局，国家外汇管理局. 2022年度中国对外直接投资统计公报 [EB/OL]. (2023-09-28) [2024-08-06]. http://images.mofcom.gov.cn/hzs/202310/20231027112320497.pdf.

[32] 国家统计局. 支出法国内生产总值 [EB/OL]. (2024-08-06) [2024-08-06]. https://data.stats.gov.cn/easyquery.htm?cn=C01&zb=A0209&sj=2023.

[33] World Bank. GDP growth (annual %) [EB/OL]. (2024-08-06) [2024-08-06]. https://data.worldbank.org/indicator/NY.GDP.MKTP.KD.ZG.

[34] 交通运输部. 2023年交通运输行业发展统计公报 [EB/OL]. (2024-06-18) [2024-08-06]. https://xxgk.mot.gov.cn/2020/jigou/zhghs/202406/t20240614_4142419.html.

[35] 国务院. 国务院关于深化城镇住房制度改革的决定 [EB/OL]. (2010-11-15) [2024-08-06]. https://www.gov.cn/zhuanti/2015-06/13/content_2878960.

htm.

[36] World Bank. Gross capital formation (% of GDP) [EB/OL]. (2024-08-06) [2024-08-06]. https://data.worldbank.org/indicator/NE.GDI.TOTL.ZS.

[37] Trading economics. 产能利用率—国家列表 [EB/OL]. (2024-08-06) [2024-08-06]. https://zh.tradingeconomics.com/country-list/capacity-utilization.

[38] 中华人民共和国财政部. 2021 年财政收支情况 [EB/OL]. (2022-01-29) [2024-08-06]. https://www.gov.cn/xinwen/2022-01/29/content_5671104.htm.

[39] 中华人民共和国财政部. 2022 年上半年财政收支情况 [EB/OL]. (2022-07-14) [2024-08-06]. https://www.gov.cn/xinwen/2022-07/14/content_5701012.htm.

[40] 国家统计局. 能源消费总量 [EB/OL]. (2024-08-06) [2024-08-06]. https://data.stats.gov.cn/easyquery.htm?cn=C01.

[41] World Bank. GDP per unit of energy use (constant 2017 PPP $ per kg of oil equivalent) [EB/OL]. (2022-12-31) [2024-08-06]. https://api.worldbank.org/v2/en/indicator/EG.GDP.PUSE.KO.PP.KD?downloadformat=excel.

[42] World Bank. CO2 emissions (kt) [EB/OL]. (2024-08-06) [2024-08-06]. https://api.worldbank.org/v2/en/indicator/EN.ATM.CO2E.KT?downloadformat=excel.

[43] World Bank. Imports of goods and services (current US $) [EB/OL]. (2024-08-06) [2024-08-06]. https://api.worldbank.org/v2/en/indicator/NE.IMP.GNFS.CD?downloadformat=excel.

[44] World Bank. Exports of goods and services (current US $) [EB/OL]. (2024-08-06) [2024-08-06]. https://api.worldbank.org/v2/en/indicator/NE.EXP.GNFS.CD?downloadformat=excel.

[45] World Bank. GDP (current US $) [EB/OL]. (2024-08-06) [2024-08-06]. https://api.worldbank.org/v2/en/indicator/NY.GDP.MKTP.CD?downloadformat=excel.

[46] 新浪科技. 传苹果拟在印度组装新 iPhone SE：规避进口关税 [EB/OL]. (2020-06-19) [2024-08-06]. https://tech.sina.com.cn/roll/2020-06-19/doc-iircuyvi9305698.shtml.

[47] World Bank. GDP per capita (current US $) [EB/OL]. (2024-08-06)

[2024 - 08 - 06]. https://api.worldbank.org/v2/en/indicator/NY.GDP.PCAP.CD?downloadformat = excel.

[48] International Labour Organization. SDG indicator 10.4.1 - Labour income share as a percent of GDP (%) [EB/OL]. (2024 - 08 - 06) [2024 - 08 - 06]. https://rplumber.ilo.org/data/indicator/?id = SDG _ 1041 _ NOC _ RT _ A&lang = en&type = label&format = .xlsx&channel = ilostat&title = sdg - indicator - 1041 - labour - income - share - as - a - percent - of - gdp - annual.

[49] 光明网. 中国经济新常态的提出及背景 [EB/OL]. (2016 - 01 - 09) [2024 - 08 - 06]. http://finance.cnr.cn/gundong/20160109/t20160109 _ 521087103.shtml.

[50] 新华社. 政府工作报告（全文）[EB/OL]. (2016 - 03 - 17) [2024 - 08 - 06]. http://www.gov.cn/guowuyuan/2016 - 03/17/content _ 5054901.htm.

[51] 中国新闻网. 统计局：2016 年中国“三新”经济增加值相当于 GDP 15.3% [EB/OL]. (2018 - 04 - 13) [2024 - 08 - 06]. https://news.cnr.cn/native/gd/20180413/t20180413 _ 524197881.shtml.

[52] 国家统计局. 2017 年我国“三新”经济增加值相当于 GDP 的比重为 15.7% [EB/OL]. (2018 - 11 - 22) [2024 - 08 - 06]. https://www.gov.cn/xinwen/2018 - 11/22/content _ 5342438.htm.

[53] 国家统计局. 2018 年我国“三新”经济增加值相当于 GDP 的比重为 16.1% [EB/OL]. (2019 - 07 - 28) [2024 - 08 - 06]. https://www.stats.gov.cn/sj/zxfb/202302/t20230203 _ 1900395.html.

[54] 国家统计局. 2019 年我国“三新”经济增加值相当于国内生产总值的比重为 16.3% [EB/OL]. (2020 - 07 - 07) [2024 - 08 - 06]. https://www.stats.gov.cn/sj/zxfb/202302/t20230203 _ 1900769.html.

[55] 国家统计局. 2020 年我国“三新”经济增加值相当于国内生产总值的比重为 17.08% [EB/OL]. (2021 - 07 - 06) [2024 - 08 - 06]. https://www.gov.cn/xinwen/2021 - 07/06/content _ 5622667.htm.

[56] 国家统计局. 2021 年我国“三新”经济增加值相当于国内生产总值的比重为 17.25% [EB/OL]. (2022 - 07 - 29) [2024 - 08 - 06]. https://www.stats.gov.cn/sj/zxfb/202302/t20230203 _ 1901536.html.

[57] 国家统计局. 2022 年我国“三新”经济增加值相当于国内生产总值的比重为 17.36% [EB/OL]. (2023 - 07 - 28) [2024 - 08 - 06]. https://www.stats.gov.cn/sj/zxfb/202307/t20230727 _ 1941591.html.

[58] 清华大学．中国长期低碳发展战略与转型路径研究综合报告 [EB/OL]．(2021－07－21) [2024－08－06]．https：//www. efchina. org/Reports－zh/report－lceg－20210711－zh.

[59] 国家外汇管理局．国家外汇储备规模（1950－2015 年）[EB/OL]．(2018－01－12) [2024－08－06]．https：//www. safe. gov. cn/safe/2018/0612/9313. html.

[60] 国家外汇管理局．官方储备资产（2015 年 06 月—2017 年 12 月）[EB/OL]．(2018－01－12) [2024－08－06]．https：//www. safe. gov. cn/safe/2018/0112/8051. html.

[61] 国家外汇管理局．官方储备资产（2018）[EB/OL]．(2019－01－07) [2024－08－06]．https：//www. safe. gov. cn/safe/2018/0112/18176. html.

[62] 国家外汇管理局．官方储备资产（2019）[EB/OL]．(2020－01－07) [2024－08－06]．https：//www. safe. gov. cn/safe/2018/0112/8053. html.

[63] 国家外汇管理局．官方储备资产（2020 年）[EB/OL]．(2021－01－07) [2024－08－06]．https：//www. safe. gov. cn/safe/2020/0207/22230. html.

[64] 国家外汇管理局．官方储备资产（2021 年）[EB/OL]．(2022－01－07) [2024－08－06]．https：//www. safe. gov. cn/safe/2020/0207/22232. html.

[65] 国家外汇管理局．官方储备资产（2022 年）[EB/OL]．(2023－01－07) [2024－08－06]．https：//www. safe. gov. cn/safe/2020/0207/22234. html.

[66] 中国人民银行．中国人民银行 财政部 商务部 海关总署 国家税务总局 中国银行业监督管理委员会公告 [EB/OL]．(2009－07－02) [2024－08－06]．https：//www. gov. cn/zwgk/2009－07/02/content _ 1355475. htm.

[67] 国家外汇管理局．强制结售汇制度退出历史舞台 企业和个人可自主保留外汇收入 [EB/OL]．(2012－04－16) [2024－08－06]．https：//www. safe. gov. cn/safe/2012/0416/4533. html.

[68] 中国人民银行．2015 年人民币国际化报告 [EB/OL]．(2015－06－11) [2024－08－06]．http：//www. pbc. gov. cn/huobizhengceersi/214481/3871621/2879200/index. html.

[69] 中国人民银行．2016 年人民币国际化报告 [EB/OL]．(2016－12－30) [2024－08－06]．http：//www. pbc. gov. cn/huobizhengceersi/214481/3871621/3223865/index. html.

[70] 中国人民银行．2017 年人民币国际化报告（中英文版）[EB/OL]．(2017－10－17) [2024－08－06]．http：//www. pbc. gov. cn/huobizhengceersi/214481/

3871621/3398597/index. html.

［71］中国人民银行．2018 年人民币国际化报告（中英文版）［EB/OL］．（2018－09－26）［2024－08－06］．http：//www. pbc. gov. cn/huobizhengceersi/214481/3871621/3635170/index. html.

［72］中国人民银行．2019 年人民币国际化报告［EB/OL］．（2019－08－23）［2024－08－06］．http：//www. pbc. gov. cn/huobizhengceersi/214481/3871621/3879422/index. html.

［73］中国人民银行．2020 年人民币国际化报告［EB/OL］．（2020－08－17）［2024－08－06］．http：//www. pbc. gov. cn/huobizhengceersi/214481/3871621/4073241/index. html.

［74］中国人民银行．2021 年人民币国际化报告［EB/OL］．（2021－09－19）［2024－08－06］．http：//www. pbc. gov. cn/huobizhengceersi/214481/3871621/4344602/index. html.

［75］中国人民银行．2022 年人民币国际化报告［EB/OL］．（2022－09－23）［2024－08－06］．http：//www. pbc. gov. cn/huobizhengceersi/214481/3871621/4666144/index. html.

［76］中国人民银行．2023 年人民币国际化报告［EB/OL］．（2023－10－27）［2024－08－06］．http：//www. pbc. gov. cn/huobizhengceersi/214481/3871621/5114765/index. html.

［77］中华人民共和国海关总署．2018 年 12 月进出口商品国别（地区）总值表（人民币）［EB/OL］．（2019－01－23）［2024－08－06］．http：//gdfs. customs. gov. cn/customs/302249/zfxxgk/2799825/302274/302277/302276/2278778/index. html.

［78］中华人民共和国海关总署．2019 年 12 月进出口商品国别（地区）总值表（人民币）［EB/OL］．（2020－01－23）［2024－08－06］．http：//gdfs. customs. gov. cn/customs/302249/zfxxgk/2799825/302274/302277/302276/2851260/index. html.

［79］中华人民共和国海关总署．2020 年 12 月进出口商品国别（地区）总值表（人民币）［EB/OL］．（2021－01－18）［2024－08－06］．http：//gdfs. customs. gov. cn/customs/302249/zfxxgk/2799825/302274/302277/302276/3515684/index. html.

［80］中华人民共和国海关总署．2021 年 12 月进出口商品国别（地区）总值表（人民币）［EB/OL］．（2022－01－18）［2024－08－06］．http：//gdfs. customs. gov. cn/customs/302249/zfxxgk/2799825/302274/302277/302276/4127605/index. html.

［81］中华人民共和国海关总署．2022 年 12 月进出口商品国别（地区）总值表

（人民币）[EB/OL].（2013-01-18）[2024-08-06]. http://gdfs.customs.gov.cn/customs/302249/zfxxgk/2799825/302274/302277/302276/4806965/index.html.

[82] 云南省统计局.2018年12月云南统计月报[EB/OL].（2019-01-31）[2024-08-06]. https://stats.yn.gov.cn/Pages_20_2095.aspx.

[83] 云南省统计局.2019年12月云南统计月报[EB/OL].（2020-02-14）[2024-08-06]. https://stats.yn.gov.cn/Pages_20_2116.aspx.

[84] 云南省统计局.2020年12月云南统计月报[EB/OL].（2021-03-05）[2024-08-06]. https://stats.yn.gov.cn/Pages_20_2137.aspx.

[85] 云南省统计局.2021年12月云南统计月报[EB/OL].（2022-01-26）[2024-08-06]. https://stats.yn.gov.cn/Pages_20_2126.aspx.

[86] 云南省统计局.2022年12月云南统计月报[EB/OL].（2023-02-09）[2024-08-06]. https://stats.yn.gov.cn/Pages_20_2147.aspx.

[87] 云南省统计局.2023年12月云南统计月报[EB/OL].（2024-01-31）[2024-08-06]. https://stats.yn.gov.cn/Pages_20_3971.aspx.

[88] 云南省财政厅. 2018年云南省财政决算公开表格、2018年云南省省本级一般公共预算、政府性基金和国有资本经营预算执行变动情况说明、2018年度云南省财政决算公开目录及重点工作情况解释说明汇总表[EB/OL].（2019-08-12）[2024-08-06]. http://czt.yn.gov.cn/news_des.html?id=703a621d973211ea82e65254008b8c18&cid=5241738892149792661.

[89] 云南省财政厅. 2019年云南省财政决算公开资料[EB/OL].（2020-08-14）[2024-08-06]. http://czt.yn.gov.cn/news_des.html?id=794e3c005e8ba65076ca2025c26ab5af&cid=5241738892149792661.

[90] 云南省财政厅. 2020年云南省财政决算公开资料[EB/OL].（2021-08-17）[2024-08-06]. http://czt.yn.gov.cn/news_des.html?id=1629194048423711489&cid=5241738892149792661.

[91] 云南省财政厅. 2021年云南省财政决算公开资料[EB/OL].（2022-08-12）[2024-08-06]. http://czt.yn.gov.cn/news_des.html?id=1660301615458711165&cid=5241738892149792661.

[92] 云南省财政厅. 2022年云南省财政决算公开资料[EB/OL].（2023-08-11）[2024-08-06]. https://czt.yn.gov.cn/news_des.html?id=1691748199280711539&cid=5241738892149792661.

[93] 中华人民共和国财政部.2018年地方一般公共预算收入决算表[EB/OL].

(2019－07－18)［2024－08－06］. https://yss. mof. gov. cn/2018czjs/201907/t20190718_3303120. htm.

［94］中华人民共和国财政部.2018 年地方一般公共预算支出决算表［EB/OL］. (2019－07－18)［2024－08－06］. https://yss. mof. gov. cn/2018czjs/201907/t20190718_3303317. htm.

［95］中华人民共和国财政部.2019 年地方一般公共预算收入决算表［EB/OL］. (2020－07－31)［2024－08－06］. https://yss. mof. gov. cn/2019qgczjs/202007/t20200731_3559702. htm.

［96］中华人民共和国财政部.2019 年地方一般公共预算支出决算表［EB/OL］. (2020－07－31)［2024－08－06］. https://yss. mof. gov. cn/2019qgczjs/202007/t20200731_3559733. htm.

［97］中华人民共和国财政部.2020 年地方一般公共预算收入决算表［EB/OL］. (2021－09－17)［2024－08－06］. https://yss. mof. gov. cn/2020zyjs/202109/t20210917_3753572. htm.

［98］中华人民共和国财政部.2020 年地方一般公共预算支出决算表［EB/OL］. (2021－09－17)［2024－08－06］. https://yss. mof. gov. cn/2020zyjs/202109/t20210917_3753567. htm.

［99］中华人民共和国财政部.2021 年地方一般公共预算收入决算表［EB/OL］. (2022－07－28)［2024－08－06］. https://yss. mof. gov. cn/2021zyjs/202207/t20220728_3830476. htm.

［100］中华人民共和国财政部.2021 年地方一般公共预算支出决算表［EB/OL］. (2022－07－28)［2024－08－06］. https://yss. mof. gov. cn/2021zyjs/202207/t20220728_3830503. htm.

［101］中华人民共和国财政部.2022 年地方一般公共预算收入决算表［EB/OL］. (2023－08－25)［2024－08－06］. https://yss. mof. gov. cn/2022zyjs/202308/t20230825_3904171. htm.

［102］中华人民共和国财政部.2022 年地方一般公共预算支出决算表［EB/OL］. (2023－08－25)［2024－08－06］. https://yss. mof. gov. cn/2022zyjs/202308/t20230825_3904138. htm.

［103］云南省财政厅. 云南省 2018 年财政收支情况［EB/OL］. (2019－01－14)［2024－08－06］. http://czt. yn. gov. cn/news_des. html? id=68af8cd5973211ea82e65254008b8c18.

[104] 云南省财政厅．云南省 2019 年财政收支情况 [EB/OL]．(2020 - 01 - 21) [2024 - 08 - 06]．http：//czt. yn. gov. cn/news _ des. html？ id = 68b3c76c973211ea82e65254008b8c18.

[105] 云南省财政厅．云南省 2020 年财政收支情况 [EB/OL]．(2021 - 01 - 12) [2024 - 08 - 06]．http：//czt. yn. gov. cn/news _ des. html？ id = 1610507512622711662.

[106] 云南省财政厅．云南省 2021 年财政收支情况 [EB/OL]．(2022 - 01 - 24) [2024 - 08 - 06]．http：//czt. yn. gov. cn/news _ des. html？ id = 1642991490035711163.

[107] 云南省财政厅．云南省 2022 年财政收支情况 [EB/OL]．(2023 - 01 - 13) [2024 - 08 - 06]．http：//czt. yn. gov. cn/news _ des. html？ id = 1673851354159711960.

[108] 云南省财政厅．云南省 2023 年财政收支情况 [EB/OL]．(2024 - 01 - 29) [2024 - 08 - 06]．https：//czt. yn. gov. cn/news _ des. html？ id = 1706492926129711838.

[109] World Bank. External debt stocks, short - term (DOD, current US $) [EB/OL]．(2024 - 06 - 28) [2024 - 08 - 06]．https：//data. worldbank. org/indicator/DT. DOD. DSTC. CD.

[110] World Bank. External debt stocks, long - term (DOD, current US $) [EB/OL]．(2024 - 06 - 28) [2024 - 08 - 06]．https：//data. worldbank. org/indicator/DT. DOD. DLXF. CD.

[111] World Bank. Use of IMF credit (DOD, current US $) [EB/OL]．(2024 - 06 - 28) [2024 - 08 - 06]．https：//data. worldbank. org/indicator/DT. DOD. DIMF. CD.

[112] World Bank. External debt stocks, total (DOD, current US $) [EB/OL]．(2024 - 06 - 28) [2024 - 08 - 06]．https：//data. worldbank. org/indicator/DT. DOD. DECT. CD.

[113] 环球时报．俄财长：3000 亿美元外汇储备被冻结，占总额一半 [EB/OL]．(2022 - 03 - 14) [2024 - 08 - 06]．https：//www. thepaper. cn/newsDetail _ forward _17120486.

[114] 中华人民共和国海关总署．国家“十四五”口岸发展规划 [EB/OL]．(2021 - 09 - 23) [2024 - 08 - 06]．http：//ka. sz. gov. cn/gkmlpt/content/9/9149/post _ 9149276. html#319.

[115] 昆明日报．加快城市国际化发展步伐　用开放的胸襟拥抱世界 [EB/OL]．(2022 - 05 - 28) [2024 - 08 - 06]．https：//www. km. gov. cn/c/2022 - 05 - 28/4392568. shtml.

[116] 国家铁路局．弥蒙高铁通车：“三线交汇”折射中国西南巨变 [EB/OL]．

(2022-12-19)[2024-08-06]. http://www.nra.gov.cn/xwzx/xwxx/xwlb/202212/t20221219_339309.shtml.

[117] 云南日报．河口口岸出入境旅客流量首破600万人次[EB/OL].(2019-12-08)[2024-08-06]. http://www.yn.gov.cn/sjfb/sjyw/201912/t20191208_185440.html.

[118] 中新网云南．中越云南天保口岸2019年服务19国84万余名出入境旅客[EB/OL].(2020-01-13)[2024-08-06]. https://m.ithc.cn/article/345878.

[119] 云南网．昆明机场今年出入境人员超455万人次[EB/OL].(2020-01-01)[2024-08-06]. https://m.yunnan.cn/system/2020/01/01/030558434.shtml?from=timeline.

[120] 中华人民共和国昆明海关．2019年1—12月云南省进出口商品国别(地区)总值表[EB/OL].(2020-03-27)[2024-08-06]. http://kunming.customs.gov.cn/kunming_customs/611308/fdzdgknr67/2879837/2879850/2938054/index.html.

[121] 中华人民共和国昆明海关．2020年1—12月云南省进出口商品国别(地区)总值表[EB/OL].(2021-01-26)[2024-08-06]. http://kunming.customs.gov.cn/kunming_customs/611308/fdzdgknr67/2879837/2879850/3525542/index.html.

[122] 中华人民共和国昆明海关．2021年1—12月云南省进出口商品国别(地区)总值表[EB/OL].(2022-01-18)[2024-08-06]. http://kunming.customs.gov.cn/kunming_customs/611308/fdzdgknr67/2879837/2879850/4127577/index.html.

[123] 中华人民共和国昆明海关．2022年1—12月云南省进出口商品国别(地区)总值表[EB/OL].(2023-01-18)[2024-08-06]. http://kunming.customs.gov.cn/kunming_customs/611308/fdzdgknr67/2879837/2879850/4809006/index.html.

[124] 中华人民共和国昆明海关．2023年1—12月云南省进出口商品国别(地区)总值表[EB/OL].(2024-01-18)[2024-08-06]. http://kunming.customs.gov.cn/kunming_customs/611308/fdzdgknr67/2879837/2879850/5638934/index.html.

[125] 国务院办公厅．国务院办公厅关于印发兴边富民行动“十三五”规划的通知[EB/OL].(2011-06-13)[2024-08-06]. https://www.gov.cn/zhengce/content/2017-06/06/content_5200277.htm.

[126] 商务部，财政部，国土资源部，住房和城乡建设部，海关总署，国家税务总局．商务部、财政部、国土资源部等关于规范和促进边境经济合作区发展的意见[EB/OL].(2012-11-30)[2024-08-06]. https://xjdrc.xinjiang.gov.cn/xjfgw/c112377/202204/e52835ca79fa475fa2ed51249d4eaa5c.shtml.

［127］商务部办公厅．商务部办公厅关于围绕构建新发展格局做好边境经济合作区、跨境经济合作区工作的通知［EB/OL］．（2021－04－30）［2024－08－06］．https：//wzs. mofcom. gov. cn/gjjjjjskfqhbjjjhzq/dtxw/art/2021/art _ bd6725cd13204e71be6165de43c0dc72. html.

［128］中华人民共和国商务部．《区域全面经济伙伴关系协定》（RCEP）［EB/OL］．（2024－08－06）［2024－08－06］．http：//fta. mofcom. gov. cn/rcep/rcep _ new. shtml.

［129］红河州投资促进局．中国河口—越南老街跨境经济合作区优惠政策［EB/OL］．（2019－04－17）［2024－08－06］．https：//www. hh. gov. cn/info/9091/793832. htm.

［130］云南网．农行河口支行创新金融服务助力沿边开放［EB/OL］．（2019－03－03）［2024－08－06］．https：//yn. yunnan. cn/system/2019/03/03/030215289. shtml.

［131］央广网．云南本土最大商业银行推出人民币与越南盾跨境结算服务［EB/OL］．（2015－09－19）［2024－08－06］．http：//news. cnr. cn/native/city/20150919/t20150919 _ 519908689. shtml.

［132］云南省人民政府金融办公室．解读《云南省人民政府关于建设面向南亚东南亚金融服务中心的实施意见》［EB/OL］．（2016－12－12）［2024－08－06］．https：//www. yn. gov. cn/zwgk/zcjd/bmjd/201904/t20190404 _ 154964. html.

［133］Metreau E，Young K E，Eapen S G. World Bank country classifications by income level for 2024－2025［EB/OL］．（2024－07－01）［2024－08－06］．https：//blogs. worldbank. org/en/opendata/world－bank－country－classifications－by－income－level－for－2024－2025.

［134］World Bank. 按图表集法衡量的人均国民总收入（GNI）（现价美元）［EB/OL］．（2024－08－06）［2024－08－06］．https：//api. worldbank. org/v2/zh/indicator/NY. GNP. PCAP. CD？downloadformat＝excel.

［135］中华人民共和国商务部．对外投资合作国别（地区）指南—越南篇（2023 年版）［EB/OL］．（2024－08－06）［2024－08－06］．https：//www. mofcom. gov. cn/dl/gbdqzn/upload/yuenan. pdf.

［136］中国外汇交易中心．同业拆借月报［EB/OL］．（2024－08－06）［2024－08－06］．https：//www. chinamoney. com. cn/chinese/mtmoncjgl/.

［137］State Bank of Vietnam. Developments in Money Market and Inter－bank Market（December 27－31，2021）［EB/OL］．（2022－01－13）［2024－08－06］．https：//

www. sbv. gov. vn/webcenter/ShowProperty? nodeId =/UCMServer/SBV477808//idcPrimaryFile&revision = latestreleased.

[138] State Bank of Vietnam. Developments in Money Market and Inter – bank Market (January 17 – 21, 2022) [EB/OL]. (2022 – 01 – 28) [2024 – 08 – 06]. https://www. sbv. gov. vn/webcenter/ShowProperty? nodeId =/UCMServer/SBV481022//idcPrimaryFile&revision = latestreleased.

[139] State Bank of Vietnam. Developments in Money Market and Inter – bank Market (February 28 – March 04, 2022) [EB/OL]. (2022 – 03 – 14) [2024 – 08 – 06]. https://www. sbv. gov. vn/webcenter/ShowProperty? nodeId =/UCMServer/SBV490011//idcPrimaryFile&revision = latestreleased.

[140] State Bank of Vietnam. Developments in Money Market and Inter – bank Market (March 28 – April 01, 2022) [EB/OL]. (2022 –04 –07) [2024 –08 –06]. https://www. sbv. gov. vn/webcenter/ShowProperty? nodeId =/UCMServer/SBV493620//idcPrimaryFile& revision = latestreleased.

[141] State Bank of Vietnam. Developments in Money Market and Inter – bank Market (April 25 – 29, 2022) [EB/OL]. (2022 – 05 – 10) [2024 – 08 – 06]. https://www. sbv. gov. vn/webcenter/ShowProperty? nodeId =/UCMServer/SBV496224//idcPrimaryFile&revision = latestreleased.

[142] State Bank of Vietnam. Developments in Money Market and Inter – bank Market (May 30 – June 03, 2022) [EB/OL]. (2022 – 06 – 15) [2024 – 08 – 06]. https://www. sbv. gov. vn/webcenter/ShowProperty? nodeId =/UCMServer/SBV504614//idcPrimaryFile&revision = latestreleased.

[143] State Bank of Vietnam. Developments in Money Market and Inter – bank Market (June 20 – 24, 2022) [EB/OL]. (2022 – 07 – 04) [2024 – 08 – 06]. https://www. sbv. gov. vn/webcenter/ShowProperty? nodeId =/UCMServer/SBV509011//idcPrimaryFile&revision = latestreleased.

[144] State Bank of Vietnam. Developments in Money Market and Inter – bank Market (July 25 – 29, 2022) [EB/OL]. (2022 – 08 – 08) [2024 – 08 – 06]. https://www. sbv. gov. vn/webcenter/ShowProperty? nodeId =/UCMServer/SBV516824//idcPrimaryFile&revision = latestreleased.

[145] State Bank of Vietnam. Developments in Money Market and Inter – bank Market (August 29 – 31, 2022) [EB/OL]. (2022 – 09 – 15) [2024 – 08 – 06]. https://

www. sbv. gov. vn/webcenter/ShowProperty? nodeId =/UCMServer/SBV520010//idcPrimary File&revision = latestreleased.

[146] State Bank of Vietnam. Developments in Money Market and Inter – bank Market (September 26 – 30, 2022) [EB/OL]. (2022 – 10 – 14) [2024 – 08 – 06]. https: // www. sbv. gov. vn/webcenter/ShowProperty? nodeId =/UCMServer/SBV530234//idcPrimary File&revision = latestreleased.

[147] State Bank of Vietnam. Developments in Money Market and Inter – bank Market (October 31 – November 4, 2022) [EB/OL]. (2022 – 11 – 14) [2024 – 08 – 06]. https: //www. sbv. gov. vn/webcenter/ShowProperty? nodeId =/UCMServer/SBV541808// idcPrimaryFile&revision = latestreleased.

[148] State Bank of Vietnam. Developments in Money Market and Inter – bank Market (November 28 – December 2, 2022) [EB/OL]. (2022 – 12 – 12) [2024 – 08 – 06]. https: //www. sbv. gov. vn/webcenter/ShowProperty? nodeId =/UCMServer/SBV550620// idcPrimaryFile&revision = latestreleased.

[149] State Bank of Vietnam. Developments in Money Market and Inter – bank Market (December 26 – 30, 2022) [EB/OL]. (2023 – 01 – 13) [2024 – 08 – 06]. https: // www. sbv. gov. vn/webcenter/ShowProperty? nodeId =/UCMServer/SBV557816//idcPrimary File&revision = latestreleased.

[150] State Bank of Vietnam. Developments in Money Market and Inter – bank Market (January 30 – February 03, 2023) [EB/OL]. (2023 – 02 – 09) [2024 – 08 – 06]. https: //www. sbv. gov. vn/webcenter/ShowProperty? nodeId =/UCMServer/SBV561208// idcPrimaryFile&revision = latestreleased.

[151] State Bank of Vietnam. Developments in Money Market and Inter – bank Market (February 27 – March 3, 2023) [EB/OL]. (2023 – 03 – 10) [2024 – 08 – 06]. https: //www. sbv. gov. vn/webcenter/ShowProperty? nodeId =/UCMServer/SBV564413// idcPrimaryFile&revision = latestreleased.

[152] State Bank of Vietnam. Developments in Money Market and Inter – bank Market (March 27 – 31, 2023) [EB/OL]. (2023 – 04 – 06) [2024 – 08 – 06]. https: // www. sbv. gov. vn/webcenter/ShowProperty? nodeId =/UCMServer/SBV567213//idcPrimary File&revision = latestreleased.

[153] State Bank of Vietnam. Developments in Money Market and Inter – bank Market (April 24 – 28, 2023) [EB/OL]. (2023 – 05 – 15) [2024 – 08 – 06]. https: //www. sbv.

gov. vn/webcenter/ShowProperty? nodeId =/UCMServer/SBV569048//idcPrimaryFile&revision = latestreleased.

[154] State Bank of Vietnam. Developments in Money Market and Inter – bank Market (May 29 – June 02, 2023) [EB/OL]. (2023 – 06 – 14) [2024 – 08 – 06]. https://www. sbv. gov. vn/webcenter/ShowProperty? nodeId =/UCMServer/SBV570013//idcPrimaryFile&revision = latestreleased.

[155] State Bank of Vietnam. Developments in Money Market and Inter – bank Market (June 26 – 30, 2023) [EB/OL]. (2023 – 07 – 18) [2024 – 08 – 06]. https://www. sbv. gov. vn/webcenter/ShowProperty? nodeId =/UCMServer/SBV571617//idcPrimaryFile&revision = latestreleased.

[156] State Bank of Vietnam. Developments in Money Market and Inter – bank Market (July 31 – August 4, 2023) [EB/OL]. (2023 – 08 – 14) [2024 – 08 – 06]. https://www. sbv. gov. vn/webcenter/ShowProperty? nodeId =/UCMServer/SBV572816//idcPrimaryFile&revision = latestreleased.

[157] State Bank of Vietnam. Developments in Money Market and Inter – bank Market (August 28 – 31, 2023) [EB/OL]. (2023 – 09 – 14) [2024 – 08 – 06]. https://www. sbv. gov. vn/webcenter/ShowProperty? nodeId =/UCMServer/SBV575620//idcPrimaryFile&revision = latestreleased.

[158] State Bank of Vietnam. Developments in Money Market and Inter – bank Market (September 25 – 29, 2023) [EB/OL]. (2023 – 10 – 06) [2024 – 08 – 06]. https://www. sbv. gov. vn/webcenter/ShowProperty? nodeId =/UCMServer/SBV577617//idcPrimaryFile&revision = latestreleased.

[159] State Bank of Vietnam. Developments in Money Market and Inter – bank Market (October 30 – November 3, 2023) [EB/OL]. (2023 – 11 – 13) [2024 – 08 – 06]. https://www. sbv. gov. vn/webcenter/ShowProperty? nodeId =/UCMServer/SBV582010//idcPrimaryFile&revision = latestreleased.

[160] State Bank of Vietnam. Developments in Money Market and Inter – bank Market (November 27 – December 1, 2023) [EB/OL]. (2023 – 12 – 13) [2024 – 08 – 06]. https://www. sbv. gov. vn/webcenter/ShowProperty? nodeId =/UCMServer/SBV584472//idcPrimaryFile&revision = latestreleased.

[161] State Bank of Vietnam. Developments in Money Market and Inter – bank Market (December 25 – 29, 2023) [EB/OL]. (2024 – 01 – 17) [2024 – 08 – 06]. https://

www. sbv. gov. vn/webcenter/ShowProperty? nodeId =/UCMServer/SBV587239//idcPrimaryFile&revision = latestreleased.

[162] State Bank of Vietnam. Developments in Money Market and Inter – bank Market (January 29 – February 2, 2024) [EB/OL]. (2024 – 02 – 20) [2024 – 08 – 06]. https: //www. sbv. gov. vn/webcenter/ShowProperty? nodeId =/UCMServer/SBV589048//idcPrimaryFile&revision = latestreleased.

[163] State Bank of Vietnam. Developments in Money Market and Inter – bank Market (February 26 – March 1, 2024) [EB/OL]. (2024 – 03 – 14) [2024 – 08 – 06]. https: //www. sbv. gov. vn/webcenter/ShowProperty? nodeId =/UCMServer/SBV590826//idcPrimaryFile&revision = latestreleased.

[164] State Bank of Vietnam. Developments in Money Market and Interbank (March 25 – 29, 2024) [EB/OL]. (2024 – 04 – 10) [2024 – 08 – 06]. https: //www. sbv. gov. vn/webcenter/ShowProperty? nodeId =/UCMServer/SBV593414//idcPrimaryFile&revision = latestreleased.

[165] State Bank of Vietnam. Developments in Money Market and Inter – bank Market (April 22 – 26, 2024) [EB/OL]. (2024 – 05 – 04) [2024 – 08 – 06]. https: //www. sbv. gov. vn/webcenter/ShowProperty? nodeId =/UCMServer/SBV596615//idcPrimaryFile&revision = latestreleased.

[166] State Bank of Vietnam. Developments in Money Market and Inter – bank Market (May 27 – 31, 2024) [EB/OL]. (2024 – 06 – 10) [2024 – 08 – 06]. https: //www. sbv. gov. vn/webcenter/ShowProperty? nodeId =/UCMServer/SBV601675//idcPrimaryFile&revision = latestreleased.

[167] State Bank of Vietnam. Developments in Money Market and Inter – bank Market (June 24 – 28, 2024) [EB/OL]. (2024 – 07 – 11) [2024 – 08 – 06]. https: //www. sbv. gov. vn/webcenter/ShowProperty? nodeId =/UCMServer/SBV606238//idcPrimaryFile&revision = latestreleased.

[168] State Bank of Vietnam. Developments in Money Market and Inter – bank Market (July 29 – August 2, 2024) [EB/OL]. (2024 – 08 – 09) [2024 – 08 – 06]. https: //www. sbv. gov. vn/webcenter/ShowProperty? nodeId =/UCMServer/SBV611818//idcPrimaryFile&revision = latestreleased.

[169] 新浪财经．人民币越南盾 (CNYVND) [EB/OL]. (2022 – 12 – 31) [2024 – 08 – 06]. https: //finance. sina. com. cn/money/forex/hq/CNYVND. shtml.

[170] VBMA. Auction Result per Session [EB/OL], (2024－08－06) [2024－08－06]. https://vbma.org.vn/en/market－data/primary－market.

[171] VBMA. 2021 Bond Market Summary－VBMA [EB/OL]. (2022－03－31) [2024－08－06]. https://vbma.org.vn/storage/reports/March2022/ENG_VBMA_BOND%20MARKET%20SUMMARY%202021.pdf.

[172] VBMA. Vietnam Bond Market Report 2022－VBMA [EB/OL]. (2024－04－30) [2024－08－06]. https://vbma.org.vn/storage/reports/April2024/ENGLISH%20VBMA_ANNUAL%20REPORT%202022%20－%20revised%20－%20Copy%202.pdf.

[173] VBMA. Vietnam Bond Market Report 2023－VBMA [EB/OL]. (2024－04－30) [2024－08－06]. https://vbma.org.vn/storage/reports/April2024/VBMA_BOND%20MARKET%20REPORT%202023.pdf.

[174] VietinBank. FX Spot Transaction [EB/OL]. (2024－08－06) [2024－08－06]. https://www.vietinbank.vn/en/doanh－nghiep/san－pham－dich－vu/ngoai－hoi－va－phai－sinh/mua－ban－ngoai－te－giao－ngay－fx－spot－31－html.

[175] VietinBank. FX Forward Transaction [EB/OL]. (2024－08－06) [2024－08－06]. https://www.vietinbank.vn/en/doanh－nghiep/san－pham－dich－vu/ngoai－hoi－va－phai－sinh/mua－ban－ngoai－te－ky－han－fx－forward－31－html.

[176] VietinBank. FX Option Transaction [EB/OL]. (2024－08－06) [2024－08－06]. https://www.vietinbank.vn/en/doanh－nghiep/san－pham－dich－vu/ngoai－hoi－va－phai－sinh/quyen－chon－ngoai－te－fx－options－31－html.

[177] VietinBank. FX Swap Transaction [EB/OL]. (2024－08－06) [2024－08－06]. https://www.vietinbank.vn/en/doanh－nghiep/san－pham－dich－vu/ngoai－hoi－va－phai－sinh/hoan－doi－ngoai－te－fx－swap－31－html.

[178] VietinBank. Interest Rate Swap－IRS [EB/OL]. (2024－08－06) [2024－08－06]. https://www.vietinbank.vn/en/doanh－nghiep/san－pham－dich－vu/ngoai－hoi－va－phai－sinh/hoan－doi－lai－suat－mot－dong－tien－irs－31－html.

[179] VietinBank. Cross－currency Swap－CSS (USD to VND) [EB/OL]. (2024－08－06) [2024－08－06]. https://www.vietinbank.vn/en/doanh－nghiep/san－pham－dich－vu/ngoai－hoi－va－phai－sinh/hoan－doi－lai－suat－ngoai－te－sang－vnd－ccs－31－html.

[180] VietinBank. Cross－currency Swap－CSS (VND to USD) [EB/OL]. (2024－

08 - 06) [2024 - 08 - 06]. https: //www. vietinbank. vn/en/doanh - nghiep/san - pham - dich - vu/ngoai - hoi - va - phai - sinh/hoan - doi - lai - suat - vnd - sang - ngoai - te - ccs - 31 - html.

[181] Agribank. Spot [EB/OL]. (2024 - 08 - 06) [2024 - 08 - 06]. https: //www. agribank. com. vn/en/dinh - che - tai - chinh/san - pham/dtl? current = true&urile = wcm: path: /agbank/dinh - che - tai - chinh/tai - tro - thuong - mail/san - pham - phai - sinh - giao - dich - ngay/san - pham - giao - dich - ngay - spot.

[182] Agribank. Forward [EB/OL]. (2024 - 08 - 06) [2024 - 08 - 06]. https: //www. agribank. com. vn/en/dinh - che - tai - chinh/san - pham/dtl? current = true&urile = wcm: path: /agbank/dinh - che - tai - chinh/tai - tro - thuong - mail/san - pham - phai - sinh - giao - dich - ky - han/san - pham - giao - dich - ky - han.

[183] Agribank. Swap [EB/OL]. (2024 - 08 - 06) [2024 - 08 - 06]. https: //www. agribank. com. vn/en/dinh - che - tai - chinh/san - pham/dtl? current = true&urile = wcm: path: /agbank/dinh - che - tai - chinh/tai - tro - thuong - mail/san - pham - phai - sinh - giao - dich - hoan - doi - ngoai - te/san - pham - giao - dich - hoan - doi - ngoai - te.

[184] Vietcombank. Foreign Exchange (FX) - Spot FX [EB/OL]. (2016 - 05 - 14) [2024 - 08 - 06]. https: //portal. vietcombank. com. vn/en - Us/Corporate/Business Customers/foreignexchangeandcapital/Pages/foreign - exchangeFX. aspx? devicechannel = default.

[185] Vietcombank. Foreign Exchange (FX) - Forward FX [EB/OL]. (2016 - 05 - 14) [2024 - 08 - 06]. https: //portal. vietcombank. com. vn/en - Us/Corporate/BusinessCustomers/foreignexchangeandcapital/Pages/foreign - exchangeFX. aspx? device channel = default.

[186] Vietcombank. FX Derivatives - Currency Futures [EB/OL]. (2016 - 05 - 14) [2024 - 08 - 06]. https: //portal. vietcombank. com. vn/en - Us/Corporate/Business Customers/foreignexchangeandcapital/Pages/fx - derivatives. aspx? devicechannel = default.

[187] Vietcombank. FX Derivatives - Currency Option [EB/OL]. (2016 - 05 - 14) [2024 - 08 - 06]. https: //portal. vietcombank. com. vn/en - Us/Corporate/Business Customers/foreignexchangeandcapital/Pages/fx - derivatives. aspx? devicechannel = default.

[188] Vietcombank. FX Derivatives - Currency Swap [EB/OL]. (2016 - 05 - 14) [2024 - 08 - 06]. https: //portal. vietcombank. com. vn/en - Us/Corporate/Business

Customers/foreignexchangeandcapital/Pages/fx – derivatives. aspx? devicechannel = default.

[189] Vietcombank. Interest Rate Derivatives – Interest Rate Swap [EB/OL]. (2016 – 05 – 14) [2024 – 08 – 06]. https://portal. vietcombank. com. vn/en – Us/Corporate/BusinessCustomers/foreignexchangeandcapital/Pages/interest – rate – derivatives. aspx? devicechannel = default.

[190] Vietcombank. Interest Rate Derivatives – Interest Rate Options [EB/OL]. (2016 – 05 – 14) [2024 – 08 – 06]. https://portal. vietcombank. com. vn/en – Us/Corporate/BusinessCustomers/foreignexchangeandcapital/Pages/interest – rate – derivatives. aspx? devicechannel = default.

[191] BIDV. Product Information – FX Spot [EB/OL]. (2024 – 08 – 06) [2024 – 08 – 06]. https://bidv. com. vn/en/doanh – nghiep/san – pham – dich – vu/ngoai – hoi – thi – truong – von/san – pham – ngoai – hoi.

[192] BIDV. Product Information – FX Forward [EB/OL]. (2024 – 08 – 06) [2024 – 08 – 06]. https://bidv. com. vn/en/doanh – nghiep/san – pham – dich – vu/ngoai – hoi – thi – truong – von/san – pham – ngoai – hoi.

[193] BIDV. Product Information – FX Option [EB/OL]. (2024 – 08 – 06) [2024 – 08 – 06]. https://bidv. com. vn/en/doanh – nghiep/san – pham – dich – vu/ngoai – hoi – thi – truong – von/san – pham – ngoai – hoi.

[194] BIDV. Product Information – FX Swap [EB/OL]. (2024 – 08 – 06) [2024 – 08 – 06]. https://bidv. com. vn/en/doanh – nghiep/san – pham – dich – vu/ngoai – hoi – thi – truong – von/san – pham – ngoai – hoi.

[195] BIDV. Product Information – Interest rate swap [EB/OL]. (2024 – 08 – 06) [2024 – 08 – 06]. https://bidv. com. vn/en/doanh – nghiep/san – pham – dich – vu/ngoai – hoi – thi – truong – von/phai – sinh – tai – chinh.

[196] BIDV. Product Information – Cross currency swap [EB/OL]. (2024 – 08 – 06) [2024 – 08 – 06]. https://bidv. com. vn/en/doanh – nghiep/san – pham – dich – vu/ngoai – hoi – thi – truong – von/phai – sinh – tai – chinh.

[197] Techcombank. Spot Foreign Exchange Service [EB/OL]. (2024 – 08 – 06) [2024 – 08 – 06]. https://techcombank. com/en/business/treasury/foreign – exchange/spot – trade – service.

[198] Techcombank. Forward Foreign Exchange Service [EB/OL]. (2024 – 08 – 06) [2024 – 08 – 06]. https://techcombank. com/en/business/treasury/foreign – exchange/

forward – trade.

[199] Techcombank. Foreign Currency Options [EB/OL]. (2024 –08 –06) [2024 – 08 – 06]. https：//techcombank. com/en/business/treasury/capital – market/exchange – rate – derivative – products.

[200] Techcombank. Foreign Exchange Swap [EB/OL]. (2024 –08 –06) [2024 – 08 – 06]. https：//techcombank. com/en/business/treasury/foreign – exchange/foreign – exchange – swap.

[201] Techcombank. Interest Rate Derivative – Single Cash Flow Interest Rate Swap Contracts [EB/OL]. (2024 –08 –06) [2024 –08 –06]. https：//techcombank. com/en/business/treasury/derivatives – market/interest – rate – derivatives.

[202] Techcombank. Interest Rate Derivative – Cross Currency Swap Contracts [EB/OL]. (2024 – 08 – 06) [2024 – 08 – 06]. https：//techcombank. com/en/business/treasury/derivatives – market/interest – rate – derivatives.

[203] VPBank. Foreign Exchange Spot Transaction [EB/OL]. (2024 – 08 – 06) [2024 –08 –06]. https：//www. vpbank. com. vn/en/trang – chu _ doanh – nghiep – lon/san – pham – tai – chinh/san – pham – ngoai – hoi – giao – ngay.

[204] VPBank. Foreign Exchange Forward Transaction [EB/OL]. (2024 –08 –06) [2024 –08 –06]. https：//www. vpbank. com. vn/en/trang – chu _ doanh – nghiep – lon/san – pham – tai – chinh/san – pham – ngoai – hoi – ky – han.

[205] VPBank. Foreign Exchange Swap [EB/OL]. (2024 –08 –06) [2024 –08 – 06]. https：//www. vpbank. com. vn/en/trang – chu _ doanh – nghiep – lon/san – pham – tai – chinh/san – pham – hoan – doi – ngoai – te.

[206] VPBank. Interest Rate Swap [EB/OL]. (2024 –08 –06) [2024 –08 –06]. https：//www. vpbank. com. vn/en/trang – chu _ doanh – nghiep – lon/san – pham – tai – chinh/san – pham – hoan – doi – lai – suat.

[207] ACB. Foreign Exchange Spot (Spot) [EB/OL]. (2024 –08 –06) [2024 – 08 –06]. https：//acb. com. vn/en/personal – banking – with – acb/foreign – exchange – spot – spot.

[208] ACB. Foreign Currency Exchange Forward (Forward) [EB/OL]. (2024 – 08 –06) [2024 – 08 – 06]. https：//acb. com. vn/en/personal – banking – with – acb/foreign – currency – exchange – forward.

[209] VNR. Top 10 Prestigious Vietnamese Commercial Banks in 2024 [EB/OL].

（2024－08－01）［2024－08－01］. https：//toptenvietnam. vn/TopTen/Index/227.

［210］中国人民银行，国家外汇管理局．境外机构投资者境内证券期货投资资金管理规定［EB/OL］.（2020－05－07）［2024－08－06］. https：//www. gov. cn/zhengce/zhengceku/2020－05/07/content_5509577. htm.

［211］上海证券交易所．关于发布《上海证券交易所证券交易规则适用指引第1号——合格境外机构投资者和人民币合格境外机构投资者》的通知（上证发〔2020〕82号）［EB/OL］.（2020－10－30）［2024－08－06］. https：//www. sse. com. cn/lawandrules/sselawsrules/trade/universal/c/c_20210128_5312094. shtml.

［212］深圳证券交易所．关于发布《深圳证券交易所合格境外机构投资者和人民币合格境外机构投资者证券交易实施细则（2020年修订）》的通知（深证会〔2020〕583号）［EB/OL］.（2020－10－30）［2024－08－06］. https：//www. szse. cn/disclosure/notice/general/t20201030_582824. html.

［213］北京证券交易所．关于发布《北京证券交易所合格境外机构投资者和人民币合格境外机构投资者证券交易实施细则》的公告（北证公告〔2021〕52号）［EB/OL］.（2021－11－12）［2024－08－06］. https：//www. bse. cn/jygl_list/200011017. html.

［214］中国金融期货交易所．关于合格境外机构投资者和人民币合格境外机构投资者参与股指期货交易有关事项的通知（中金所发〔2020〕20号）［EB/OL］.（2020－10－30）［2024－08－06］. http：//www. cffex. com. cn/jystz/20201030/24790. html.

［215］大连商品交易所．关于合格境外机构投资者和人民币合格境外机构投资者参与商品期货、期权合约的公告（〔2022〕68号）［EB/OL］.（2020－09－02）［2024－08－06］. http：//www. dce. com. cn/dalianshangpin/ywfw/jystz/ywtz/8513647/index. html.

［216］郑州商品交易所．关于合格境外机构投资者和人民币合格境外机构投资者参与商品期货、期权合约的公告（〔2022〕76号）［EB/OL］.（2022－09－02）［2024－08－06］. http：//www. czce. com. cn/cn/gyjys/jysdt/ggytz/webinfo/2022/09/1655821720751484. htmt.

［217］上海国际能源交易中心．关于合格境外机构投资者和人民币合格境外机构投资者参与商品期货、期权合约的公告（〔2022〕30号）［EB/OL］.（2022－09－02）［2024－08－06］. https：//www. ine. cn/news/notice/6194. html.

［218］钟咏苓．从结算代理机构角度浅谈中国债券市场对外开放［J］. 债券，

2022（2）：24－27.

［219］上海清算所．债券账户业务操作须知（2023 年 10 月更新）［EB/OL］.（2023－10－16）［2024－08－06］. https：//www. shclearing. com. cn/cpyyw/czxzjzn/zhgl/201901/t20190127_478661. html.

［220］中央国债登记结算有限责任公司，全国银行间同业拆借中心，银行间市场清算所股份有限公司．关于发布《相关境外机构投资者进入银行间市场联网和开户业务指引》的通知［EB/OL］.（2015－09－25）［2024－08－06］. https：//www. shclearing. com. cn/cpyyw/czxzjzn/zhgl/detail_38. html？productDocClient/detail/40285281688bb7ba01688cb97f2e019c.

［221］中央国债登记结算有限责任公司，全国银行间同业拆借中心，银行间市场清算所股份有限公司．关于发布《境外机构投资者进入银行间市场联网和开户操作指引》的通知（中债字〔2016〕52 号）［EB/OL］.（2016－05－27）［2024－08－06］. https：//www. chinamoney. org. cn/chinese/bbqtglgdlwkh/20160527/2779702. html.

［222］中国人民银行，国家外汇管理局．中国人民银行　国家外汇管理局关于印发《境外机构投资者投资中国债券市场资金管理规定》的通知（银发〔2022〕258 号）［EB/OL］.（2022－11－10）［2024－08－06］. https：//www. gov. cn/zhengce/zhengceku/2022－11/18/content_5727780. htm.

［223］中国人民银行，中国证券监督管理委员会，国家外汇管理局．中国人民银行　中国证券监督管理委员会　国家外汇管理局公告（〔2022〕第 4 号）［EB/OL］.（2022－05－27）［2024－08－06］. http：//www. csrc. gov. cn/csrc/c100028/c3046596/content. shtml.

［224］中华人民共和国国务院．国务院关于修改《中华人民共和国外资保险公司管理条例》和《中华人民共和国外资银行管理条例》的决定［EB/OL］.（2019－10－15）［2024－08－06］. https：//www. gov. cn/zhengce/content/2019－10/15/content_5439956. htm.

［225］中国银行保险监督管理委员会．中国银保监会关于修改《中华人民共和国外资保险公司管理条例实施细则》的决定（2021 年第 2 号）［EB/OL］.（2021－03－10）［2024－08－06］. https：//www. gov. cn/zhengce/zhengceku/2021－03/19/content_5594027. htm.

［226］中国证券监督管理委员会．外商投资证券公司管理办法（证监会令第 166 号）［EB/OL］.（2020－03－20）［2024－08－06］. http：//www. csrc. gov. cn/csrc/c106256/c1653966/content. shtml.

［227］国家外汇管理局．国家外汇管理局关于完善银行间债券市场境外机构投资者外汇风险管理有关问题的通知（汇发〔2020〕2 号）［EB/OL］.（2020－01－13）［2024－08－06］. https：//www. gov. cn/zhengce/zhengceku/2020－01/14/content_5468851. htm.

［228］中国银行．远期外汇买卖［EB/OL］.（2024－08－06）［2024－08－06］. https：//www. boc. cn/cbservice/cb3/202105/t20210525_19452704. html.

［229］香港交易所．不交收遠期外匯合約［EB/OL］.（2024－08－06）［2024－08－06］. https：//www. hkex. com. hk/Products/OTC－Derivatives/Non－Deliverable－Forwards？sc_lang＝zh－HK.

［230］中国外汇交易中心．人民币外汇远期月报［EB/OL］.（2024－08－06）［2024－08－06］. https：//www. chinamoney. com. cn/chinese/mtmoncjgl/.

［231］中国金融期货交易所．2 年期国债期货合约表［EB/OL］.（2024－08－06）［2024－08－06］. http：//www. cffex. com. cn/2ts/.

［232］中国金融期货交易所．5 年期国债期货合约表［EB/OL］.（2024－08－06）［2024－08－06］. http：//www. cffex. com. cn/5tf/.

［233］中国金融期货交易所．10 年期国债期货合约表［EB/OL］.（2024－08－06）［2024－08－06］. http：//www. cffex. com. cn/10tf/.

［234］中国证券监督管理委员会，中国人民银行，国家外汇管理局．［第 176 号令］《合格境外机构投资者和人民币合格境外机构投资者境内证券期货投资管理办法》［EB/OL］.（2020－09－25）［2024－08－06］. http：//www. csrc. gov. cn/csrc/c101862/c1022466/content. shtml.

［235］国家外汇管理局．外汇局就取消合格境外投资者（QFII/RQFII）投资额度限制答问［EB/OL］.（2019－09－10）［2024－08－06］. https：//www. gov. cn/zhengce/2019－09/10/content_5428850. htm.

［236］香港金融管理局．债券通「北向通」［EB/OL］.（2024－01－22）［2024－08－06］. https：//www. cmu. org. hk/sc/bond－connect－northbound.

［237］VBMA. Annual Report 2018－MOF［EB/OL］.（2021－06－01）［2024－08－06］. https：//vbma. org. vn/storage/reports/June2021/Vietnam%20Bond%20Market%202018_English. pdf.

［238］VBMA. Annual Report 2019－MOF［EB/OL］.（2021－06－01）［2024－08－06］. https：//vbma. org. vn/storage/reports/June2021/Vietnam%20Bond%20Market%202019. pdf.

[239] VBMA. Annual Report 2020 - MOF [EB/OL]. (2021 - 09 - 01) [2024 - 08 - 06]. https://vbma.org.vn/storage/reports/September2021/Annual - report - 2020 _ 22.9.pdf.

[240] VBMA. Annual Report 2021 - MOF [EB/OL]. (2023 - 03 - 01) [2024 - 08 - 06]. https://vbma.org.vn/storage/reports/March2023/Bao%20cao%20thuong%20nien%20TTTP%202021 _ EN.pdf.

[241] 中国证券监督管理委员会. 证券公司和证券投资基金管理公司境外设立、收购、参股经营机构管理办法（证监会令第179号）[EB/OL]. (2021 - 01 - 15) [2024 - 08 - 06]. http://www.csrc.gov.cn/csrc/c106256/c1653890/1653890/files/3771673301a548a6bc30ae4f95def572.pdf.

[242] 国家外汇管理局. 国家外汇管理局关于印发《资本项目外汇业务指引（2024年版）》的通知（汇发〔2024〕12号）[EB/OL]. (2024 - 04 - 12) [2024 - 08 - 06]. https://www.safe.gov.cn/safe/2024/0412/24226.html.

[243] 中华人民共和国国家发展和改革委员会.《企业中长期外债审核登记管理办法》2023年第56号令 [EB/OL]. (2023 - 01 - 05) [2024 - 08 - 06]. https://www.ndrc.gov.cn/xxgk/zcfb/fzggwl/202301/t20230110 _ 1346285.html.

[244] 中债研发中心. 2021年债券市场分析研究报告 [R]. 北京：中债研发中心，2022：40，48 - 49，90.

[245] 中国人民银行，中华人民共和国财政部. 中国人民银行 中华人民共和国财政部公告〔2018〕第16号 [EB/OL]. (2018 - 09 - 08) [2024 - 08 - 06]. http://www.gov.cn/gongbao/content/2019/content _ 5362059.htm.

[246] 中国银行间市场交易商协会. 关于发布《境外非金融企业债务融资工具业务指引（2023版）》的公告（〔2023〕17号）[EB/OL]. (2023 - 10 - 19) [2024 - 08 - 06]. https://www.nafmii.org.cn/zlgl/zlgz/zcfxl _ 1059/zcl/202310/t20231020 _ 315968.html.

[247] 中国银行间市场交易商协会. 关于境外机构加入交易商协会相关事项的说明（修订版）[EB/OL]. (2020 - 07 - 03) [2024 - 08 - 06]. https://www.nafmii.org.cn/hyfw/hjgl/rh/202112/t20211207 _ 93356.html.

[248] 上海清算所. 债券发行登记业务操作指南 [EB/OL]. (2024 - 02 - 07) [2024 - 08 - 06]. https://www.shclearing.com.cn/cpyyw/czxzjzn/fxcs/201901/t20190127 _ 478714.html.

[249] 国家外汇管理局. 国家外汇管理局关于境外机构境内外汇账户管理有关

问题的通知（汇发〔2009〕29号）［EB/OL］.（2009－07－13）［2024－08－06］. https：//www. safe. gov. cn/hubei/2019/0107/765. html.

［250］上海证券交易所．关于开展“一带一路”债券试点的通知（上证发〔2018〕8号）［EB/OL］.（2018－03－02）［2024－08－06］. https：//www. sse. com. cn/lawandrules/sselawsrules/bond/listing/corporatebond/c/c _ 20220422 _ 5701317. shtml.

［251］深圳证券交易所．深圳证券交易所关于开展“一带一路”债券业务试点的通知［EB/OL］.（2018－03－02）［2024－08－06］. http：//www. szse. cn/lawrules/rule/bond/bonds/supervision/t20180709 _ 565157. html.

［252］中国一带一路网．习近平同阮富仲举行会谈　两国签署共建“一带一路”和“两廊一圈”合作备忘录［EB/OL］.（2017－11－13）［2024－08－06］. https：//www. yidaiyilu. gov. cn/p/34250. html.

［253］中国证券监督管理委员会．［第222号令］《公司债券发行与交易管理办法》［EB/OL］.（2021－02－26）［2024－08－06］. http：//www. csrc. gov. cn/csrc/c101953/c7438204/content. shtml.

［254］上海证券交易所．关于发布《上海证券交易所公司债券上市规则（2023年修订）》的通知（上证发〔2023〕164号）［EB/OL］.（2023－10－20）［2024－08－06］. https：//www. sse. com. cn/lawandrules/sselawsrules/bond/listing/corporatebond/c/c _ 20231020 _ 5727815. shtml.

［255］上海证券交易所．关于发布《上海证券交易所非公开发行公司债券业务管理暂行办法》的通知（上证发〔2015〕50号）［EB/OL］.（2015－05－29）［2024－08－06］. https：//bond. sse. com. cn/lawrule/sserules/rules/c/c _ 20160418 _ 4083045. shtml.

［256］深圳证券交易所．关于发布《深圳证券交易所公司债券上市规则（2023年修订）》的通知（深证上〔2023〕974号）［EB/OL］.（2023－10－20）［2024－08－06］. https：//www. szse. cn/lawrules/rule/bond/t20231020 _ 604211. html.

［257］深圳证券交易所．关于发布《深圳证券交易所非公开发行公司债券业务管理暂行办法》的通知［EB/OL］.（2015－05－29）［2024－08－06］. http：//www. szse. cn/disclosure/notice/bond/t20150922 _ 511780. html.

［258］全国人民代表大会．中华人民共和国证券法［EB/OL］.（2020－01－03）［2024－08－06］. http：//www. npc. gov. cn/npc/c2/c30834/201912/t20191231 _ 304436. html.

［259］中国银行间市场交易商协会．评级结果可以在银行间债券市场使用的评

级机构名单［EB/OL］.（2021－12－07）［2024－08－06］. https：//www. nafmii. org. cn/hyfw/hyflmd/pjjgmd/202112/t20211207_93350. html.

［260］国家外汇管理局重庆外汇管理部. 常见外汇业务答疑手册［EB/OL］.（2019－03－11）［2024－08－06］. https：//www. safe. gov. cn/chongqing/file/file/20190311/87806e211bb74eb4a44e71395c31cda9. pdf.

［261］中国证券监督管理委员会. 合格境内机构投资者境外证券投资管理试行办法（证监会令第46号）［EB/OL］.（2007－06－18）［2024－08－06］. http：//www. csrc. gov. cn/csrc/c106256/c1653919/content. shtml.

［262］The International Capital Market Association. The Asian International Bond Markets Development and Trends（Third Edition, March 2023）［EB/OL］.（2023－03－01）［2024－08－06］. https：//www. icmagroup. org/assets/The－Asian－International－Bond－Markets－Development－and－Trends－brochure_March－2023. pdf.

［263］The International Capital Market Association. The Asian International Bond Markets Development and Trends（Fourth Edition, March 2024）［EB/OL］.（2024－03－01）［2024－08－06］. https：//www. icmagroup. org/assets/ICMA－The－Asian－International－Bond－Markets－Developments－and－Trends－March－2024. pdf.

［264］香港金融管理局. 2023年香港债券市场概况［EB/OL］.（2024－03－01）［2024－08－06］. https：//www. hkma. gov. hk/media/gb_chi/publications－and－research/quarterly－bulletin/qb202403/fa1. pdf.

［265］中国人民银行. 中国人民银行关于开展内地与香港债券市场互联互通南向合作的通知［EB/OL］.（2021－09－14）［2024－08－06］. https：//www. gov. cn/zhengce/zhengceku/2021－09/15/content_5637530. htm.

［266］香港金融管理局. 金管局指定债券通「南向通」做市商［EB/OL］.（2021－09－17）［2024－08－06］. https：//www. hkma. gov. hk/chi/news－and－media/press－releases/2021/09/20210917－6/.

［267］香港金融管理局. 金管局指定债券通「南向通」做市商［EB/OL］.（2023－09－22）［2024－08－06］. https：//www. hkma. gov. hk/gb_chi/news－and－media/press－releases/2023/09/20230922－3/.

［268］中国人民银行货币政策司. 公开市场业务公告〔2020〕第1号［EB/OL］.（2020－04－30）［2024－08－06］. http：//www. pbc. gov. cn/zhengcehuobisi/125207/125213/125431/125469/4017574/index. html.

［269］中国人民银行货币政策司. 公开市场业务公告〔2024〕第1号［EB/OL］.

（2024－05－31）［2024－08－06］. http：//www. pbc. gov. cn/zhengcehuobisi/125207/125213/125431/125469/5366732/index. html.

［270］全国银行间同业拆借中心．关于发布《全国银行间同业拆借中心债券通“南向通”交易规则》的公告（中汇交公告〔2021〕42 号）［EB/OL］.（2021－09－15）［2024－08－06］. https：//www. chinamoney. com. cn/chinese/rdgz/20210915/2061317. html.

［271］全国银行间同业拆借中心．债券通“南向通”业务申请指南［EB/OL］.（2021－09－18）［2024－08－06］. https：//www. chinamoney. com. cn/chinese/rszn2/20210918/2084215. html.

［272］香港证券及期货事务监察委员会．《证券及期货条例》（第 571 章）［EB/OL］.（2024－08－06）［2024－08－06］. https：//www. elegislation. gov. hk/hk/cap571！zh－Hant－HK. pdf.

［273］香港交易所．主板上市规则［EB/OL］.（2024－08－06）［2024－08－06］. https：//www. hkex. com. hk/－/media/HKEX－Market/Listing/Rules－and－Guidance/Listing－Rules/Consolidated－PDFs/Main－Board－Listing－Rules/consol_mb_sc. pdf.

［274］Hong Kong Exchanges and Clearing Limited. Foreign Exchange Futures and Options［EB/OL］.（2024－08－06）［2024－08－06］. https：//www. hkex. com. hk/Market－Data/Futures－and－Options－Prices/Foreign－Exchange？sc_lang＝en.

［275］香港交易所．美元兑人民币（香港）期货［EB/OL］.（2024－08－06）［2024－08－06］. https：//www. hkex. com. hk/Products/Listed－Derivatives/Foreign－Exchange/USD－CNH－Futures？sc_lang＝zh－HK#&product＝CUS.

［276］香港交易所．小型美元兑人民币（香港）期货［EB/OL］.（2024－08－06）［2024－08－06］. https：//www. hkex. com. hk/Products/Listed－Derivatives/Foreign－Exchange/Mini－USD－CNH－Futures？sc_lang＝zh－HK#&product＝MCS.

［277］香港交易所．美元兑人民币（香港）期权［EB/OL］.（2024－08－06）［2024－08－06］. https：//www. hkex. com. hk/Products/Listed－Derivatives/Foreign－Exchange/USD－CNH－Options？sc_lang＝zh－HK#&product＝CUS.

［278］公司注册处．《公司条例》全文（第 622 章）［EB/OL］.（2024－08－06）［2024－08－06］. https：//www. cr. gov. hk/sc/legislation/companies－ordinance/cap622/companies－ordinance. htm.

［279］香港交易所．歐元兑人民币（香港）期货［EB/OL］.（2024－08－06）

[2024 - 08 - 06]. https://www.hkex.com.hk/Products/Listed - Derivatives/Foreign - Exchange/EUR - CNH - Futures? sc _ lang = zh - HK#&product = CJP.

[280] 香港交易所．日圓對人民幣（香港）期货 [EB/OL].（2024 - 08 - 06）[2024 - 08 - 06]. https://www.hkex.com.hk/Products/Listed - Derivatives/Foreign - Exchange/JPY - CNH - Futures? sc _ lang = zh - HK#&product = CJP.

[281] 香港交易所．澳元兑人民币（香港）期货 [EB/OL].（2024 - 08 - 06）[2024 - 08 - 06]. https://www.hkex.com.hk/Products/Listed - Derivatives/Foreign - Exchange/AUD - CNH - Futures? sc _ lang = zh - HK#&product = CAU.

[282] 香港交易所．人民幣（香港）兑美元期货 [EB/OL].（2024 - 08 - 06）[2024 - 08 - 06]. https://www.hkex.com.hk/Products/Listed - Derivatives/Foreign - Exchange/CNH - USD - Futures? sc _ lang = zh - HK#&product = UCN.

[283] 香港交易所．每年数据 [EB/OL].（2024 - 08 - 06） [2024 - 08 - 06]. https://www.hkex.com.hk/Market - Data/Statistics/Derivatives - Market/Yearly - Statistics? sc _ lang = zh - HK#select1 = 0&selection = %E6%9C%9F%E8%B2%A8%E5%8F%8A%E6%9C%9F%E6%AC%8A.

[284] 新加坡交易所集团．Market Statistics Report [EB/OL].（2024 - 08 - 06）[2024 - 08 - 06]. https://api2.sgx.com/sites/default/files/2024 - 08/SGX%20Monthly%20Statistics%20Report%20Update%20%28For%20the%20month%20of%20Jul%202024%29%20 _ FA.pdf.

[285] 新加坡交易所集团．Market Statistics Report [EB/OL].（2024 - 05 - 13）[2024 - 08 - 06]. https://api2.sgx.com/sites/default/files/2024 - 05/Factsheet _ SGX%20Asian%20FX%20Futures%20and%20Options%20%28Eng%29 _ 20240509 _ effective _ 20240513 _ 1.pdf.

[286] 富滇银行．外汇牌价 [EB/OL].（2023 - 02 - 23） [2024 - 08 - 06]. https://www.fudian - bank.com/qt/ssjr/whpj.html.

[287] 中国外汇交易中心．利率互换月报 [EB/OL].（2024 - 08 - 06） [2024 - 08 - 06]. https://www.chinamoney.com.cn/chinese/mtmoncjgl/.

[288] 新加坡交易所．10 Year Full - sized Japanese Government Bond Futures [EB/OL].（2024 - 08 - 06） [2024 - 08 - 06]. https://www.sgx.com/derivatives/products/jgb? cc = JG.

[289] 新加坡交易所．10 - Year Mini Japanese Government Bond Futures and Options [EB/OL].（2024 - 08 - 06）[2024 - 08 - 06]. https://www.sgx.com/derivatives/

products/minijgb? cc = JB.

[290] Japan Exchange Group. JGB Futures [EB/OL]. (2024 - 08 - 06) [2024 - 08 - 06]. https://www.jpx.co.jp/english/derivatives/products/jgb/jgb - futures/01.html.

[291] Japan Exchange Group. Overview of Japanese Government Bond Futures & Options (Flyer) [EB/OL]. (2024 - 08 - 06) [2024 - 08 - 06]. https://www.jpx.co.jp/english/derivatives/products/jgb/mini - jgb - futures/tvdivq0000003o5k - att/JGB_FUT_OP_E.pdf.

[292] Japan Exchange Group. mini - 10year JGB Futures (Cash - Settled) [EB/OL]. (2024 - 08 - 06) [2024 - 08 - 06]. https://www.jpx.co.jp/english/derivatives/products/jgb/mini - jgb - futures/index.html.

[293] 香港交易所. 三个月港元利率期货 [EB/OL]. (2024 - 08 - 06) [2024 - 08 - 06]. https://www.hkex.com.hk/Products/Listed - Derivatives/Interest - Rate/Three - Months - HIBOR - Futures? sc_lang = zh - HK#&product = HB3.

[294] 香港交易所. 每年数据—三个月港元利率期货 [EB/OL]. (2024 - 08 - 06) [2024 - 08 - 06]. https://www.hkex.com.hk/Market - Data/Statistics/Derivatives - Market/Yearly - Statistics? sc_lang = zh - HK#select1 = 71&selection = %E4%B8%89%E5%80%8B%E6%9C%88%E6%B8%AF%E5%85%83%E5%88%A9%E7%8E%87%E6%9C%9F%E8%B2%A8.

[295] 香港交易所. 每年数据——个月港元利率期货 [EB/OL]. (2024 - 08 - 06) [2024 - 08 - 06]. https://www.hkex.com.hk/Market - Data/Statistics/Derivatives - Market/Yearly - Statistics? sc_lang = zh - HK#select1 = 72&selection = %E4%B8%80%E5%80%8B%E6%9C%88%E6%B8%AF%E5%85%83%E5%88%A9%E7%8E%87%E6%9C%9F%E8%B2%A8.

[296] 钟红. 人民币国际债券市场研究——基于人民币国际化的视角 [M]. 北京: 人民出版社, 2017: 272 - 274.

[297] 云南省股权交易中心有限公司. 公司介绍 [EB/OL]. (2024 - 08 - 06) [2024 - 08 - 06]. https://www.yneec.com/goExchange/index? type = 0.

[298] GTJA (Vietnam). GTJA (Vietnam) Successfully Assisted Agribank in Issuing 2021 Private Placement Bonds [EB/OL]. (2022 - 06 - 17) [2024 - 08 - 06]. https://gtjai.com.vn/en/gtja - vietnam - successfully - assisted - agribank - in - issuing - 2021 - private - placement - bonds/.

［299］国务院．国务院关于印发6个新设自由贸易试验区总体方案的通知）［EB/OL］．（2019－08－02）［2024－08－06］．http：//www. gov. cn/zhengce/content/2019－08/26/content _ 5424522. htm.

［300］中华人民共和国昆明海关．中国（云南）自由贸易试验区建设起步三年，硕果累累！［EB/OL］．（2022－08－30）［2024－08－06］．http：//lasa. customs. gov. cn/kunming _ customs/611304/611305/4561413/index. html.

［301］云南省商务厅．云南省驻越南（河内）商务代表处简介［EB/OL］．（2024－08－06）［2024－08－06］．https：//2d. csa － expo. com/view/shopmgr/shopdetail? applyCustId＝ORO _ 2020&applyId＝1473.

［302］越南中国商会．越南中国商会云南企业联合会－会员名录［EB/OL］．（2024－08－06）［2024－08－06］．http：//www. vietchina. org/hyml/6830. html.